In Erinnerung an meine Familie
Oma Ilse, Tante Lotte, Jutta und Monika

Fernweh im Herzen

Die Ländersammlerin
unterwegs zu neuen Abenteuern

Inhalt

Mit Mut und Demut auf Achse um den Planeten

Erst kürzlich wurde ich im Internet von einem Leser meines ersten Buchs *Die Ländersammlerin* gefragt: »Finden Sie es nicht oberflächlich, Länder zu sammeln? Haben Sie dabei überhaupt Zeit, ein Land richtig kennenzulernen? Oder reicht es Ihnen einfach, dass ein weiterer Stempel Ihren Pass bereichert?«

Diese unerwartete Interpretation meiner Wortkreation »Ländersammlerin«, die in keinem Wörterbuch zu finden ist, erstaunte mich. Immerhin hat das »Sammeln« aller 193 Staaten der Vereinten Nationen nicht nur zwei oder drei Jahre meines Lebens in Anspruch genommen, sondern mich vom ersten bis zum letzten Land genau vierzig Jahre und sieben Monate beschäftigt. Dieser Weg bedeutete für mich nicht, einfach nur einen Haken unter das bereiste Land zu machen oder ein Fähnchen in die Landkarte zu stecken. Auch die besagten Stempel in den Pässen – übrigens gibt es in vielen Ländern schon längst keine Stempel mehr – gelten für mich nur als Beweis für andere, die sie gern sehen möchten.

Nein, ganz im Gegenteil: Das Reisen in fremde Länder hat mir einen unermesslichen Schatz an Erfahrungen geschenkt. Der Aufenthalt in der Ferne holt meist das Beste aus mir heraus, und die Erlebnisse, die ich unterwegs mache, bereichern mein Leben nachhaltig. Wenn ich reise, lebe ich viel mehr in der Gegenwart, im Hier und Jetzt. Ich genieße die kleinen Augenblicke des Lebens und nähre meine Seele mit neuen Eindrücken.

Viel zu reisen heißt für mich nicht, dass es dabei rast- und ruhelos zugeht. Für viele Länder habe ich mir mehrfach und viel Zeit genommen, um sie kennenzulernen. Und solange ich gesund bleibe, freue ich mich darauf, viele bunte Flecken auf unserer Erde ganz neu oder wiederentdecken zu dürfen.

Und apropos Sammeln: Hat das nicht einst unser Überleben in schlechten Zeiten gesichert? Jemand, der sammelt, tut dies mit Leidenschaft und weil es ihn erfüllt. Er ist glücklich, wenn wieder ein neues Stück seine Sammlung bereichert. Sich an etwas Neuem zu erfreuen, ist alles andere, aber nicht oberflächlich. Gesammelt wird mit dem Herzen.

Unser Planet ist für mich das größte Wunder im Weltall. Bis heute haben wir nichts annähernd Vergleichbares im Universum gefunden. Unsere Erde mit ihrer wunderbaren Natur schenkt uns Lebewesen alles, was wir für die Zeit auf ihr benötigen – und noch so viel mehr. Die Weltkugel ist unser größter, kostbarster Schatz. Wir sollten sie gemeinsam sowie jeder für sich allein schätzen und unbedingt beschützen.

Wenn mich wieder mal das Fernweh im Herzen plagt und ich mich auf eigene Faust neugierig in die weite Welt hinausbegebe, brauche ich dazu nicht nur Mut, um das traute Heim in der Heimat hinter mir zu lassen. Reisen bedeutet für mich auch, unserer Erde und der schier unendlichen Vielfalt der Natur, die auf ihr zu Hause ist, mit Respekt und Demut zu begegnen. Der Welt mit viel Interesse an Mensch, Tier, Natur, Essen, Kunst und Kultur überall und immer mehr näherkommen zu wollen, ist im Lauf meines Lebens zu meiner Bestimmung geworden. Wie ein kleines Kind freue ich mich darüber, auf einer Safari wilde Tiere in ihrem ursprünglichen Lebensraum zu beobachten, auf einem Pferd durch die Natur zu reiten oder einfach nur auf dem Heimweg innezuhalten, um den Vögeln in einem Frankfurter Vorgarten bei der Futtersuche zuzuschauen. Ich finde es nach so vielen Jahren immer noch faszinierend, Menschen aus unterschiedlichsten Kulturen und mit den verschiedensten Mentalitäten zu begegnen, mit ihnen in fremden Sprachen oder einfach nur mit Händen und Füßen zu kommunizieren. Ein fröhliches Winken, ein herzliches Lächeln, eine kurze Begegnung unterwegs können mich mehr beflügeln, als ich in hundert Worte packen kann. Ohne Angst ziehe ich los mit dem Glauben an das Gute in den Menschen. Ich werfe mein Herz voraus in die ferne Welt hinein, und meine geduldigen Füße folgen ihm brav bis an jedes Ziel.

Schöne Erlebnisse machen mich reich. Liebe, gute Freunde und das Reisen machen mein Leben wertvoll.

Eingeschneit in Westberlin

Mit 12 Jahren habe ich von unserem Planeten noch sehr wenig gesehen. Zusammen mit Mama lebe ich in meiner eigenen kleinen, beschaulichen Welt – und die spielt sich seit drei Jahren in einer Zweizimmerwohnung im Frankfurter Nordend ab. Von hier erreiche ich in sieben Minuten zu Fuß die Schule im Westend. Jeden Freitag geht es zum Reiten nach Hofheim am Taunus, ansonsten komme ich aber nur selten raus. Das stört mich überhaupt nicht. In Deutschland kenne ich nur ein paar Orte. Immerhin war ich schon am Wattenmeer auf der Nordseeinsel Wangerooge und ganz im Süden in Garmisch-Partenkirchen. Hinzu kommen ein paar Städte in unseren unmittelbaren Nachbarländern, die ich leicht an einer Hand abzählen kann.

Weit weg in die Ferne zu reisen, ist für mich nie ein Kinderwunsch gewesen und bisher noch nicht zum Jugendtraum geworden. Stattdessen will ich mir die Welt tausendmal lieber in Gestalt von Tieren nach Hause holen. Kein Film über Tiere entgeht mir. Als Kind habe ich mir über Jahre bei jedem Besuch im Opel-Zoo das Flusspferd Schorschi von ganzer Seele in die heimische Badewanne gewünscht. Er hat mit seinem korpulenten Körper, dem riesigen Maul, den steilen gelben Zähnen und den schwarzen Glubschaugen mein Kinderherz berührt. Bald darauf wollte ich dann unbedingt noch ein Pony haben, am liebsten in meinem Zimmer. Am Ende hat es nur für ein Meerschweinchen in der Küche gereicht, für das ich mit zunehmendem Alter immer weniger Zeit finde. Die Wände in meinem Zimmer hängen voller Tierposter. Und beim Öffnen der vollen Schränke springen mir jede Menge Tierfiguren, darunter immer mehr Pferde, entgegen. Ich fühle mich wohl in meinem kleinen Reich, in dem es mir an nichts mangelt.

Das Einzige, was mir fehlt, ist ein guter Papa. Er ist schon so lange weg, dass ich gar nicht mehr weiß, wann genau er eigentlich gegangen ist. Ich war ziemlich klein und noch nicht in der Schule. Mittlerweile verblassen die Erinnerungen an ihn. Das letzte Mal habe ich ihn für ein paar Stunden gesehen, als ich zehn Jahre alt war – das ist bald drei Jahre her. Sein mangelndes Interesse macht mich traurig. Wenn er mir zum Geburtstag, zu Ostern und Weihnachten Briefe schreibt, bedrücken mich die wenigen lieblosen Zeilen, aber vor allem die Fragen zu meinen schulischen Leistungen – als ob es in meinem Leben nichts anderes gäbe. Mein Vater ist mir fremd, denn er ist nie für mich da.

Einen Tag vor Silvester fährt meine Mutter mit mir im Nachtzug durch die DDR nach Westberlin. Von der eingeschlossenen Stadt mit einer meterhohen dicken Mauer drum herum habe ich viel gehört, aber in meinem kleinen Kopf kann ich mir sie nur schwer vorstellen. So weit im Osten bin ich noch nie gewesen. Nur nach Eisfeld in Thüringen, die Heimat meiner Mama, hat es uns ein paarmal verschlagen. Die Fahrt nach Westberlin ist für mich – wie so vieles in diesem Alter – ein erstes Mal.

Nach der Grenzkontrolle, die so lange dauert, als ob dabei der komplette Zug auseinandergenommen und wieder zusammengebaut würde, erzählt Mama mir eine persönliche Gutenachtgeschichte. Mit einem Lächeln in ihrer warmen Stimme setzt sie an:

»Als du noch klein warst, sind wir wieder mal nach Eisfeld gefahren und wurden hier an der Grenze kontrolliert. Der Grenzbeamte hat jede Ecke des Zuges genau unter die Lupe genommen. Er ist sogar unter die Sitze gekrochen. Und du, du bist einfach zu ihm gekrabbelt.«

»Warum das denn?«, unterbreche ich sie ungläubig. Daran kann ich mich gar nicht mehr erinnern.

»Du warst wohl neugierig, was er da sucht, und wolltest ganz genau wissen, ob er auch was findet.«

»Hast du mich denn nicht festgehalten, damit ich sitzen bleibe?«

»Nein, wieso denn? Ich hätte platzen können vor Lachen und musste mich sehr zu einer ernsten Miene zwingen«, sagt sie schmunzelnd.

»Hat der Grenzbeamte auch über mich gelacht?«, will ich neugierig wissen.

»Nein, er hat nicht mal gelächelt. Der blieb todernst! An der DDR-Grenze habe ich noch nie einen Beamten lächeln sehen. Sie sind immer so ernst, dass mir ganz unbehaglich zumute wird. Ich komme mir dann vor, als hätte ich etwas Schlimmes verbrochen.«

»Dürfen sie nicht lächeln?«, frage ich mit großen Augen.

»Hm, das weiß ich nicht«, sagt Mama und schüttelt nachdenklich den Kopf.

»Werden sie bestraft, wenn sie lächeln?«, bohre ich neugierig weiter.

»Wundern würde es mich nicht.«

Ich dagegen lächle über diese Episode aus meinem frühen Leben. Die Menschen in der DDR tun mir leid, weil sie nicht einfach so reisen dürfen wie wir. Die Schulkameradin meiner Mama in Eisfeld darf uns nicht einmal besuchen kommen.

Glücklich, dass ich meine Mama habe und mit ihr zusammen ohne Probleme überallhin reisen kann, schlafe ich sofort ein.

In Westberlin werden wir am Morgen am Bahnhof Zoo abgeholt. Dorte, die ehemalige Kollegin meiner Mama, entdeckt uns schnell in der Menschenmenge. Die beiden haben früher gemeinsam im Chor des Hessischen Rundfunks gesungen. Mutters Freundin mit den lebhaften braunen Augen und der glasklaren Sopranstimme ist trotz ihrer hoch auf dem Kopf aufgetürmten braunen Haare etwas kleiner als Mama und ich. Sie gehört für mich so gut wie zur Familie, denn sie kannte mich schon als Baby. Der Kleinste von uns vieren ist ihr sechsjähriger Sohn Folkert. Ihm begegne ich heute zum ersten Mal. Ich habe mir immer einen älteren Bruder gewünscht. Jetzt habe ich für die nächsten Tage ein kleines Brüderchen, das mich nun aus wachen hellblauen Augen neugierig mustert. Genauso wie ich ist er Einzelkind einer alleinerziehenden Mutter – da haben wir schon mal etwas gemeinsam.

Unsere Spielfreude kennt keine Grenzen. Begeistert toben Folkert und ich am Silvesterabend wie zwei Wilde durch die Wohnung. Draußen hat es schon vor Stunden begonnen zu schneien. Ich weiß nicht, wie wir das Kunststück schaffen, aber im Eifer des Gefechts stoßen wir plötzlich die große Glasvase von der Fensterbank. Wir hätten nicht besser zielen können: Ihr Inhalt schwappt in hohem Bogen über den Farbfernseher. Plötzlich ist es mucksmäuschenstill. Wohin ich auch mit gesenktem Kopf durch meine Brille nach oben schiele, sehe ich entsetzte Gesichter. Wie peinlich! Hättest du nicht besser aufpassen können, schimpfe ich in Gedanken mit mir selbst. Jetzt hilft nur noch die Kraft eines besonders saugfähigen Lappens, der, schnell herbeigeholt, hoffentlich das Schlimmste verhindern wird. Warten wir's ab. Kurz vor Mitternacht schalten wir den Fernseher an – und was sind wir doch für Glückskinder! Er hat seinen Geist nicht aufgegeben und lässt uns rechtzeitig wissen: Jetzt haben wir das Jahr 1979. Draußen fallen weiter dicke Schneeflocken.

Am Neujahrsmorgen liegt der Balkon unter einer dicken Schneedecke. Wir Kinder stürmen natürlich sofort aus dem Wohnzimmer, um uns im Schnee zu wälzen und mit Schneebällen zu bewerfen. Dorte und Mama bekommen regelrecht Angst, dass der Balkon unter der Schneelast und unserem Gewusel abfallen könnte. Später gehen wir nach draußen. Vom Hindenburgdamm laufen wir über eine geschlossene Schneedecke in den Park mit dem Otto-Lilienthal-Denkmal. Gegenseitig spannen wir Kinder uns abwechselnd vor den Schlitten. Die Muttis lassen wir auch mal ziehen, doch sie geben ziemlich schnell wieder auf.

Die wenigen Tage in Westberlin sind für mich wie im Flug vergangen. An einem Tag standen wir sogar vor der meterhohen Betonmauer, die zusätzlich von Stacheldraht umhüllt ist. Dieses graue Ungetüm, das sich schier endlos durch die Stadt schlängelt, hat mich völlig sprachlos gemacht. Ich glaube, sie war mein allererster Kulturschock. Wie kommen erwachsene Menschen auf die Idee, eine solch hässliche Mauer mitten durch Berlin zu bauen? Ich will es nicht verstehen, und von Politik habe ich in meinem Alter sowieso noch keine Ahnung.

Heute, an unserem letzten Tag in Berlin, gehen Folkert und ich zusammen mit meiner Mama bei eisigen Temperaturen in den Zoo. Bei diesen Wetterverhältnissen muss Mutti besonders gut auf uns zwei Quatschmacher aufpassen. Um das Geländer eines Tiergeheges hat sich eine dicke Eisschicht gebildet. Ehe wir uns versehen, streckt Folkert seine Zunge heraus und versucht, daran zu lecken. Mama, plötzlich kreidebleich im Gesicht, schreit gerade noch so: »Nein! Nicht!«

Ich wäre nicht auf die Idee gekommen, an dem gefrorenen Geländer zu lecken, weiß aber nicht, was daran so schlimm sein soll. Das wird mir jetzt aber ziemlich schnell klar. Ein klitzekleines Stückchen von Folkerts Zunge, die das Eis doch berührt hat, bevor er erschrocken aufgehorcht hat, ist abgerissen und klebt jetzt am Geländer. So schnell muss sie festgefroren sein. Die Zunge blutet aber nur ein kleines bisschen. Glück gehabt – und wieder eine Lektion gelernt!

Einige Schritte später – wir haben uns mittlerweile von dem Schrecken erholt – bleiben wir vor dem Becken mit den Seehunden stehen. Mir ist so kalt, dass ich zum Aufwärmen von einem zum anderen Ende der Beckenumrandung laufe. Dabei bemerke ich, wie ein einzelner Seehund meinem Gang folgt. Das entwickelt sich schnell zu einem richtigen Spiel. Er ist in seinem Element, dem Wasser, viel eleganter und schneller unterwegs als ich im Schnee zu Fuß. Neugierig lugt er immer wieder prustend aus dem Becken heraus und schau, wo ich bin. Warum macht er das? Ob ihm langweilig ist? Spieltrieb? Jagdinstinkt? Ich finde es lustig. Egal, wo ich jetzt stehen bleibe, – er hält Ausschau nach mir und kommt in dieselbe Richtung hinterher, in der ich mich am Beckenrand bewege. Vom Rennen ist mir inzwischen ganz warm geworden. Am liebsten will ich hier gar nicht weg, aber wir gehen weiter. Schweren Herzens verabschiede ich mich von meinem neuen Spielgefährten.

Noch viel schwieriger gestaltet sich am nächsten Tag der Abschied von Westberlin. In der DDR herrscht nach dem katastrophenartigen Wintereinbruch weiterhin das totale Schneechaos. Meterhohe Schneeverwehungen haben den kompletten Eisenbahnverkehr zum Erliegen gebracht – nichts geht mehr. Damit haben wir und viele andere Menschen, die nach Hause wollen, nicht gerechnet. Länger bleiben können wir auch nicht, denn Mama muss morgen zurück ins Büro. Da ist Improvisation gefragt! Unsere abenteuerliche Situation finde ich spannend. Bis die Schule wieder beginnt, dauert es noch ein paar Tage. Zu gern würde ich noch ein wenig länger bei Dorte und Folkert in Westberlin bleiben. Aber das geht leider nicht.

Und tatsächlich finden wir eine Lösung: Dorte bringt uns zum Flughafen Berlin-Tegel. Mit viel Glück ergattern wir die letzten beiden Sitzplätze in einem Flieger nach Frankfurt am Main. Pan Am ist die einzige Fluggesellschaft, die aus Westberlin durch die Luftkorridore über der DDR andere deutsche Flughäfen anfliegen darf. Dorte leiht Mama sogar noch das Geld für die Flugtickets, weil wir damit natürlich nicht gerechnet haben. Sonst hätten wir tatsächlich bleiben müssen.

Ich habe keine Zeit, mich richtig auf den ersten Flug meines Lebens zu freuen oder gar Angst davor zu haben. Alles geht viel zu schnell. Kaum haben wir die Tickets bezahlt, müssen wir uns verabschieden und rennen auch schon mit unserem kleinen Gepäck zum Flugzeug. Als letzte Gäste lassen wir uns auf die vorderen Plätze plumpsen und schnallen uns an. Wenige Minuten später rollen wir zur Startbahn, beschleunigen, heben ab und schwingen uns mit dröhnenden Motoren in die Lüfte. Ich summe das Lied *Über den Wolken* von Reinhard Mey vor mich hin und schaue hinunter auf das geteilte Berlin, das aus meiner Perspektive ganz wie aus einem weißen Schneeguss gezaubert aussieht und dessen Häuser mich an weihnachtliche Lebkuchenhäuschen mit Zuckerdächern erinnern. Doch nur hier oben scheint die Freiheit hinter dem langen Zaun und der hohen breiten Mauer wohl grenzenlos zu sein.

Aber bitte mit Toffee!

In der neunten Klasse, mit 15 Jahren, spielte sich mein Leben vorwiegend im altsprachlichen Lessing-Gymnasium ab – seit der fünften Klasse lerne ich Latein, und dieses Jahr ist Altgriechisch dazugekommen. Beides tote Sprachen, für die ich täglich neben anderen Hausaufgaben jede Menge neue Vokabeln büffeln muss. Dabei würde ich so viel lieber Französisch, Spanisch und Italienisch lernen – Sprachen, in denen man sich tatsächlich mit Leuten unterhalten kann! Stattdessen übersetze ich uralte Texte, die ich in meinem Alter alles andere als spannend finde.

Ich wünsche mir seit Jahren nichts sehnlicher, als eine bessere Schülerin zu sein. Das will mir leider auch mit Nachhilfe in Mathe und Latein nicht gelingen. In Physik, Biologie und Altgriechisch sieht es leider auch nicht viel besser aus – aber wenn ich in diesen Fächern auch noch Nachhilfeunterricht nehmen würde, hätte ich gar keine freie Zeit mehr. Meine schlechten Noten haben nichts damit zu tun, dass ich faul, schlampig oder unaufmerksam wäre. In Kunst, Geschichte und Sport bin ich gut und in den restlichen Schulfächern Mittelmaß. Lernen tue ich auch genug, daran liegt es nicht. Aber es ist für mich eher eine leidige Pflicht – mein Herz ist nicht wirklich mit dabei. Und dann ist da natürlich noch meine Prüfungsangst, die das Ganze auch nicht besser macht. Oft habe ich mich super vorbereitet, wie verrückt gepaukt, und wenn ich dann die Fragen lese, ist plötzlich alles weg. Mein Kopf ist so leer, als hätte ich kurz vorher mein Gehirn beim Hausmeister abgegeben.

Meine Stärke liegt eindeutig eher im Umgang mit Pferden und anderen reitbegeisterten Menschen. Zum Ausgleich bin ich neben der Schule weiterhin regelmäßig im Reitstall in Hofheim am Taunus, der mittlerweile zu meiner innig geliebten zweiten Heimat geworden ist. Unter den pferdevernarrten Mädchen, ein paar Jungen und vielen Erwachsenen fühle ich mich wohl. Das ganze Jahr über ist im Stall mit den rund vierzig Pferden, dem Schäferhund Kuno, ein paar Katzen und natürlich uns Zweibeinern jede Menge los. Hier finde ich Halt, kann völlig in diese Welt eintauchen und vergesse meine Sorgen in der Schule. Der Hof dient mir auch als Familienersatz und macht es erträglich, dass mein Vater seit fünf Jahren keinerlei Interesse mehr daran zeigt, mich zu sehen. Ein anderes Mädchen, dem es mit ihrem Papa genauso geht, ist mir noch nie begegnet, – damit fühle ich mich ziemlich allein.

Für die Pferde übernehme ich viel Verantwortung. Sie werden immer zuerst versorgt, danach sind wir Reiter dran. Wenn es den Tieren gut geht, bin auch ich glücklich. Seit ein paar Monaten gebe ich Anfängern sogar Reitunterricht und verdiene damit meine ersten paar Mark. Dabei lerne ich, wie viel Spaß es mir macht, anderen etwas beizubringen. Auf diese Weise entwickle ich viel Geduld, die ich oft mit mir selbst nicht habe, und fühle mich richtig erwachsen. Mein Durchhaltevermögen wird durch das Reiten ebenfalls trainiert: Obwohl ich kein eigenes Pferd habe, durfte ich vor anderthalb Jahren das Jugend-Reiterabzeichen in Bronze auf meinem

Lieblingspferd Zar, einem schlanken Fliegenschimmel aus Ungarn, machen. Beim Springtraining in der Halle fiel ich mehrere Male schon vor dem Hindernis vom Pferd, das aus vollem Galopp heraus plötzlich stehen geblieben war. Kaum unsanft auf dem Hallenboden gelandet, stand ich sofort auf, schwang mich wieder auf das Tier und machte weiter. Aufgeben? Ich? Bestimmt nicht! Überglücklich bestand ich am Ende zusammen mit den anderen die Prüfung in Dressur, Theorie und Springen und darf seitdem sogar an Turnieren in der Umgebung teilnehmen.

In diesem Sommer ist das 25-jährige Jubiläum des Reitstalls, an dem ich in einer Quadrille auf meinem Lieblingspferd mitreiten darf. Dabei sein ist für mich alles! Aber ausgerechnet in dieser Zeit will mich meine Mutter zu einem Sprachkurs nach England schicken. Für mich steht fest: *Ich will nicht nach England!*

Verzweifelt versuche ich, meine Mutter zu überreden: »Kann ich nicht erst in den letzten drei Wochen der Schulferien nach England gehen? Ich möchte so gern bei der Jubiläumsveranstaltung mitreiten!«

Meine Mutter ist total enttäuscht, weil sie mir mit dem Aufenthalt im Ausland eine Freude machen wollte. »Das geht leider nicht. Ich habe schon eine Anzahlung für den Zeitraum geleistet. Du warst doch vor zwei Jahren so gern in England zum Reiten und beim Sprachkurs in Bournemouth«, erinnert sie mich.

Das stimmt, aber statt ihr dankbar zu sein, wieder nach England zu dürfen, veranstalte ich das wohl größte Theater meines bisherigen Lebens. Ich werde zur Dramaqueen: Wie ein kleines Kind flenne ich, bin hochfrustriert und werde wütend – das volle Programm. Mir ist alles egal. Auch bei der Anmeldung zum Sprachkurs kann ich mich nicht beherrschen. Obwohl meine Mutter meinetwegen vor Scham fast im Erdboden versinkt, lässt sie nicht locker. Es hilft alles nichts: *Ich muss nach England!*

Kurz nach Ferienbeginn ist es so weit! Am letzten Samstag im Juni bringt mich meine Mutter zum Flughafen. Ob sie wohl Angst hat, ich könnte vorher noch abhauen? Dafür bin ich doch viel zu anständig! Stattdessen werde ich heute zum zweiten Mal ein Flugzeug besteigen. Vor zwei Jahren war ich zum Sprachkurs in England noch den ganzen Tag mit dem Zug, Schiff und Bus unterwegs.

Am Abflugschalter lerne ich zuerst Beate aus Wiesbaden kennen, die mit ihrem Vater vor uns in der Schlange steht. Ich beneide sie sofort glühend heiß um ihre blonden lockigen Haare, die durch zwei weiße Klammern an ihren Schläfen gebändigt werden. Meine Haare sind so langweilig glatt wie Schnittlauch, nur viel dünner. Kaum geschnitten, hängt mein im Turbomodus wachsender Pony mir schon wieder in den Augen. Zu ihrer Lockenpracht trägt Beate ein sportliches hellrosa Sweatshirt und bequeme Jeans und Turnschuhe. Sie ist mir sofort sympathisch, und wir unterhalten uns aufgeregt. Nach ein paar Minuten stellen wir fest: Wir gehören dem gleichen Jahrgang an – unsere Geburtstage im Februar liegen nur eine Woche auseinander. Auch ihre Eltern sind geschieden. So haben wir schon eine Menge gemeinsam.

Zwei zwölfjährige Mädchen, die von ihren Eltern gebracht werden, gesellen sich zu uns. Isabel und Talin kennen sich schon länger aus der Schule und kommen ausgerechnet aus Hofheim! Während Isabels dunkelblonde Locken und die lebhaften grünen Augen ihr eine offene Ausstrahlung verleihen, hat Talin einen viel dunkleren Teint, warme schwarze Augen und lange schwarze Haare, die sie in einem Pferdeschwanz aus ihrem schmalen Gesicht gebunden hat. Sie ist armenischer Herkunft, was sie Beate und mir jetzt erst einmal erklären darf. Wie oft sie das wohl schon tun musste? Für mich ist Armenien nichts weiter als eine Region in der unendlich weit entfernten, abgeschotteten Sowjetunion, über die ich in der Schule noch nichts gelernt habe.

Auf Anhieb fühle ich mich wohl mit den drei Mädels. Allmählich beginne ich, mich auf den Sprachaufenthalt in St. Leonards-on-Sea/Hastings in East Sussex zu freuen.

Im Flugzeug sitze ich neben Beate. Wir schnattern wie zwei aufgeregte Gänse, so viel haben wir uns zu erzählen. Schwuppdiwupp sind wir über den Ärmelkanal geflogen und landen auf dem Flughafen Gatwick südlich von London. Die Flugzeit ist ungefähr genauso kurz wie bei meinem ersten Flug vor zweieinhalb Jahren. Kaum sind wir oben, geht es kurz darauf auch schon wieder runter.

Am Flughafen werden wir von einem Angestellten der Sprachschule abgeholt. Zu viert passen wir bequem mit ihm in ein Auto, in dem er uns anderthalb Stunden durch die ländliche, leicht hügelige Landschaft von Sussex kutschiert. Am Ziel angekommen, wird eine nach der anderen bei ihrer Gastfamilie abgeliefert. Als Letzte werde ich vor einem typisch englischen Reihenhaus an der Marina, der Küstenstraße, abgesetzt.

Meine Gasteltern Kath und Norman empfangen mich herzlich mit einer Tasse schwarzem Tee mit Zucker und ohne Milch. Durch seine Brille mit dem silberfarbenen Gestell zwinkert der große, schlanke Norman mir freundlich zu. Kath ist wesentlich kleiner als ihr Mann, hat wachsame braune Augen und kurze blond gefärbte Haare. Die beiden teilen sich ihre geräumige Wohnung mit dem Hund Perry, einem braun-weißen Jack Russell Terrier, und dem grau-weißen Kater Ary.

Ich bin sofort von Mensch und Tier begeistert. Den Hund darf ich sogar mitnehmen, als ich am Nachmittag bei herrlichem Wetter meine Umgebung erkunde. Das Kofferauspacken verschiebe ich auf später. Voller Lebensfreude zeigt mir der quirlige Rüde an seiner roten Leine, wo es langgeht. Wir überqueren einen Zebrastreifen, wo ein mehrere Tonnen schwerer Lkw mit quietschenden Bremsen für uns stehen bleibt, und durchqueren auf der anderen Seite der Straße die Grosvenor Gardens bis zur Sea Road. Dahinter führt schon eine Treppe an den Kieselstrand. So nah bin ich am Meer, besser gesagt am Ärmelkanal. Er verbindet den Atlantik mit der Nordsee. Die Sonne scheint, es weht eine frische Brise, der Hund schnüffelt begeistert umher – und mich durchströmt ein Glücksgefühl, wie ich es sonst nur beim Umgang mit den Pferden erlebe. Ich bin nicht nur einfach so da, wo ich gerade bin. Ich fühle mich willkommen und gut aufgenommen. Zum ersten Mal spüre ich, was ich vorher noch nie empfunden habe: Ich bin angekommen! Dass ich hier bin, hat einen tieferen Sinn. Den kann ich zwar gerade noch nicht so richtig erfassen, aber irgendwas hier fühlt sich ganz und gar richtig an.

Am Abend lerne ich meine italienische Zimmergenossin kennen, die tagsüber auf einem Ausflug gewesen ist. Die braun gebrannte Stephania kann nur wenig Englisch, und ich nur ein paar vereinzelte Brocken Italienisch, trotzdem kriegen wir das mit der Verständigung irgendwie hin. Gemeinsam fahren uns unsere Gasteltern am nächsten Tag in das wenige Kilometer entfernte Städtchen Rye. Der Bilderbuchort verzaubert mich sofort mit seinen kleinen Straßen und typisch englischen Geschäften, die sogar am Sonntag geöffnet haben. An einem großen Stück Toffee, das von durchsichtigem Papier mit einer blauen Schrift umhüllt ist, komme ich in einem kleinen Laden mit Süßigkeiten nicht vorbei. Die Leckerei ist klebrig-süß und wird nur durch ausgiebiges Lutschen weich. Bis ich es – nicht in einem Schwung – komplett weggelutscht habe, werden einige Tage vergehen. Es schmeckt besser als alle Karamellbonbons, die ich jemals zuvor gegessen habe.

Von hier aus geht es weiter zum Pier in Hastings – und es ist Liebe auf den ersten Blick! Auf den Brettern über dem Wasser, die einen erstaunlich großen Gebäudekomplex tragen, ist ordentlich was los. Familien mit Kindern tummeln sich draußen an den Buden und stehen drinnen vor den Spielautomaten, die sich mit nur ein bis zwei Pence bedienen lassen. Ich komme mir vor wie in einem Mini-Casino, in dem ich mir mit fünfzig Pence lange genug die Zeit vertreiben kann.

Auf dem Heimweg zeigen mir meine Gasteltern noch, wo die Sprachschule ist. So weiß ich, wo ich morgen früh um acht Uhr dreißig sein muss.

Erst am Montag sehe ich meine drei Mädels in der Embassy School of English am Warrior Square wieder. Aber zuerst lerne ich Debbie im Büro kennen. Auf ihrem Tisch liegen jede Menge Unterlagen. Die sympathische junge Frau aus Nordirland begrüßt mich mit meinem Vornamen, bevor ich ihn ihr überhaupt sagen kann. Ich bin platt. Neugierig frage ich sie: »Woher weißt du meinen Namen?«

Lächelnd antwortet sie: »Ich habe mich um eure Anmeldungen gekümmert und euch den Gastfamilien zugeteilt, so weiß ich alle Namen.«

»Toll«, strahle ich und schiebe gleich hinterher: »Meine Gasteltern sind super! Und an der Strandpromenade entlang kann ich so schön zur Schule laufen ... Das ist perfekt.« Fast komme ich aus dem Schwärmen nicht mehr heraus.

Vor Unterrichtsbeginn bekommen wir internationalen Neuankömmlinge eine kleine Führung durch die Räume der Sprachschule und werden den Organisatoren vorgestellt. Um rund zweihundert Studenten kümmert sich die Schule jede Woche. Last but not least machen wir nach diesem freundlichen Empfang noch einen Einstufungstest.

Ich komme in eine Klasse mit acht weiteren Teenagern aus verschiedenen europäischen Ländern. Das gefällt mir. Wir haben von Montag bis Freitag vormittags wie nachmittags Unterricht, mit einer längeren Pause dazwischen. Danach gibt es Aktivitäten, an denen wir teilnehmen können. Englisch zu lernen, ist hier ein Vergnügen – und ich werde mit ungeahnten Erfolgserlebnissen buchstäblich überhäuft. Schokolade interessiert mich nicht mehr: Englisch, schwarzer Tee und Toffee tun es auch.

Was es nicht tut: die typisch englischen Weißbrotscheiben, die mit Thunfisch, einem Stück Tomate und Salatblättern belegt sind. Die labbrigen quadratischen Scheiben sind mittags aufgeweicht, die Salatblätter längst welk. Kein besonders leckerer Lunch, über den sich besonders die italienischen Gastschüler zur Mittagszeit gern lustig machen. Denn Lunch klingt ähnlich wie das italienische Wort »lanciare« – zu Deutsch »werfen«. Und das tun viele am Kieselstrand dann auch. Die Möwen freuen sich über die entsorgten Brotscheiben. Ich schließe mich den Italienern gern an: Den Thunfisch und das Stück Tomate esse ich noch, dann überlasse ich den unappetitlichen Rest auch lieber denen, die sich daran freuen …

Nach fünf Tagen Unterricht in England kann ich sagen: Ich habe hier in so kurzer Zeit schon mehr für den Alltagsgebrauch gelernt als in vielen Monaten Gymnasialunterrichts daheim. An diesem Abend bin ich mit dem Lehrer Simon, den Organisatoren Debbie und Andy sowie einigen Schülern zum ersten Mal in einem urigen englischen Pub. Vor der Theke aus dunklem Holz stehen hohe Barhocker und im Raum sind ein dunkelrotes, nicht mehr ganz so neues Ledersofa und ein paar Sessel, Tische und weitere Stühle verteilt. Es gibt einen Billardtisch und eine Dartscheibe.

Mit Dartpfeilen auf eine Scheibe gezielt und dabei relativ gut getroffen habe ich schon mal. Billard spielen kann ich noch nicht. Wie das geht, bekomme ich jetzt von Andy gezeigt. Anfangs stelle ich mich ziemlich ungeschickt an. Ich weiß gar nicht, wie ich den Queue locker halten und nach vorn stoßen soll, ohne dabei jemanden hinter mir ernsthaft zu verletzen. Entweder der lange Spielstab rutscht mir von der Hand und trifft die weiße Kugel nur am Rand, was sie lediglich drei Zentimeter vom Fleck bewegt. Oder ich stoße so heftig zu, dass sie – ups – über den Tischrand auf den Boden springt. Ich kugle mich fast vor Lachen über meine Missgeschicke und werde dabei ganz rot im Gesicht. Und auch auf die unbeteiligten Zuschauer, die sich angeregt unterhalten, hat mein fröhliches Gelächter eine ansteckende Wirkung. Hauptsache, keiner hinter mir kriegt bei dem Spaß meinen Queue in empfindliche Stellen.

Der Umgang mit den Menschen hier ist so locker und lustig. Ich fühle mich überhaupt nicht fremd. Mit den humorvollen Engländern und den glücklichen Sprachschülern könnte es mir nicht besser gehen. Ich bleibe mit ihnen bis zur letzten Runde im Pub und will mich am liebsten gar nicht von dieser unbeschwerten Atmosphäre trennen. Als ich später die knappe Meile entlang der Strandpromenade bei sternenklarem Himmel nach Hause gehe, bleiben meine Gedanken lange bei diesem abwechslungsreichen Abend hängen. Erst um Mitternacht falle ich erschöpft von der Woche ins Bett.

Am Samstag machen wir einen Ausflug nach London. Zuerst bekommen wir ein paar Sehenswürdigkeiten vom Bus aus gezeigt. Danach dürfen wir für mehrere Stunden die Hauptstadt auf eigene Faust erkunden. Natürlich tue ich mich gleich mit Beate zusammen!

Vor zwei Jahren war ich schon einmal auf einer Tagestour in der größten Stadt Großbritanniens. Der Aufenthalt hängt mir leider eher unangenehm in Erinnerung. Ahnungslos hatte ich mich damals mit meinen 13 Jahren als Zweitjüngste einer ausschließlich deutschen Gruppe Jugendlicher ein paar Mädchen angeschlossen, die alle ein paar Jahre älter waren als ich. In einem der Läden in der Oxford Street beschlossen sie plötzlich, etwas zu klauen, obwohl sie es eigentlich nicht nötig hatten. Das Ganze war wohl eher als Mutprobe gedacht. Sie von ihrem Vorhaben abzuhalten, schaffte ich nicht, wegrennen konnte ich auch nicht. Mich unschuldig aus dem Diebeszug rauszuhalten, klappte gerade noch so, ohne dass sie es mir übel nahmen. Ich kann eins der Mädchen noch immer sehen, wie sie mit ihren geflochtenen blonden Zöpfen direkt vor mir steht und den Mund aufmacht: Lauter bunte Haarspangen und Klämmerchen liegen auf ihrer Zunge – alles geklaut. Dieses merkwürdige Bild kriege ich seitdem nicht mehr aus meinem Kopf.

Ausgerechnet diese Geschichte ruft plötzlich eine traurige Erinnerung aus meiner Kindheit wach: Ich war etwa acht Jahre alt und habe gern mit zwei Nachbarinnen aus der Wohnung über uns gespielt. Ihre Mutter und deren Freund, der Vater der jüngeren Tochter, gönnten den beiden so gut wie nichts. Im Wohnzimmer stand ein Glas mit abgezählten Bonbons – nehmen durften sie sich davon nichts. Die Ältere wurde sogar mit einer Kleiderbürste verprügelt. Die beiden Mädchen hatten regelrecht Angst vor ihren Eltern, die sie oft allein zu Hause ließen. Eines Tages bemerkte ich beim Spielen in ihrem Zimmer eine Puppe, die ich zu Hause ebenfalls hatte. »So eine habe ich auch«, rief ich aufgeregt. Wieder in meinem Zimmer fiel mir auf, dass genau diese Puppe fehlte, und nicht nur die. Statt wütend zu werden, weil meine Freundinnen mich beklaut hatten, wurde ich traurig. Die beiden taten mir leid. »Warum habt ihr mich nicht einfach gefragt, ob ihr die Sachen haben könnt?«, fragte ich sie. »Ich hätte sie euch doch gern gegeben!«

Sie weinten und schämten sich. »Wir bekommen von unseren Eltern doch nichts. Und haben uns einfach nicht getraut, dich zu fragen.«

Ich hatte so viel Mitleid mit ihnen. »Ihr könnt die Spielsachen behalten. Ich hab doch sowieso genug!« Doch sogar das verboten ihre Eltern. Sie mussten die Geschenke zurückgeben.

Die negativen Gedanken sind schnell verflogen. Mein Aufenthalt in London ist kein Vergleich zum letzten Besuch. Stehlen, auf so eine Idee würde auch Beate nie kommen. Entspannt spazieren wir zum Piccadilly Circus, schlendern durch die Geschäfte der Oxford Street, bestaunen die Westminster Abbey, und ausgerechnet bei den Horse Guards angelangt, passiert mir dann etwas Unglaubliches. Plötzlich sehe ich zwei bekannte Gesichter vor mir: Birgit und Dagmar aus dem Hofheimer Reitstall! Sprachlos traue ich zuerst meinen Augen nicht, dann sprudelt es aus mir heraus: »Was macht ihr denn hier?« Im gleichen Moment denke ich: Was für eine blöde Frage! Wahrscheinlich dasselbe wie wir … Und schiebe hinterher: »Ich wusste gar nicht, dass ihr in England seid! Wo macht ihr euren Sprachkurs?« – »Wie lustig! Wir sind in Ramsgate.« Wir unterhalten uns noch eine Weile, bevor wir wieder getrennte Wege gehen. Das ist neu – Bekannte in einem anderen Land treffen.

Unser Ausflug nach London ist der perfekte Abschluss meiner ersten Woche in England. Was, eine Woche schon? Die Zeit vergeht viel zu schnell … Ich will nicht, dass sie jemals zu Ende geht! Hier an der Küste haben wir jeden Tag herrlich warmes Wetter, und England zeigt sich uns von seiner schönsten Seite. Nur selten gibt es ein paar Regenschauer. Es ist fast so, als würde während meines Aufenthalts jemand die Regenwolken extra für uns zur Seite blasen, damit wir so richtig viel Spaß haben können.

Jede Woche bekommen wir ein neues Programm voller Aktivitäten geboten. Mit den Organisatoren spielen wir Frisbee, Ball und Badminton im Park und gehen gemeinsam zum Rollerskating. Ein italienischer Abend findet in der Christchurch statt. Im Yelton Hotel wird für uns eine Disco veranstaltet. Eine weitere Tagestour führt uns nach Brighton. Und mehrere Male lande ich zum Ausklang eines wundervollen Tages mit den anderen bis spät abends im Pub. Noch nie habe ich so viele Leute aus ganz Europa auf einem Haufen getroffen. Und es wird einfach nicht langweilig.

Am vorletzten Abend komme ich bei einem Tischtennisturnier im Keller der Sprachschule mit einem blonden kurzhaarigen Mädchen aus Flensburg ins Gespräch. Auf ihrem roten T-Shirt prangt ein schwarzer Pferdekopf. Anne reitet auch und hat sogar ein eigenes Pferd. Erst letzten Samstag ist sie hier angekommen und hat noch zwei Wochen vor sich. Sie hat es gut – ich beneide sie! Zu gern würde ich meine Mutter fragen, ob ich verlängern darf. Sie würde bestimmt staunen, wie brav ihre anfangs so widerspenstige Tochter geworden ist. Doch die Reise war teuer genug für sie. Noch mehr Kosten will ich ihr nicht aufbürden.

Zusammen mit Anne mache ich mich über die kitschigen Preise für die Gewinner lustig. Es sind Teller, Tassen und sonstiger Schnickschnack mit den Konterfeis von Prinz Charles und Diana, die in zwölf Tagen heiraten werden. Das ganze Land scheint deswegen in einem ekstatischen Ausnahmezustand zu sein. Alle fiebern dem großen Ereignis von Tag zu Tag mehr entgegen. An diesem Abend stört es mich ausnahmsweise nicht, beim Tischtennis zu den Verlierern zu gehören.

Am letzten Tag findet zum krönenden Abschied unseres Sprachkurses noch ein wunderbarer »English Folk Dancing Evening« statt. Den letzten Tanz des Abends schmettere ich mit dem witzigen Englischlehrer Simon aufs Parkett, der hervorragend Deutsch mit schwäbischem Akzent spricht, weil er mal in Stuttgart gearbeitet hat. Dummerweise knicke ich dabei mit dem rechten Fuß so ungeschickt um, dass ich nicht mehr richtig auftreten und nur noch humpeln kann. Simon tut es sichtlich leid. Aber was kann er für mein Malheur? Der Fuß wird zum Glück nicht dick, grün oder blau. Er tut nur weh. Viel mehr schmerzt mich jedoch der Abschied von allen, den wir später im Pub feiern. Ich weiß genau, dass ich viele von ihnen nie wiedersehen werde.

Am nächsten Morgen bekomme ich von meinen Gasteltern noch zwei Toffees geschenkt. Lachend zeige ich ihnen weitere zwanzig Stück, die ich mir im Laufe der letzten Tage schon als Vorrat für zu Hause angelegt habe. Der muss bis zum nächsten Besuch in England reichen. Denn ich komme bestimmt wieder. Da bin ich mir ganz sicher. Mein Fuß tut heute noch mehr weh, doch das ist nichts verglichen mit dem brennenden Abschiedsschmerz. Tapfer humple ich mit denselben drei Mädels, mit denen ich auch angekommen bin, zurück über den Flughafen Gatwick. 22 Toffees und viele Geschenke liegen in meinem Koffer. Vor allem aber nehme ich wunderbare Eindrücke und ganz besondere Erinnerungen mit nach Hause. Ich bin diesem Land und seinen Menschen so unendlich dankbar. Sie haben mein Herz für eine andere Welt geöffnet. Ich könnte ins Universum hinaus oder zumindest über den Ärmelkanal schreien: *Ich will in England bleiben!*

Vive la vie à Paris

Mit 19 Jahren bin ich nicht mehr so zufrieden in meiner kleinen beschränkten Welt, sondern wünsche mich immer öfter weit weg. Meine schulischen Leistungen haben sich in den letzten Jahren nicht nennenswert verbessert – trotzdem habe ich mich die vielen Jahre bis zum Abitur gequält. Unmengen an Zeit habe ich in Nachhilfestunden und das Lernen investiert. Von dem, was ich gelernt habe, ist mir nichts zugeflogen. Ich musste mir alles hart erarbeiten, regelrecht erkämpfen. Dabei versuche ich wohl eher, den Erwartungen anderer an mich als meinen eigenen Vorstellungen gerecht zu werden. Denn dass wir fürs Leben und nicht für die Schule lernen sollen, kann ich mir bei so trockenen Fächern wie Latein, Altgriechisch, Mathe und Physik selbst mit der blühendsten Fantasie nicht vorstellen. Erst recht nicht, dass ich eines Tages der Meinung sein werde: Die Schulzeit war die schönste Zeit meines Lebens.

Von den Problemen in der Schule bleibt natürlich auch mein Selbstbewusstsein nicht unberührt. Ich habe nicht das Gefühl, für irgendetwas ein besonderes Talent zu haben. Einen Freund habe ich auch nicht, denn ich bin viel zu zurückhaltend. Außerdem finde ich mich eher unattraktiv, obwohl ich groß, schlank und sportlich bin und lange blonde Haare habe, die im Sonnenschein mit einem leichten Rotstich leuchten. In toller modischer Kleidung laufe ich auch nicht herum, sondern kaufe mir eher billige Fetzen. Die paar Mark, die ich seit geraumer Zeit als Nachhilfelehrerin verdiene, reichen für Kleinigkeiten, zum Ausgehen und ein wenig zum Sparen – leider nicht für teure Klamotten.

Meinen Vater habe ich seit neun Jahren nicht mehr gesehen. Wahrscheinlich würde ich ihn auf der Straße nicht mal erkennen. Zu gern hätte ich einen Vater, der für mich da ist, der mich unterstützt, den ich zu meinen Hausaufgaben und vielerlei anderen Dingen im Leben befragen könnte. Ganz dunkel kann ich mich an Dinge erinnern, die ich als kleines Kind, lange bevor ich in die Schule kam, mit ihm gemeinsam unternommen habe. Ich fand es toll, von ihm auf seinen Schultern durch den Wald getragen zu werden. Und das Fahrradfahren hat er mir auch beigebracht. Erst rannte er hinter mir und dem Rad her, hielt es so fest, dass ich nicht umkippte, und ließ es plötzlich los ... Ich merkte es gar nicht und fuhr einfach so ohne seinen Halt weiter.

Leider überwiegen aber die traurigen Erinnerungen an ihn. Sie begleiten mich jeden Tag, obwohl ich mir wünsche, ich könnte sie aus meinem Gedächtnis radieren. Auch die Verwandtschaft meines Vaters habe ich nie kennengelernt. Er hat immer gesagt, er hätte keine mehr. Somit fehlt mir nicht nur ein Papa – mir fehlt auch seine Familie. Ich weiß genau, dass ich meinen Vater nicht dazu zwingen kann, sich für mich zu interessieren. Sein Verhalten ist nicht meine Schuld. Womöglich wollte er nie die Verantwortung übernehmen, die ein Kind mit sich bringt. Trotzdem frage ich mich insgeheim oft, ob es an mir liegt, ob ich nicht gut genug bin und irgendetwas besser machen könnte ... Mich plagen Schuldgefühle.

Außer den wenigen Briefen, an deren Inhalt sich seit Jahren nichts geändert hat, bekomme ich nichts von ihm. Ein Geschenk zu Weihnachten oder gar zum Geburtstag – Fehlanzeige! Er leistet wohl seine Unterhaltszahlungen, aber sie stehen in keinem Verhältnis zu den Kosten, die meine Mutter tatsächlich für mich hat. Je früher ich auf eigenen Beinen stehe und Geld verdiene, desto besser ist es für ihn – dann ist er zu keinen Zahlungen an mich mehr verpflichtet. Das erklärt auch die Fragen nach meinen schulischen Leistungen, die ich als Kind nie verstanden habe. Warum fragte er immer nur nach der Schule? Was ich sonst machte, wie es mir ging, das wollte und will er nie wissen.

Mit meiner Mutter verstehe ich mich weiterhin sehr gut, aber nur ungern möchte ich ihr, die sich stets alles so mühselig für mich abgespart hat, weiter auf der Tasche liegen. Und meine Oma, die in einer ungemütlichen Einzimmerwohnung an einer stark befahrenen Straße lebt, gibt ihrem einzigen Kind und Enkelkind alles, was sie kann, und verzichtet dafür selbst auf vieles. Für mich steht fest: Studieren nach dem Abi? Das kommt für mich nicht infrage! Im letzten Jahr habe ich mich bereits um einen Ausbildungsplatz bemüht und tatsächlich einen Vertrag für eine Ausbildung als Bürokauffrau in Wiesbaden unterschrieben.

Jetzt habe ich endlich Osterferien und seit ein paar Tagen das schriftliche Abitur hinter mir. In einigen Wochen bekommen wir die Ergebnisse, vor denen es mir jetzt schon graut. Ich bekomme sogar fast Panik, wenn ich daran denke. Immerhin habe ich meinen Ausbildungsplatz schon in der Tasche. Und so versuche ich, wie so oft, das Beste aus meiner

Situation und dem Leben zu machen und rede mir zuversichtlich zu: »Lass dich nicht unterkriegen!«

Und wo könnte ich besser neue Lebenskraft tanken als in Paris? Ich besuche meine Mutter, die seit ein paar Wochen als Sekretärin an einem internationalen Projekt in der französischen Hauptstadt arbeitet und in ihrem Hotelzimmer in Montmartre noch ein Bett für mich frei hat.

Nach der sechsstündigen Zugfahrt habe ich lange genug gesessen. Ich will raus aus dem Hotelzimmer – etwas sehen, flanieren! Ahnungslos mache ich mich direkt nach meiner Ankunft wieder auf, um allein die Gegend um das Hotel herum zu erkunden. Doch statt mit Pariser Romantik empfängt mich der Place Pigalle gleich um die Ecke mit jeder Menge Erotikshops, Sex-Kinos, Striptease-Lokalen, Bars und Cabarets. Die bescheidene Pizza Nina, die ich mitten im Getümmel entdecke, lässt mich das Gesicht zwar noch zu einem vorsichtigen Lächeln verziehen, das verkneife ich mir im Weitergehen jedoch sofort wieder. Schließlich möchte ich nicht, dass sich jemand in dieser Gegend von meinem Lachen angesprochen fühlt ... Stattdessen versuche ich, mich mit meinen unschuldigen 19 Jahren von den vielen ausgemergelten Obdachlosen und zwielichtigen Gestalten, die mich aus schwarzen Augen unverhohlen anstarren und mir gelegentlich auf Französisch etwas Unverständliches hinterherrufen, nicht aus der Fassung bringen zu lassen. Fast an jeder Straßenecke stehen Frauen in dünnen Blusen, knappen Westchen, Miniröcken und hochhackigen Schuhen. Ihre Gesichter sind ausdruckslos, ihre müden, stark geschminkten Augen starren ins Leere. Viele von ihnen sind nur ein paar Jahre älter als ich, aber wirken auf mich so, als hätten sie ihre

Zukunft längst hinter sich gelassen. Das ist so gar nicht, wie ich mir Paris vorgestellt hatte, – dieser Stadtteil hat für mich das Flair einer Frankfurter Bahnhofsgegend. Etwas Besseres fällt mir dazu in meiner gut behüteten Unschuld nicht ein.

Zum Glück sieht die Welt nur ein paar Stunden später schon anders aus. Noch am selben Abend sind wir zu einer Party von Mutters Kollegen in einem Haus in Saint-Cloud, einer vornehmen Gegend mit vielen Einfamilienhäusern und Villen, eingeladen. Hier fühle ich mich wohler. Mutters Chef, den ich schon kenne, macht mit mir auf Deutsch Witze. Mit den französischen Kollegen, die ich heute zum ersten Mal treffe, spreche ich Englisch. Ich bedaure, dass meine wenigen Brocken Französisch nicht für ein simples Gespräch ausreichen, denn so entgeht mir vieles in dieser wunderschönen Sprache, die ich so gern verstehen und noch lieber sprechen würde. Trotzdem werde ich als Nesthäkchen in der munteren Gesellschaft ganz charmant in alle Gespräche involviert. Meine Probleme sind plötzlich ganz weit weg, so als wäre ich auf einem anderen Planeten. Ich beginne, meine Zeit in Paris zu genießen.

Später fährt Mutters Kollegin Isabel uns zurück ins Hotel. Auf den nächtlichen Straßen von Paris ist viel los. Die Franzosen lächeln in unser Auto hinein und unterhalten sich an den roten Ampeln mit unserer hübschen Fahrerin, deren braune Lockenmähne durch das offene Fenster vom Wind zerzaust wird. Sie verfährt sich ein wenig in dem nächtlichen Verkehrschaos und entschuldigt sich überschwänglich. »Das ist mir noch nie passiert, excusez-moi!« Ohne ihren Hinweis hätten wir das gar nicht bemerkt. Tatsächlich genieße ich diese Nachtfahrt in vollen Zügen und finde trotz des holprigen

Starts nach nur einem halben Tag immer mehr Gefallen an dieser beeindruckenden Stadt. Ich habe es überhaupt nicht eilig, zurück ins Hotelzimmer zu kommen.

Für den nächsten Morgen hat meine Mutter mir eine Überraschung versprochen.

»Mama, was haben wir heute vor? Was ist das für eine Überraschung?«, frage ich sie zum x-ten Mal, weil ich vor Neugier fast platze.

»Das wirst du bald sehen. Wenn ich dir das jetzt sage, ist es doch keine Überraschung mehr! Nur Geduld, es dauert nicht mehr lange«, entgegnet sie mit einem wissenden Grinsen.

Erst mal gibt es Frühstück – und da ist die Auswahl am Büfett im Hotel reichlich. Ich stürze mich sofort auf die frischen Croissants. Sie sind zwar etwas kleiner als bei uns, aber schmecken mir dafür umso besser. Wie die Franzosen schneide ich sie in der Mitte auseinander, beschmiere sie erst mit Butter und dann mit Marmelade, die aus einem niedlichen Gläschen mit rot-weiß kariertem Deckel kommt. Immer wieder stehe ich auf, um mir Nachschub zu holen. Nachgespült mit schwarzem Tee, verschwindet Croissant um Croissant in meinem Magen. Meine Mutter staunt nicht schlecht, welche Mengen der französischen Köstlichkeit ich verdrücke. Sie vergisst das Zählen nicht – und kommt auf ganze 13 Stück! Unglaublich! Ich habe ganze 13 Croissants mit Belag verspeist, bevor ich endlich satt bin. Mir wird nicht einmal schlecht. Und was für ein Glück: Bei dem anstrengenden Tagesprogramm, das mir bevorsteht, muss ich mir immerhin über Gewichtsprobleme keine Sorgen machen.

Nur wenig später werden wir von dem Amerikaner Sherry in der Hotellobby abgeholt. Er ist Direktor einer englischen Firma, die am selben Projekt mitarbeitet wie Mutter. Seine grauschwarzen Haare lichten sich ein wenig, und auf seiner großen Nase trägt er eine schwarze Brille. Ganz sportlich in ein blaues Sweatshirt, Jeans und weiße Turnschuhe gekleidet, schüttelt er zuerst meiner Mutter und dann mir mit dem strahlenden Lächeln eines Gewinnertyps die Hand. Er führt uns nach draußen und präsentiert uns vor dem Hotel stolz seine neue Errungenschaft. Erst vor ein paar Tagen hat er ihn gekauft, und jetzt wartet er geduldig auf uns am Straßenrand, leuchtend rot wie ein Feuerwehrauto – ein echter Rolls-Royce!

Als Sherry mir zwinkernd die Tür aufhält, kann ich es kaum fassen. In diesem Luxuswagen sollen wir die nächsten Stunden eine Stadtrundfahrt bekommen? Wow! Vorsichtig nehme ich links neben dem Fahrersitz Platz. Die Polster sind aus weichem, hellem Leder, die Anschnallgurte geschmeidig. Die Armatur ist aus edlem Holz gefertigt. Sie strahlt mich regelrecht an – alles ist blitzblank und nagelneu. Als wir losfahren, schnurrt der Motor so leise wie ein zufriedener Kater.

Auf dem Weg zu einem der Pariser Wahrzeichen, der Basilique du Sacré-Cœur de Montmartre, die auf einem Hügel liegt, wird die Nobelkarosse neben der imposanten Kirche ebenfalls zum begehrten Foto-Objekt. Die »Basilika des Heiligen Herzens Jesu«, die in ihrer Bauweise römisch-byzantinischen Kirchen nachempfunden ist, wirkt, als sei sie von einem Bäcker mit Zuckerguss verziert worden, so weiß leuchten ihre drei Kuppeln weit über die Stadt hinweg. In der Nähe verkaufen französische Maler bunte

Bilder und Bleistiftzeichnungen. Mit meinem ziemlich leeren Portemonnaie könnte ich mir bei den stolzen Preisen kein Gemälde leisten – wahrscheinlich auch nicht mit viel Verhandlungsgeschick.

Mit dem roten Luxusgefährt geht es weiter zum Bois de Boulogne, einem eindrucksvollen Park im Westen von Paris, in dem es sogar eine Reitschule gibt. Mitten auf der Straße treffen wir auf eine zwölfköpfige Reitergruppe. Durch die Frontscheibe bekomme ich sie zusammen mit der silbernen Metallfigur auf der Kühlerhaube des Rolls-Royce – Eleanor im wehenden Kleid, bekannt als »Spirit of Ecstasy« – vor die Linse meines Fotoapparats.

Genauso verzückt ist mein Geist, als wir am meistfotografierten Wahrzeichen des Landes, dem Tour Eiffel, vorbeischnurren und danach in gemütlichem Tempo auf die Avenue des Champs-Élysées Kurs nehmen. Langsam umrunden wir anschließend den imposanten Arc de Triomphe. Um uns die Beine zu vertreten, steigen wir gelegentlich aus und werden dabei wie ein paar Prominente von vorbeilaufenden Passanten fotografiert.

Zum Ende unserer Besichtigungstour machen wir Station am Centre national d'art et de culture Georges-Pompidou, das seit seiner Eröffnung vor acht Jahren über sechs Millionen Besucher im Jahr anzieht. Das große Gebäude aus Stahl und Glas erinnert mich stark an eine moderne Raffinerie. An seiner Hauptfassade schlängelt sich eine Glasraupe empor, in der geschickt ein paar Rolltreppen installiert sind. Uns zieht es in den ersten Stock, wo wir uns eine Ausstellung anschauen, die zufällig aus dem Frankfurter Architekturmuseum stammt. Danach fahren wir so weit wie möglich nach oben und genießen den Blick über Paris. In der Ferne sehen wir den 321 Meter hohen Eiffelturm, Sacré Coeur und den Tour Montparnasse, das zweithöchste Gebäude der Stadt.

Nach über vier Stunden auf Tour fährt uns Sherry zurück ins Hotel.

»Thank you!«, bedanke ich mich überschwänglich und völlig überwältigt von den vielen Eindrücken. Am Abend kann ich kaum einschlafen, weil ich die tollen Erlebnisse dieses Tages immer wieder Revue passieren lasse.

Als meine Mutter am nächsten Morgen um sieben Uhr aufsteht, um zur Arbeit zu gehen, scheint von draußen schon die Sonne herein und ich werde automatisch wach. Bei diesem schönen Wetter halte ich es nicht viel länger im Bett aus. Erneut mache ich mich wie ausgehungert über die Croissants am Frühstücksbüfett her. Heute schaffe ich nur noch zehn beschmierte Hörnchen. Dafür habe ich, ganz praktisch, wieder für den Rest des Tages keinen Hunger mehr.

Bei Sonnenschein und Temperaturvorhersagen von bis zu 28 Grad will ich heute endlich den Frühling einläuten und werfe mich in ein Paar Shorts und ein buntes Trägeroberteil. Obwohl ich mich mit der Metro weit aus dem Vergnügungsviertel entferne und wieder beim Centre Pompidou lande, werde ich von allen Seiten schräg beäugt. Mir kommt es fast so vor, als fiele ich jetzt ohne Rolls-Royce sogar noch mehr auf. Hat mir da gerade etwa jemand hinterhergepfiffen? Das bin ich aus Frankfurt so ganz und gar nicht gewöhnt.

Langsam schlendere ich durch die Straßen und betrachte die glänzenden Schaufenster, in denen Modepuppen die neuste Haute Couture tragen. Dabei sehen die Leute auf der Straße ganz anders aus: Ich kann nicht verstehen, wie die Franzosen bei diesem herrlich sonnigen Frühlingswetter in so dunkle, schwere Stoffe gekleidet sein können. Das soll die Stadt der Mode sein? Da fällt mir ein: Habe ich nicht irgendwo gehört, dass die Franzosen ihre Francs lieber fürs Ausgehen und Mode von der Stange, also »prêt-à-porter«, ausgeben, anstatt sie in neue Designerklamotten zu investieren? Da stimme ich voll und ganz zu! Mit Freunden unterwegs zu sein und neue Leute kennenzulernen, finde ich auch viel interessanter, als wieder ein neues teures Kleidungsstück im Schrank hängen zu haben.

Auf dem Boulevard de Sébastopol reißt mich eine ältere Frau mit verfilzten blond gefärbten Haaren aus meinen Gedanken. Etwas Unverständliches zeternd, überholt sie mich auf dem Trottoir und lässt mich im Dunst ihrer Alkoholfahne zurück. Schwankend bewegt sie sich in ihren hochhackigen Schuhen nun ein paar Meter weiter vor mir. Eine auffällige pinkfarbene Bluse fällt lose über ihren weißen Minirock. Den lüftet sie jetzt plötzlich mit ihrer rechten Hand und kratzt sich an ihrer nackten Arschbacke. Eine Unterhose trägt sie nicht! Ich mag meinen unschuldigen blauen Augen nicht trauen. Wo bin ich denn hier gelandet? Ganz französisch bemühe ich mich um Contenance. Obwohl ich mit meinen kurzen Hosen auch viel nacktes Bein zeige, hoffe ich, dass ich etwas stilvoller gekleidet bin als sie.

Doch auch als ich ein paar Minuten später das Einkaufszentrum Les Halles erreiche, ernte ich weiterhin zweideutige Blicke. Ich bin mir nicht sicher, ob ich sie als Kompliment nehmen soll oder gerade in die Schublade des leicht

bekleideten Mädchens gesteckt werde. Das Vergnügungsviertel vorgestern war fast harmlos gegen das, was ich heute
auf meinem Spaziergang erlebe. So richtig wohl fühle ich mich
nicht mehr in meiner Haut. Aber jetzt schon zurück ins Hotel
will ich auch nicht. Lieber mache ich noch einen Abstecher in
die Galeries Lafayette auf dem Boulevard Haussmann gegenüber dem großen Opernhaus. In der gediegenen Atmosphäre
eines der ältesten Kaufhäuser Frankreichs hoffe ich, unter den
teuren sommerlichen Kleidern weniger Aufsehen zu erregen.
Kaufen will ich hier natürlich nichts – nur mal gucken. Die
stolzen Preise könnte ich mir eh nicht leisten. Aber anschauen
kostet ja nichts.

Als ich in dem Konsumtempel mit seiner riesigen
Kuppel auf dem Dach mit der Rolltreppe in den ersten
Stock fahre, spüre ich, fast am Ziel angekommen, plötzlich
eine fremde Hand zwischen meinen Beinen. Was ist denn
das?! Erschrocken drehe ich mich um und schaue in die
dreist grinsenden Gesichter zwei junger Franzosen. Ich bin
fassungslos! Jetzt auch noch Grabscher?! Vor Schreck wie ge-
lähmt kann ich weder etwas sagen – was mir auf Französisch
aus Mangel an entsprechenden Vokabeln eh nicht gelingen
würde – noch meine Hände in irgendeiner Form sprechen
lassen. Dabei hätte ich mich nur zu gern mit zwei schallenden
Ohrfeigen gewehrt! Stattdessen verlasse ich wie ferngesteuert
die rollende Treppe und gehe weiter.

So etwas ist mir noch nie passiert! Ich trage doch nur
ein Paar Bermudashorts, die mit einem Wirrwarr aus großen
dornigen Rosen in Blau-Rosa bedruckt sind, und dazu ein
farblich abgestimmtes Trägeroberteil. Darüber habe ich
eine lange weiße Weste gezogen, die fast bis über meinen Po

reicht. Ich wäre nie auf die Idee gekommen, mir in Paris über diese farbenfrohe Kleidung, die meine langen nackten Beine in weißen Sandalen zur Schau stellt, weitere Gedanken zu machen. Zu Hause in der Frankfurter City würde ich in diesem Aufzug von keinem Mann eines Blickes gewürdigt werden. Das ist mir so auch lieber, als wie hier dreist begrabscht und auf sexuell übergriffige Art degradiert zu werden.

Ab ins Hotel! Umziehen! Erst mit langen grauen Hosen und einem dunkelblauen T-Shirt traue ich mich wieder nach draußen. Erschreckend, dass ich mir solche Gedanken machen muss, wie ich mich hier als junge Frau anziehen kann, ohne unerwünschte Aufmerksamkeit auf mich zu ziehen. In der Nähe des Hotels setze ich mich an einen kleinen Brunnen. Mit einem deutsch-französischen Wörterbuch bewaffnet, in dem ich gelegentlich Wörter nachschlage, die mir für den Alltag wichtig erscheinen, betrachte ich die Menschen, die an mir vorbeilaufen. Gedanklich bereite ich mich darauf vor, dem nächsten Grabscher das gelbe Wörterbuch um die Ohren zu hauen. Und tatsächlich dauert es nicht lange und ich werde angesprochen – aber immerhin freundlich, so wie es sich gehört. Das Wörterbuch behalte ich in der Hand und übe mich stattdessen bei einem kurzen Plausch in meinem noch brüchigen Französisch.

So halte ich es auch in der folgenden Woche: Werde ich in den nächsten Tagen von neugierigen jungen Franzosen auf der Straße angesprochen, lasse ich mich hier und da in ein freundliches Gespräch verwickeln, wenn mein Gegenüber mir sympathisch ist, – mehr nicht. Ich bin interessiert an Paris und den Menschen und habe eh nichts Besseres zu tun, also nutze ich die Chance, um diese wunderschöne Sprache zu üben und ungeschickt durch mein französisches Vokabular zu holpern. Zum Glück haben alle erstaunlich viel Geduld mit mir und meinen linguistischen Bemühungen. Ich kann sogar aufatmen, weil ich mal nicht nach meinen Fehlern beurteilt und benotet werde. Außerdem klappt es erstaunlich gut, die Wörter aus Latein und Englisch abzuleiten und dann so gut wie möglich französisch klingend auszusprechen. Nach einer Weile gewöhne ich mich sogar richtig an diese unverfänglichen Schwätzchen, die viele in meiner Heimat wahrscheinlich als Anmache bezeichnen würden.

Alles in allem erlebe ich so eine wunderbar abwechslungsreiche Woche in Paris. Ich gehe zum ersten Mal in den imposanten Louvre, wo ich vor lauter Menschen an der kleinen Mona Lisa fast vorbeilaufe. Im Musée de l'Orangerie bin ich begeistert von den Gemälden bekannter Impressionisten und bestaune die beeindruckenden Seerosenbilder von Claude Monet, die bis zu 17 Meter lang und jeweils zwei Meter hoch sind, mit offenem Mund. Meine Mutter besuche ich an ihrem Arbeitsplatz in Saint-Cloud, und wir gehen zusammen mit ihren sympathischen Kollegen Mittag essen. Meinen Croissant-Konsum zum Frühstück hingegen reduziere ich drastisch. Immerhin will ich das nächste Mal, wenn ich in Paris bin, genauso schlank sein wie jetzt. Und das ist schon bald! Denn es hat mir in dieser großen, weitläufigen Stadt mit ihren freundlichen, zugänglichen Menschen so gut gefallen, dass ich in ein paar Monaten für einen Sommerferienjob in der französischen Metropole zurück sein werde – dieses Mal aber ohne die »gewagte« Kombination aus dünnen Shorts und luftigem Top!

Durchhängen?
Nur in der Hängematte!

Mit 26 Jahren habe ich einen tollen Arbeitsplatz in Frankfurt in der Reklamationsabteilung eines Kreditkartenunternehmens. Unter den lieben Kolleginnen fühle ich mich wohl. Manchmal kann ich gar nicht fassen, wie viel Spaß mir die Arbeit macht. Die angenehme Atmosphäre ist das Gegenteil von dem, was ich von der zweieinhalbjährigen Ausbildung zur Bürokauffrau im Einzelhandel in Wiesbaden kenne. Ihre Sinnlosigkeit geht mir noch bis heute so nah, als wäre ich diesem Abschnitt meines Lebens erst gestern mit der bestandenen Abschlussprüfung entronnen.

Als Auszubildende wurde ich ständig für Botengänge benutzt. Ich musste Tausende Mark in bar in einem Plastikbeutel zur Nassauischen Sparkasse um die Ecke bringen, Kontoauszüge von der Wiesbadener Volksbank abholen und für die Angestellten beim Supermarkt gegenüber Lebensmittel einkaufen. Nicht zuletzt holte ich unserer Chefin fast jeden Nachmittag ein teures Tortenstück beim Café Blum auf der Wilhelmstraße. Obwohl diese Aufgaben nicht viel mit meiner Ausbildung zu tun hatten, war ich froh um jede Minute außerhalb des Büros, in dem von morgens bis abends eine angespannte Atmosphäre herrschte. Mit unserer Chefin regierte dort ein ungeduldiges Wesen, in dem die cholerische Wut tobte, – und die ließ sie leider viel zu oft an uns Auszubildenden aus. Kein Wunder also, dass mir die Arbeit in dem tristen Büro keinen Spaß machte. Die Aufgaben, die ich abgesehen von den Botengängen erledigen musste, halfen da auch nicht unbedingt: Telex-Bestellungen von Teppichböden, Tapetenrollen, Gardinen etc. verschicken, Schecks tippen, Überweisungen und Postanweisungen ausfüllen, die Mehrwertsteuer berechnen und stundenlang, bis die Zahlen und Buchstaben vor meinen Augen verschwammen, Ablage machen ... Wie langweilig! Nach wenigen Monaten war mir klar: Mehr wirst du hier nicht lernen. Eine frustrierende Erkenntnis für eine wissbegierige junge Frau. Doch da musste ich nun durch.

Von der Arbeit unterfordert suchte ich mir, statt durchzuhängen, in meiner freien Zeit einen positiven Ausgleich zu meinem bedrückenden Alltag. Die Abende verbrachte ich in diversen Sprachkursen an der Wiesbadener Volkshochschule. Hier erwachte ich zu neuem Leben. Endlich wurde ich mit Respekt wie ein erwachsener Mensch behandelt! Kleine Erfolgserlebnisse gaben mir mehr Zuversicht. Längst kommunizierte ich mit fremdsprachigen Freunden vergnügt in Englisch, Französisch, Spanisch, Italienisch und verfügte dazu über Grundkenntnisse in Arabisch, Neugriechisch und Portugiesisch.

Kaum hatte ich die Ausbildung beendet und mich bei ein paar anderen Firmen beworben, bekam ich wegen meiner Sprachkenntnisse schnell zwei Zusagen. Na also, da hatte ich doch etwas richtig gemacht! Keine vier Wochen nach der mündlichen Prüfung war ich weg aus dem verhassten Büro und kehrte Wiesbaden den Rücken. Zurück nach Frankfurt, auf in ein neues, unbekanntes Leben!

Nun arbeite ich schon über vier Jahre hier – und bin seit anderthalb Jahren mit dem attraktiven Spanier Antonio verheiratet. An einem regnerischen Tag im April vor über drei Jahren haben wir uns völlig unromantisch im Kopierraum kennengelernt.

Ich war gerade dabei, einen Stapel Unterlagen zu kopieren, als er den Raum betrat und mich mit seiner tiefen, warmen Stimme auf Englisch fragte: »Weißt du, wie man hier beidseitig kopieren kann?« Sein spanischer Akzent war unüberhörbar.

Ich lachte, denn ich war mir sicher, dass ich von Technik noch weniger Ahnung hatte als er. Aber wenigstens konnte ich ihm seine Frage auf Spanisch beantworten: »Tut mir leid. Ich weiß leider auch nicht, wie der neue Kopierer funktioniert.«

Antonio hob seine rechte Augenbraue und antwortete erstaunt: »Du sprichst gut Spanisch!«

»Ich lerne die Sprache seit ein paar Jahren. Mir macht es viel Spaß!«

Darüber freute er sich sichtlich. »Ich bin erst vor ein paar Wochen nach Frankfurt gekommen und möchte einen Deutschkurs machen.«

Ich schlug ihm ein paar Sprachschulen vor, entschuldigte mich erneut für mein Unwissen, was das Kopiergerät betraf, und verabschiedete mich von ihm, weil ich zurück an meinen Schreibtisch musste. Noch ein paarmal wanderten meine Gedanken an diesem Tag zu dieser Begegnung zurück. Mit seinen glänzenden schwarzen Haaren, den irgendwie traurig dreinblickenden braunen Augen und seiner schlanken, sportlichen Figur war Antonio mir auf Anhieb sympathisch gewesen. Hoffentlich würden wir uns noch öfter über den Weg laufen!

Bis wir dann zueinanderfanden, vergingen tatsächlich nur noch ein paar Monate. Seitdem verbringen Antonio und ich nicht nur unseren Alltag miteinander, sondern gehen auch zusammen auf Reisen – denn mein Mann verreist genauso gern wie ich. Im Frühjahr wie Herbst machen wir meist eine dreiwöchige Fernreise, daneben diverse Kurztrips über das Jahr verteilt. Auf eigene Faust durch die Welt zu tingeln, kenne ich bis dahin nicht. Bevor ich Antonio traf, war ich nur zu Sprachkursen im Ausland, habe den Ferienjob in Paris gemacht und bin ansonsten gemeinsam mit meiner Mutter und Freunden in fremde Länder gereist. Zusammen mit Antonio habe ich bisher zwölf Länder bereist. Insgesamt stehen 26 auf meiner Liste.

Und heute kommt ein neues hinzu! Morgens um sieben landen Antonio und ich in Caracas – hola, Venezuela! Das wohlhabende Land, das rund achtzig Prozent seiner Exporterlöse seinen Erdölvorkommen und den guten Verbindungen in die USA zu verdanken hat, zieht in den letzten Jahren immer mehr Touristen an. Wir bleiben heute nicht in der Hauptstadt, sondern fliegen ein paar Stunden später mit einem kleineren Flugzeug gleich weiter in Richtung Südosten nach Canaima im Bundesstaat Bolivar. Seit 1962 gibt es hier den gleichnamigen Nationalpark, den Parque Nacional Canaima, der an Guyana und Brasilien grenzt.

»Der Urwald sieht aus wie ein riesiger Teppich, in den ich gern reinspringen würde«, sage ich staunend zu Antonio, während ich aus dem Flugzeugfenster schaue. Ich rücke ein Stück zur Seite, damit er auch etwas sehen kann.

»Oh, schau mal, dieser dunkelbraune Fluss, das ist der Orinoco. Sieht aus wie eine Hauptschlagader, und die

Zuflüsse, das sind kleine Äderchen!« Mein Mann ist offensichtlich genauso aufgeregt wie ich, endlich in Südamerika zu sein.

Nicht mehr lange und wir fliegen über eine Ansammlung flacher Berge, die aus der Gran Sabana, der »großen Savanne«, hervorragen, – und dann sind wir nach einer langen Reise endlich am Ziel. Ich atme auf. Kaum habe ich einen Fuß durch die Flugzeugtür gesetzt, schwappt mir feuchtheiße Tropenluft, geschwängert von Kerosingeruch, entgegen. Fast verschlucke ich mich.

Als ich mich von dem Schreck erholt habe und zum ersten Mal richtig umschaue, komme ich mir vor wie in eine märchenhafte Traumlandschaft versetzt. »Ist das schön!«, stoßen Antonio und ich fast gleichzeitig aus. In der Ferne sind unter dem blauen Himmel, der von weißen Wölkchen durchzogen ist, die »Häuser der Götter«, die Tepuis, zu sehen. Als solche werden die Tafelberge in der Sprache Pemón des gleichnamigen indigenen Volkes, das hier seit über zehntausend Jahren lebt, bezeichnet. Der größte unter ihnen sticht besonders hervor: der Ayuan-Tepui – das »Haus des Gottes des Bösen«. Knapp hundert solcher meist aus Sandstein bestehender Tafelberge ragen im dreißigtausend Quadratkilometer großen Parque Nacional Canaima aus der Gran Sabana über den tropischen Regenwald heraus und machen damit ganze 65 Prozent der Fläche des Nationalparks aus. Die aus Erosion entstandene Landschaft ist einfach einzigartig. Auf den Plateaus der Berge herrscht ein gemäßigtes, kühles Klima mit häufigen Gewitterregen. Mit ihren unüberwindbaren Steilwänden sind die Erhöhungen völlig vom Regenwald isoliert – ein Umstand, der eine einmalige Tier- und

Pflanzenwelt hervorgebracht hat, die es so nirgendwo sonst auf der Welt gibt. Die Oberflächen mancher Tepuis hat tatsächlich noch nie ein Mensch betreten.

Im Dorf Canaima an der Lagune des Flusses Carrao, wo wir uns jetzt befinden, ist alles zu Fuß zu erreichen. So auch unsere einfache, günstige Unterkunft. Die Schlafstätte ist schlicht aufgebaut: In der Mitte steht ein schlanker Pfahl, um den im Kreis weitere Pfähle gruppiert sind. Darüber spannt sich ein vom mittleren Pfahl zu allen Seiten gleichmäßig schräg abfallendes Schilfdach. An der Dachkonstruktion, den äußeren Pfählen und am mittleren Pfahl sind unsere Schlafplätze angebunden – zwanzig Hängematten! Antonio und ich schauen uns die Schlafplätze genauer an – sie scheinen fast alle besetzt zu sein, doch keiner von den Gästen ist zu sehen.

Da taucht aus dem Nichts plötzlich ein kleiner nackter Junge mit hellbraunen Haaren auf. Er muss etwa drei Jahre alt sein und bleibt auf dem Betonboden am äußeren Rand der Hängemattenkonstruktion stehen. Neugierig mustert er uns, holt gedankenverloren mit seiner kleinen Hand etwas aus der gelben Plastiktasse, die er mit sich herumträgt, und schiebt es in seinen Mund. Freudestrahlend kommt er dann etwas Unverständliches brabbelnd auf uns zu. Antonio und ich lächeln ihm ebenfalls zu, und ich setze zu einem »Hola« an, aber kaum ist der Junge bei uns, rennt er auch schon wieder weg und versucht, sich hinter einem der dünnen Pfähle am Rand der Hütte zu verstecken, hinter dem der Großteil seines Körpers natürlich hervorschaut. Ich kann mir ein Lachen nicht verkneifen, und einen Moment später ist das Spektakel auch schon wieder vorbei und der Zwerg dahin verschwunden, wo er herkam. Was für ein netter Empfang!

»Hier ist eine freie Hängematte«, rufe ich schließlich Antonio zu, der auf der anderen Seite des Hängemattenparadieses schräg gegenüber von mir steht.

»Hier ist auch noch eine!«, gibt er zurück.

Wir legen ein paar Sachen in unsere Matten, um sie als besetzt zu markieren, und lassen unser Gepäck, in dem sich nichts Wertvolles befindet, darunter stehen. Die nächsten Nächte wird die Hängematte unser ungewohntes wie ungewöhnliches Zuhause zwischen Wald und Fluss sein.

An Ausruhen nach der stundenlangen Anreise ist jetzt nicht zu denken, also lassen wir die Hängematten erst mal Hängematten sein. Statt ein Nickerchen zu machen, sammeln wir unsere Wertsachen zusammen und schauen uns im Dorf um, das mit seinen unbefestigten Straßen aus roter Erde und den niedrigen Hütten und Gebäuden natürlich in die Landschaft eingebettet ist. Für den Nachmittag unseres Ankunftstages haben wir bereits einen kleinen Trip geplant: Etwas später werden wir in einem motorisierten Einbaum in einer kleinen Gruppe bestehend aus internationalen Individualreisenden zu den Wasserfällen gefahren, die tosend vor uns in die Lagune stürzen. Das Wasser ist voller Sedimente und hat dadurch eine teebraune Farbe. Von unserem einheimischen Begleiter erfahren wir: »Ihr könnt ruhig die Hände ins Wasser halten! Piranhas gibt es wegen der Stromschnellen, und Wasserfälle hier nicht. Und selbst wenn – normalerweise knabbern die keine Menschen an, die ihre Finger ins Wasser stecken.«

Froh um die Erfrischung stecken alle sofort ihre Hände in das kühle Nass.

In einiger Entfernung von den Wasserfällen gehen wir an Land. Während wir uns leise unterhalten, wandern wir durch ein leicht ansteigendes, bewaldetes Gebiet auf einem Trampelpfad in Richtung Salto Sapo, ein noch größerer Wasserfall, der von der Lagune aus nicht zu sehen ist.

Um uns wird der Regenwald immer dichter, und ich komme auf einen irrwitzigen Gedanken: »Obwohl wir dafür auf dem falschen Kontinent sind, kommt es mir vor, als könnten uns jeden Augenblick Mogli, Panther Baghira und Balu der Bär aus dem Dschungelbuch entgegenkommen und freundlich grüßend an uns vorbeigehen!«

»Ja, das wäre urkomisch«, lacht Antonio. »Wie wär's mit Mafalda? Sie hätte es von Buenos Aires nicht ganz so weit hierher wie die anderen!«

»Zeichentrickfiguren mitten im Dschungel ...« Ich schüttle lachend den Kopf und gehe weiter, zielstrebig dem Wasserfall entgegen.

Und dann sind wir endlich da! Da es in den letzten Tagen kaum geregnet hat, führt der sogenannte Krötenwasserfall El Sapo nicht ganz so viel Wasser. Durch eine Ausbuchtung können wir hinter ihm hindurchgehen. Der Steinboden ist schwarzbraun und glitschig nass. Wir müssen aufpassen, nicht auszurutschen und der Länge nach hinzufallen. Es ist ein herrliches Gefühl, in der sengenden Nachmittagshitze die brausenden Wassermassen – die aus dieser Perspektive wie aus dem Nichts zu kommen scheinen – vor uns herabströmen zu sehen. Ich merke kaum, wie die Gischt mich immer mehr nass sprüht. In der Luft liegt ein moderiger Geruch. »Du siehst aus wie ein begossener Pudel!«, will ich Antonio sagen, doch das Tosen des Wassers ist so laut, dass es alle Wörter übertönt, die sich in meinem Mund formen. Keine Chance, sie weiterzugeben. Sie bleiben ungehört in der feuchten Höhle hinter dem Wasserfall hängen. Das ist auch besser so. Auf diese Weise bin ich gezwungen, mal die Klappe zu halten und diesen einmaligen Augenblick tonlos, ohne Kommentar, auf mich wirken zu lassen. Viel zu schnell wird er wieder vorbei sein, und allein die Erinnerung an ihn wird uns erhalten bleiben.

Unseren ersten Tag in der wunderbaren Natur Südamerikas lassen wir später bei einem gemeinsamen Abendessen mit den anderen Reisenden ausklingen. Wir führen die typischen Gespräche Wanderlustiger, die auf eigene Faust in der Welt unterwegs sind. Alle erzählen, woher sie kommen und wohin sie wollen ... Was wir zu Hause im Alltag machen, ist dagegen unwichtig. So auch all unsere Sorgen, die ohnehin nicht zum Thema werden können, weil sie nach diesem Tag wie weggeblasen sind. Viel wichtiger sind der gegenseitige Austausch von Reisetipps und Erfahrungen. Sie sind so zahlreich, dass Antonio und ich allein für die Erkundung Venezuelas mehrere Monate Zeit bräuchten, die wir leider nicht haben. Entspannt genießen wir das Beisammensein, die Unbeschwertheit von Gleichgesinnten im Hier und Jetzt, obwohl wir ganz genau, oder vielleicht gerade *weil* wir wissen, dass wir uns nie wiedersehen werden.

Auf dem Weg zurück zu unserem Schlafplatz entdecke ich neben unserem Hängemattenhäuschen auf dem Boden einen blau-grünen Wurm – vielleicht ist es auch eine Raupe. Ich weiß es nicht. Das kleine Tierchen ist ungefähr so dick wie mein Daumen. Bei meinem Anblick rollt es sich schützend zu einem Ring zusammen. Von seinem Rücken stehen winzige Härchen ab, die wie ein kleines Gestrüpp miteinander verflochten sind. So etwas habe ich noch nie gesehen, nicht mal im Zoo! Zu gern würde ich den kleinen Wurm anfassen, um zu wissen, wie er sich anfühlt. Ich lasse aber lieber die Finger davon, auch wenn sie mich jucken. Die grelle Alarmfarbe ist mir nicht geheuer. Sie dient dem Insekt bestimmt zum Schutz vor Fressfeinden und neugierigen Touristen wie mir.

»Antonio, komm mal schnell her«, rufe ich. Sofort ist er zur Stelle und folgt meinem Blick gen Erde. »Schau mal, was da für ein seltsames Tierchen auf dem Boden liegt!«

»Oh! Pass mal auf, dass keiner drauftritt. Ich hole jemanden.« Kurz darauf bringt er unseren Gastgeber mit.

Dieser schüttelt den Kopf. »Ich weiß auch nicht, was das ist!« Er macht sich auf die Suche nach seinem Kollegen, der ebenso den Kopf schüttelt. Immer mehr Leute kommen zusammen. Sie finden keine Worte, haben alle keinen Namen für das Lebewesen, das in seiner zusammengerollten Stellung verharrt und sich bei so viel Aufmerksamkeit wahrscheinlich lieber tot stellt. Jedoch sind sich alle sicher: Besser Finger weg und nicht berühren! Das Tier könnte giftig sein.

Ich hole meinen kleinen Fotoapparat. Es blitzt, und ich hoffe, dass der Wurm später auf dem Bild zu erkennen sein wird.

Ein junger Mann kommt mit ein paar Hilfsmitteln zurück. Vorsichtig schiebt er das unbekannte Wesen mit einem Stöckchen auf eine Plastikschaufel. In sicherer Entfernung lässt er das Tierchen auf eine breite Astgabel gleiten, wo es weiterhin reglos verharrt.

Mittlerweile ist es schon spät, ich fröstele. Für die Nacht in der Hängematte haben wir Decken bekommen. Und die haben wir auch nötig, da die Temperaturen hier nachts ordentlich abfallen. Beim Einschlafen lausche ich den zirpenden

Klängen der Zikaden und den murmelnden Gesprächen der Menschen um mich herum. In meiner Hängematte habe ich es richtig bequem. Nur beim Umdrehen muss ich etwas vorsichtig sein, damit ich Alice, meine Hängemattennachbarin, nicht anremple. Sie baumelt dicht neben mir. Manchmal schubst einer beim Drehen unabsichtlich den andern an, der dann wiederum den nächsten anrempelt, und am Ende schaukeln ein paar Leute gleichzeitig hin und her. Verrückt!

Trotz der ungewöhnlichen Schlafsituation und der Zeitverschiebung schlafe ich in dieser Nacht in der fremden Umgebung hervorragend und werde erst bei Sonnenaufgang wieder munter. Erstaunlicherweise habe ich überhaupt keine Rückenschmerzen, die ich aus dem heimischen Bett sonst viel zu gut kenne.

Alice neben mir ist schon aufgestanden und steht neben ihrer Hängematte. Leise begrüße ich sie mit einem »Guten Morgen«, um die Schlafenden nicht zu wecken. Ihr rechtes Augenlid sieht seltsam aus, ganz rosa. »Was ist denn mit deinem Auge los?«, frage ich sie erstaunt.

»Ich habe mich überall mit Insektenschutzmittel eingerieben ... nur da, wo es mich erwischt hat, natürlich nicht!«, antwortet sie mit den passenden Handbewegungen dazu und deutet dann mit einem tiefen Seufzer auf ihr Auge.

»O je! Tut es weh? Die Stelle hätte ich keinem Moskito zugetraut! Wie gemein!«

»Nein, weh tut es nicht, aber es juckt!«

Mitfühlend antworte ich: »Das tut mir leid für dich, Juckreiz kann sogar schlimmer sein als Schmerzen ...« In der Hoffnung, dass sie als gleichaltrige Engländerin meinen schwarzen Humor versteht, füge ich hinzu: »Aber wenigstens hat dein Augenlid jetzt eine schöne Farbe! Jetzt müsstest du nur noch ins andere gestochen werden, dann wärst du kostenlos geschminkt!«

Sie hat ihren Humor tatsächlich nicht verloren und antwortet herzlich lachend: »Ich weiß gar nicht, wie es aussieht. Ich hab noch nicht in den Spiegel geschaut!«

»Gut sieht es aus! Als hättest du rosa Lidschatten drauf. Geschwollen ist es nicht. Lass bloß die Finger davon weg und reib es nicht!«

Wie es Alice und ihrem Auge weiter ergeht, weiß ich nicht, denn sie reist bald schon ab. Jeden Tag kommen und gehen ein paar Leute. Antonio und ich bleiben erst mal, aber verabschieden uns heute für einige Stunden zu einem Tagesausflug in den Nationalpark nach Kavác knapp hundert Kilometer weiter südöstlich. Dieser besondere Ort wurde mir schon vor einiger Zeit auf einer Reisemesse in der Heimat als absolutes Muss von einem Spanier empfohlen, der schon einmal dort war. Das kleine Dorf scheint ein absoluter Geheimtipp zu sein, da es nicht einmal in unserem detaillierten deutschen Reiseführer erwähnt wird.

Während mein Ehemann guter Dinge ist, habe ich ein mulmiges Gefühl, in die kleine Metallkiste – eine Cessna – mit gestützten Flügeln zu steigen, die uns nach Kavác bringen soll. Es kostet mich einiges an Überwindung, mich auf meinen Sitz plumpsen zu lassen. Antonio nimmt genau hinter mir Platz. Kaum sind wir knatternd in der Luft, die grüne Landschaft nah unter uns, ist meine anfängliche Unsicherheit jedoch wie weggeblasen. Meine Begeisterung kennt keine Grenzen. Wir haben praktisch eine Rundumsicht auf dieses atemberaubende Stückchen Erde. Am Horizont wachsen die sogenannten Inseln des Regenwalds unter Quellwolken aus der Gran Sabana – ein spektakuläres Naturschauspiel, wie ich es noch nie erlebt habe. Durch das saubere Fenster schweift mein Blick weiter nach unten, und es reißt mich fast aus dem Sitz. Über das knatternde Motorengeräusch hinweg rufe ich Antonio euphorisch zu: »Schau mal! Da fliegt ein Papagei! Genau unter uns! Siehst du ihn?« Als Antwort bekomme ich nur ein undeutliches Brummeln. Dafür rede ich völlig aufgekratzt wie ein Wasserfall weiter: »Ist das toll! Hast du den Ara gesehen? Direkt über den Baumwipfeln!« Der Vogel ist für mich tatsächlich ein Vorbote, denn ich habe gehört: Kavác soll in der Sprache der Pemón tatsächlich »Ara« bedeuten.

Von meinem Mann bekomme ich auf die deutlichen Worte aus meinem Mund keine Reaktion. Findet er die Aussicht denn nicht auch beeindruckend? Verwundert drehe ich mich um. »Was ist los?«

Antonio wirkt ungewöhnlich blass und schüttelt nur mit dem Kopf.

Jetzt will ich es genau wissen: »Ist dir etwa schlecht?« Ich sehe ihn langsam nicken, während er weiter starr geradeaus blickt, und vernehme nur ein klägliches »Hmpf«. So wie ich mich der Schönheit der Natur ergeben habe, muss er sich jetzt hoffentlich nicht im Flugzeug übergeben. Wie leid es mir tut, dass er sich so schlecht fühlt und diesen einzigartigen Flug nicht genießen kann! Dass unsere Rollen jetzt vertauscht sind und das kleine Flugzeug mir überhaupt keine Angst mehr einjagt, überrascht mich. »Ich lass dich lieber in Ruhe. Sonst mache ich es nur noch schlimmer, wenn ich jetzt etwas Dummes sage ...«

Er nickt unglücklich.

Hier oben im Element Luft fühle ich mich wie im Rausch der Sinne. Ehrfürchtig schaue ich aus dem Fenster. Ich könnte ewig über diese atemberaubende Landschaft fliegen und nie ankommen ...

Viel zu schnell vergeht die Zeit. Schließlich landen wir auf einer kleinen Piste in der Savanne. In der Nähe stehen ein paar Hütten, und es riecht nach getrocknetem Gras. Mit festem Boden unter den Füßen geht es Antonio bald wieder besser. Und ich fiebere schon jetzt dem Rückflug entgegen. Bis es so weit ist, haben wir jedoch etwas Besonderes vor.

In einer kleinen Gruppe wandern wir südlich des Auyan-Tepuis mit zwei einheimischen Begleitern ein Stück weit auf einem Pfad durch die Savanne und den Regenwald, bis wir vor einer schroffen Felswand stehen bleiben. In ihrer Mitte öffnet sich ein Spalt, aus dem ein Bach plätschert. Wir ziehen unsere Kleidung aus und werfen uns – wer sie nicht schon wohlweislich darunter trägt – in unsere Badesachen. Alles andere, was wir nicht brauchen, können wir ohne Bedenken am Rand des kleinen Bachs liegen lassen. Langsam waten wir auf dem felsigen Untergrund durch das glasklare Wasser in Richtung der Öffnung in der Felswand. Allmählich werden wir von allen Seiten von feuchten Felsen umschlossen. Sie schimmern mal ockergelb, mal rostrot und manches Mal sogar dunkelgrün. Mittlerweile befinden wir uns in einer richtigen Schlucht, die sich durch die Felswand gräbt und in der es dank des gleißenden Sonnenlichts weit über uns zum Glück hell genug ist.

Die einheimischen Begleiter haben unsere Fotoapparate, die sie unbedingt für uns mitnehmen wollten, in eine Plastiktüte gestopft. Sie wissen sicher, was sie tun. Ich vertraue ihnen. Rechtzeitig weisen sie uns auf größere Aushöhlungen im felsigen Boden hin. Durch die gelangen wir schwimmend, bis wir wieder gehen können.

Zu Beginn ist mir das alles etwas unheimlich. Ich kenne Wasser zum Trinken, zum Duschen, in der Badewanne, im Schwimmbad, im Badesee, in Form von Regen. Auch an der Nordsee, am Mittelmeer und am Atlantik war ich schon. Ansonsten kann ich mich aber an keine weiteren direkten Berührungspunkte mit dem Element mitten in der Natur erinnern. Und ganz bestimmt war ich noch nie fast nackt der rauen Umgebung einer Felsenschlucht ausgesetzt, in der sich mehr oder weniger tiefes Wasser staut. Fast komme ich mir vor wie auf Schatzsuche im Abenteuerfilm *Indiana Jones*. Je tiefer wir in die Schlucht vordringen, desto mehr rechne ich damit, dass jeden Moment etwas Ungewöhnliches passiert ...

Und tatsächlich! Vor uns hören wir jetzt ein anhaltendes lautes Geräusch. Je näher wir kommen, desto durchdringender wird es. Wir sind fast am Ende der Schlucht angekommen. Wir haben es geschafft! Und da ist er. Unser Schatz! Aus einiger Entfernung blicken meine Augen bewundernd zu ihm auf. Dieses wundervolle Geschenk der Natur könnte nicht schöner sein. Im gleißenden Sonnenlicht leuchtet er geradezu: ein tosender Wasserfall! Er hat eine Lagune in den Felsen gehöhlt. Neben seiner berauschenden Größe wirken wir schwimmenden Menschen klein und unbedeutend. Ein wohlig-warmes Glücksgefühl durchströmt mich trotz des erfrischenden Wassers um mich herum. Ich bin voller Dankbarkeit, jetzt, in diesem Moment, hier zu sein. Schwimmend genieße ich die Augenblicke in dieser einzigartigen Umgebung in vollen Zügen.

Auf dem Rückweg fliegen wir am 980 Meter hohen Salto Ángel vorbei. Über dem Tepui hängen graue Wolken. Da es die letzten Tage nicht geregnet hat, gleicht der höchste Wasserfall der Welt vom Flugzeug aus eher einem Rinnsal. Wenig Wasser ist besser als kein Wasser. Ich schieße ein Foto und bin gespannt, ob der Wasserstrahl zu sehen sein wird. Zum Abschluss unseres spektakulären Tagesausflugs schweben wir so knapp über dem Fluss Carrao und den Wasserfällen, dass es scheint, als könnten wir sie berühren, wenn wir nur die Hand aus dem Fenster strecken würden.

Ich drehe mich nach hinten zu Antonio. »Geht es dir besser als heute früh?«

»Ja, viel besser! Vielleicht war es das Frühstück«, kommt die Antwort diesmal prompt.

Ich bin beruhigt. Schließlich macht ein Abenteuer nur halb so viel Spaß, wenn es meinem Reisepartner dabei schlecht geht und ich ihm nicht mal helfen kann.

Zu später Stunde in meiner Hängematte in Gedanken versunken weiß ich ganz sicher: Heute war einer der schönsten Tage, die ich auf Reisen je erlebt habe. Der Nationalpark Canaima wird für alle Zeit ein ganz besonderer Sehnsuchtsort für mich sein ...

Sesam, öffne dich!

November 1994

Wer einmal dort war, wird sie nie wieder vergessen ... Die Hauptattraktion Jordaniens, die um das 6. Jahrhundert v. Chr. von den Nabatäern gegründete Felsenstadt Petra, wäre schon allein für sich die weite Anreise wert, wenn man sich sonst nichts weiter im Land anschauen würde. Mit größter Sorgfalt meißelten die Menschen hier vor Tausenden Jahren Tempel, Paläste, Gräber und Lagerräume aus den Felsen aus Sandstein. Über tausend Jahre war Petra, das in einem weiten Talkessel auf einer Höhe zwischen achthundert und 1350 Metern liegt, vom Rest der Welt vergessen. Erst 1812 wurde die Stadt wiederentdeckt. Noch viel später, im Jahr 1929, begannen die ersten Ausgrabungen.

65 Jahre später, im Jahr 1994, besuche ich die berühmte archäologische Stätte mitten in der Wüste zusammen mit meinem Mann Antonio. Das gemeinsame Reisen ist unsere größte Leidenschaft. Dieses Mal machen wir mit einer deutschen Reisegruppe eine Tour durch Syrien, Jordanien und den Libanon.

Als wir um 5.45 Uhr früh vor den Toren Petras ankommen, ist es noch still, kalt, und der Himmel ist sternenklar. Wir, die 24 Gruppenteilnehmer, stehen in Form eines Halbmonds um unseren deutschen Reiseleiter herum, ein kräftiger Mann mit lichten ergrauten Haaren, der uns etwas zur Geschichte

der Ruinenstadt erzählt. Teilweise mit leuchtenden Taschen-
lampen in den Händen, warten wir frierend vor einem Metall-
zaun mit verschlossenem Tor.

Ich bin zu dieser Stunde nur halb wach und reiße einem
plötzlichen Drang folgend meinen Mund so weit zum Gähnen
auf, dass mein Kiefer knackt und mir die Tränen in die Augen
schießen. Viel zu spät halte ich mir die Hand vor die sperrangel-
weite Öffnung. Antonio, der neben mir steht, stecke ich damit
sofort an. Er benimmt sich allerdings etwas unauffälliger als
ich. Ich beobachte, wie nun auch die restlichen Gruppenmitglieder der Reihe nach anfangen, ihre Münder tonlos wie in
einem Stummfilm zu öffnen, nach Luft zu schnappen und sie
dann wieder zu schließen – einer nach dem anderen. Das sieht
so komisch aus! Im trüben Morgenlicht erinnern sie mich an
graue Karpfen, und ich lache fast laut los.

Trotz unserer gemeinsamen Gähn-Performance ist an
Schlaf jetzt aber nicht zu denken. Ich bin hellwach. Nur noch
ein paar Minuten warten wir vor dem Tor, dann taucht auf
dem staubigen Weg vor uns in der schwarzen Nacht plötzlich ein wackelnder Lichtstrahl auf. Ein älterer Mann mit
von der Sonne gegerbtem Gesicht in einer dunkelblauen
Galabija – einem traditionellen Gewand im Nahen Osten –
kommt grinsend und mit eiligen Schritten auf uns zu. In der
linken Hand hält er seine Taschenlampe in Richtung Boden
gerichtet. Seine Rechte ist mit einem klappernden Schlüssel-
bund bewaffnet. Er nimmt die Schlüssel ebenfalls in die
linke Hand und begrüßt mit einem leichten Handschlag und
einer kurzen Umarmung unseren Reiseleiter so herzlich, als
würden sie sich schon ewig kennen. Umgehend macht er sich
am Schloss zu schaffen, steckt einen Schlüssel hinein, rüttelt

ihn ein wenig hin und her, und siehe da: Er passt! Das Tor öffnet sich und schwingt quietschend zur Seite. Mit einem freundlichen Kopfnicken und einem Lächeln, das eine Zahnlücke bloßlegt, lässt der Mann uns eintreten.

Im Weitergehen informiert uns der Reiseleiter: »Ich habe ihm gestern Abend ein Geschenk, ein Bakschisch, für seine Dienste zu dieser frühen Stunde zukommen lassen. Ihm haben wir es zu verdanken, dass wir vor der offiziellen Öffnung und dem Ansturm der Touristenmassen überhaupt hineindürfen ...« Wir wissen es hoffentlich alle zu schätzen.

Nach wenigen Metern Fußweg stehen wir, wie in eine Geschichte aus *Tausendundeine Nacht* versetzt, vor einer schroffen Felswand aus Sandstein, dessen pastellfarbene Töne sich in der Dunkelheit nur erahnen lassen. Fast möchte ich wie Ali Baba »Sesam, öffne dich!« rufen. In meiner morgendlichen Euphorie, die die begeisterte Entdeckerin in mir weckt, kann ich mich gerade noch so zusammenreißen. Stattdessen flüstere ich Antonio entzückt zu: »Ist das toll hier!« Er haucht ein bestätigendes »Ja«, drückt meine Hand etwas fester und, gemeinsam gehen wir, von der Umgebung völlig in ihren Bann gezogen, schweigend weiter. Jeder möchte diesen Moment ohne viele Worte für sich genießen, denn vor uns tut sich jetzt – es sieht fast unheimlich aus! – ein breiter Spalt zwischen den kantigen Felsen auf.

Ein paar Menschen können bequem nebeneinander auf dem naturbelassenen steinigen Boden durch die Öffnung hindurchgehen. Langsam schreiten wir voran im Felsenschacht, dem sogenannten »Siq«, der vor Jahrmillionen durch Erdbeben und Erosion erschaffen wurde. Eine Gänsehaut überkommt mich beim atemberaubenden Anblick dieser über alles erhabenen Naturgewalt, neben der ich mich ganz klein fühle. Ein Glücksgefühl durchströmt meinen ganzen Körper – meine Endorphine tanzen Samba. Ich bin erfüllt von Dankbarkeit, dass die Erde so etwas unbeschreiblich Schönes für uns bereithält und ich ausgerechnet in diesem Augenblick hier sein darf.

Keiner sagt etwas. Leise lassen wir die fremde Umgebung auf uns wirken. Ich komme mir vor wie in einer sagenhaften Welt aus einem Märchenbuch. An seiner engsten Stelle ist der Siq nur wenige Meter breit. Mit leicht geöffnetem Mund schaue ich an den Felswänden entlang nach oben in Richtung Himmel. Es wird Licht. Ein neuer Tag ist angebrochen.

Bei starkem Regen, der zum Glück heute nicht im Wetterbericht steht, wird dieser schmale Weg zwischen den Felsen im Nu von einem reißenden Fluss durchströmt, dem schon viele Menschen zum Opfer gefallen sind. Das kann ich mir gar nicht vorstellen – und will es auch lieber nicht. Stattdessen freue ich mich, dass es heute trocken ist. Beim Gehen wirbeln wir jede Menge Staub auf. Mittlerweile sind wir schon über einen Kilometer – der Weg erscheint mir aber viel länger – in die Schlucht vorgedrungen. Jetzt stehen wir auf einmal an ihrem Ende.

Vor uns liegt ein Tal, das einen atemberaubenden Blick auf das schönste Gebäude der Sandsteinmetropole freigibt: Das »Khazne al-Firaun«, das Schatzhaus des Pharao, bei dem es sich ursprünglich um ein riesiges Grabmal handelte, leuchtet uns ockerfarben entgegen. Seine in den Sandstein geschlagene prächtige Fassade lässt mein Herz höherschlagen. Ich kann mir regelrecht vorstellen, wie die Menschen dieses Monument damals mit besonderer Vorsicht und viel

Hingabe aus dem Felsen meißelten. Das Bauwerk wird von sechs Säulen gestützt. Verziert ist es mit stark beschädigten Ornamenten, die nur noch erahnen lassen, wie glanzvoll die Abbildungen von Menschen in langen Gewändern einst gewesen sein müssen. Vor ein paar Jahren war das Schatzhaus sogar im Film *Indiana Jones* zu sehen.

Wir treten näher heran, um uns die Sandsteinfassade genauer anzuschauen. Dabei entdecken wir unzählige Einschusslöcher. Unser Reiseführer erklärt uns: »Zu späteren Zeiten, lange nach dem Niedergang dieser bewundernswerten Kultur, glaubten die Leute, dass hinter der Fassade ein Schatz verborgen liege. Sie waren regelrecht besessen von der Idee! Deswegen wurde das Haus beschossen – sie erhofften sich Gold dahinter.« Also auch hier nichts mit: Sesam, öffne dich! Obwohl die Stadt Petra in ihrer Blütezeit regen Handel mit Luxusgütern betrieb, wurde hinter dem Sandstein nichts Wertvolles gefunden. Dafür umso mehr beschädigt und zerstört.

Bevor es zu heiß wird, wandern wir über viele in Sandstein gemeißelte Stufen weiter steil bergauf zum hohen Opferplatz. Die sakrale Stätte liegt auf dem Gipfel eines Felsens, und als wir oben ankommen, sind alle ziemlich außer Puste.

Ausgerechnet hier streichen ein paar streunende Katzen um meine Beine. »Was machen die denn hier? Hier gibt es doch weit und breit nichts zu trinken und zu fressen für die Tiere«, frage ich erstaunt in Antonios Richtung. Er ist genauso überrascht wie ich und schaut sich genauer um. Ein wohlgenährter roter Kater liegt mit eingezogenen Beinen auf einer glatten, leicht erhöhten Sandsteinplattform. Mit seinen grünen Augen blinzelt er ins Sonnenlicht. Er wendet seinen Kopf und betrachtet gelassen seine Umgebung, lässt sich ansonsten aber nicht weiter von uns stören. Er hat etwas von einer ägyptischen Sphinx, die auf ihrem Podest thront. Beide wollen für mich hier so gar nichts ins Bild passen – deshalb schieße ich natürlich gleich eins von ihm.

Ein paar Meter hinter dem roten Kater geht es steil bergab. In der Ferne scheinen die hohen Sandsteinfelsen den mittlerweile hellblauen Himmel zu streicheln. Ich mache ein paar Schritte zur Seite, um den Mäusefänger nicht von seinem gemütlichen Plätzchen zu verscheuchen, und gehe weiter in Richtung Abgrund.

Da liegt sie. Einsam. Wunderschön. Sie verschlägt mir den Atem – Petra. Verträumt schaue ich in sicherer Entfernung von der Felskante, da ich gern mal stolpere, auf den geschichtsträchtigen Ort mit seinen außergewöhnlichen Bauten hinab. Die tatsächlichen Ausmaße der Stadt lassen sich von hier oben noch besser begreifen.

Ich versuche, mir vorzustellen, wie die Menschen dort unten einst gelebt, wie sie miteinander kommuniziert haben. Was war ihnen wichtig? Was und wer hat sie bewegt? Meine Gedanken nehmen Gestalt an. Ich sehe mich in einem langen Gewand auf einem Schimmel durch das Tal reiten – ein zufriedenes Lächeln umspielt meine Lippen ...

Innerlich bin ich schon ganz hibbelig, denn: Ich werde diese Vorstellung auch in die Tat umsetzen! Und zwar schon bald. Nur wenig später befinden wir uns wieder unten im Tal und bekommen ein paar Stunden zum Entdecken der Stadt auf eigene Faust zur freien Verfügung gestellt. Von Antonio, der zwar meine Begeisterung fürs Reisen, aber nicht fürs Reiten teilt, trenne ich mich. Natürlich schicke ich ihn nicht in die Wüste, sondern wir machen einen Treffpunkt für später aus. Er lässt mir gern die Freiheit, meiner Leidenschaft zu frönen. Inzwischen geht er mit ein paar anderen Gruppenteilnehmern weiter.

Die Suche dauert nicht lange. Das erste Pferd, das ich entdecke, ist ein Araberhengst – ein rostroter Fuchs, von einem Schimmel weit entfernt. Aus seinen seidigen dunkelbraunen Augen schaut er mich neugierig an. Seine Ohren sind freundlich nach vorn gerichtet. Interessiert schnobert er an meinen verschwitzten, leeren Händen, die ich ihm hinstrecke, und leckt sie ab. Wahrscheinlich schmecken sie salzig. Ich streichle seinen Hals. Langsam blicke ich an seinen trockenen Beinen hinunter – keine offenen Kratzer oder Wunden. Die Hufe sind beschlagen und sehen gepflegt aus. Er ist gut genährt. Sein Fell glänzt im gleißenden Sonnenlicht. Bevor ich mich unterwegs auf ein Pferd setze, schaue ich mir immer genau an, ob es einen gepflegten und gesunden Eindruck macht. Sonst würde ich es nicht reiten. Mit dem Araber heute bin ich zufrieden.

Sein Besitzer hat mich noch nicht bemerkt. Das ist gut so. Mein gesteigertes Interesse an dem Vierbeiner könnte den Preis in die Höhe treiben. Der Mann sitzt auf dem Boden des ehemaligen Markplatzes und ist mit zwei anderen Männern in ein Gespräch vertieft. Obwohl ich es als unhöflich empfinde, beschließe ich, ihn zu stören. Mit einem freundlichen »afwan« – Entschuldigung! – und einem »sabah al-khair« – Guten Morgen! – begrüße ich ihn. Er hebt den Kopf, der mit einer Kufiya, einem rot-weißen Tuch, bedeckt ist. Das von der Sonne gegerbte Gesicht ist nur teilweise zu erkennen. Seine schwarzbraunen Augen blitzen mich erstaunt an, während er meinen Gruß auf Arabisch – »sabah-an-nur« – erwidert.

Mit Händen und Füßen, begleitet von ein paar arabischen Worten, gebe ich ihm zu verstehen, dass ich seinen Hengst gern für eine Stunde reiten möchte. Ich nenne ihm den Preis, den ich bereit bin zu zahlen. Es ist nicht besonders viel. Er sagt nur »na 'am« und nickt bestätigend. Ich kann es kaum glauben. Innerlich hatte ich mich schon auf eine längere Preisverhandlung eingestellt, denn darin sind die Araber wahre Meister. Entweder ist mein Preis zu hoch, oder ich habe ihn einfach mit meinem Wunsch überrumpelt. Wer weiß? Sowieso ist es ungewöhnlich, dass eine fremde Frau hier auf einen Mann so forsch zugeht, wie ich es mir gerade einfach erlaubt habe. Wahrscheinlich habe ich mal wieder eine Grenze überschritten, aber hier geht es eben ums Geschäft. Und da ich etwas erreichen will, muss ich dafür auch etwas tun.

Als der Mann aufsteht, um das Pferd zu mir zu führen, signalisiere ich ihm, dass er sich wieder setzen kann. »Mish mushkila« – kein Problem –, sage ich und zeige ihm auf meiner Uhr, wann ich zurück sein werde. Er sagt nichts und nickt erneut.

Schnell überprüfe ich, ob der Sattelgurt locker ist und mir beim Aufsitzen womöglich der ganze Sattel entgegenkommt. Alles gut – und schon sitze ich auf dem Rücken des schönen Pferdes. Der geschmeidige schwarze Ledersattel ist bequem. Ich streichle den muskulösen Hals des kleinen Hengstes, der meine Zärtlichkeiten über sich ergehen lässt, wobei er seine Ohren aufmerksam hin- und herbewegt. Vorsichtig nehme ich die Zügel auf, schaue über den Kopf des Pferdes hinweg, gebe ihm leichten Schenkeldruck und sage ihm, wo ich lang will. Sicheren Schrittes setzen wir uns in Bewegung. Als ich mich umdrehe, um dem Besitzer ein letztes Mal zuzuwinken, schaue ich in ein ernsthaftes, zweifelndes Gesicht. Was er wohl in diesem Moment über die vorlaute blonde Europäerin denkt, die sich mit dem strahlenden Lächeln einer Königin auf seinem Pferd davonmacht? Zu gern würde ich seine Gedanken lesen können ... Aber mit meinen beschränkten Arabischkenntnissen würde ich sie wohl kaum verstehen.

Als mir nach ein paar Minuten jemand hinterherruft, wundere ich mich deshalb auch nicht. Aha, das ist sicherlich meine Eskorte, denke ich. So ganz allein wollte der Mann mich doch nicht mit seinem Pferd von dannen ziehen lassen. Und tatsächlich, da sind sie! Schon haben wir zwei Begleiter an unserer Seite. Ein etwa 15-jähriger schwarzhaariger Junge auf einem dunkelbraunen Araberhengst mit weißer Blesse und einem farbenfrohen Stirnband aus Stoff unter dem braunen Lederriemen taucht neben mir auf. Sicherlich wurde er soeben vom Besitzer meines Reittiers zum Aufpasser erkoren. Das soll mir recht sein. Lebhaft gestikulierend unterhalten wir uns in einem Mischmasch aus Englisch und Arabisch. Dadurch lerne ich aus erster Hand ein wenig mehr über die Menschen des Landes – das ist mir wichtig.

Wenn ich ehrlich bin, wäre ich zwar lieber allein weitergeritten, aber wo bin ich hier schon allein? Es scheint, als seien gerade ein paar neue Karawanen in der Felsenstadt angekommen. Das Tal wimmelt nur so von unzähligen Touristen, die wie ich von weit weg hierhergekommen sind, wiederkäuenden Kamelen, geduldigen Eseln, kapriziösen Ziegen, feurigen Araberhengsten, geschäftstüchtigen Arabern ... und ich bin mittendrin! Fast fühle ich mich wie ein Kind in einem überdimensionalen Streichelzoo. Wie ein ausgetrockneter Schwamm sauge ich die überwältigende

Atmosphäre in mich auf und mag mich gar nicht daran sattsehen.

Hoch zu Ross betrachte ich die verschiedenen Grabkammern, die vor so langer Zeit in die Sandsteinfelsen gehauen worden sind. Die Sonne steht senkrecht über uns am strahlend blauen Himmel. Es ist heiß. Im gleißenden Sonnenlicht kommen die verschiedenen Ockerfarbtöne von Beige über Gelb bis hin zu warmem Braun und Karminrot, die in der felsigen Landschaft vorherrschen, besonders eindrucksvoll zur Geltung.

Vorbei an den Felsengräbern gelangen wir zum römischen Theater. Ich kann mir kaum vorstellen, dass darin einst achttausend Zuschauer Platz gefunden haben. Zu gern wäre ich in der damaligen Zeit eine von ihnen gewesen. Mit meinem kleinen Fotoapparat versuche ich, vom Pferderücken aus einige Bilder zu schießen. Eine wackelige Angelegenheit! Der bewegungsfreudige Hengst will einfach nicht stehen bleiben, wenn mir danach ist. Andauernd den Zügel ziehen, damit er anhält, will ich aber auch nicht. Ich freue mich über seinen natürlichen Bewegungsdrang. Genauso gut hätte ich ein faules Pferd erwischen können, das überhaupt keine Lust hat, sich vom Fleck zu bewegen. Dann doch lieber so. Und mit ein wenig Geduld gelingen mir trotzdem ein paar Fotos. Ich bin jetzt schon gespannt darauf, wie diese Umgebung später auf den Bildern wirken wird.

Auf einem einsamen sandigen Weg mit ein paar Grasbüscheln höre ich plötzlich, wie etwas auf das Hinterteil meines Pferdes klatscht. Na, so was! Jetzt wird mein junger Begleiter auch noch frech. Dann geht alles ganz schnell. Der Araberhengst schlägt verärgert mit den Hinterbeinen aus, macht einen Satz nach vorn und rennt los. Er galoppiert mit mir auf seinem Rücken davon, als sei »Scheitan«, der Teufel, hinter ihm her.

Und ich? Sitze wie eine wilde, ungestüme Amazone hoch oben auf, treibe den Araber laut lachend und jubelnd an und presche mit ihm durch eine der schönsten Kulturstätten der Welt. Der Weg ist frei! Heißer Wind weht uns entgegen und saust in meinen Ohren. Es gibt nur noch das Pferd und mich. Der Augenblick wird zur Ewigkeit. Meine Glückshormone überschlagen sich – wenigstens nur die! Ich lasse den Hengst rennen und verschmelze mit ihm. Sein zügelloser Elan, seine überschwängliche Kraft übertragen sich sofort auf mich. Ich bin berauscht, ganz im Hier und Jetzt, werde eins mit dem Lebewesen und der Natur – eine Einheit mit dem großen Ganzen. Einen Augenblick bin ich pure Liebe, hemmungslose Leidenschaft und empfinde die grenzenlose Freiheit unendlicher Lebensfreude. Nichts scheint heute, morgen, übermorgen oder jemals mehr unmöglich. Ich will alle Herausforderungen des Lebens mit dieser positiven Energie annehmen, die ich gerade in mir spüre ...

Ganz von selbst wird der Araberhengst wieder langsamer und fällt in einen zügigen Schritt. Er schnaubt und prustet zufrieden am langen Zügel. Der Galopp hat uns beiden sichtlich gutgetan. Wo sind denn unsere Begleiter abgeblieben? Ich habe sie gar nicht vermisst. Weit hinter uns entdecke ich sie, wir haben sie tatsächlich abgehängt. Strahlend wie tausend Sonnen lache ich ihnen entgegen. Der junge Mann schaut mich entgeistert an und nickt mit einem nachdenklichen Gesichtsausdruck in meine Richtung. Schweigend reiten wir nebeneinander, nun wieder gemütlich, durch das Gewimmel von Mensch und Tier zurück zum Marktplatz, wo wir schon erwartet werden.

Mit einem glücklich lächelnden »shukran jasilan« – vielen Dank – schwinge ich mich von meinem Hengst, tätschle seinen verschwitzten Hals und reibe seine Stirn. Dem Besitzer drücke ich den versprochenen Betrag in die eine und die Zügel des Pferdes in die andere Hand. Auch mein treuer Begleiter bekommt sein Bakschisch. Ihm nichts zu geben, wäre äußerst unhöflich. Das gehört hierzulande einfach dazu. »Ma'a salaama wa ila liqa« – auf Wiedersehen und bis bald! –, verabschiede ich mich gut gelaunt. Ich bekomme die gleiche Antwort zurück und mache mich davon. Im Weggehen schaue ich noch mal zurück und winke. Auch das wird diesmal mit einem zufriedenen Lächeln aus einem braun gebrannten Gesicht erwidert.

Wenig später stelle ich fest: Den Ritt habe ich zu einem guten Preis erstanden. Auf dem Weg zurück zu Antonio und meiner Reisegruppe bekomme ich jede Menge Angebote zu verhandlungsbedürftigen Wucherpreisen. Über die muss ich mir jetzt zum Glück keine Gedanken mehr machen. An der verabredeten Stelle treffe ich Antonio und küsse ihn überschwänglich.

Und viel zu schnell heißt es wieder: Abschied nehmen – von Petra. Es fällt mir schwer. Dennoch bin ich glücklich über die unvergesslichen Erlebnisse dieses Tages, die ich von einer der spektakulärsten archäologischen Stätten dieser Erde mit nach Hause und in die weite Welt nehmen und für immer bei mir tragen werde.

Intermezzo am Flughafen

Mai 1997

Mit einem wuchtigen Schlag fällt die große, weiß umrahmte
Glastür hinter mir ins Schloss. Vorsichtig blinzle ich mit halb
geöffneten Augen ins grelle Neonlicht. Kurz drehe ich mich
noch mal um und lasse meinen Blick zurück zur Tür wandern.
Sie ist und bleibt zu.

Hier stehe ich nun. Allein. Ich drücke auf den Knopf.
Ganz tief atme ich durch die Nase ein und durch den Mund
langsam wieder aus. Dieses autogene Kurztraining wiederhole
ich dreimal. Der Volkshochschulkurs »Autogenes Training«
liegt schon ein paar Jahre zurück. Zu lange, stelle ich jetzt fest.
Eine Auffrischung wäre nötig. Die Übung hilft nämlich nicht.
Statt ruhiger zu werden, dröhnen Donnerschläge in meinem
Kopf und Tausende Gedanken durchzucken meinen Geist wie
Blitze. Der leichte Regen, der draußen niederprasselt, wird in
meinen Ohren zu einem tosenden Wasserfall. Doch dahinter,
ganz zaghaft, flüstert ein kaum wahrnehmbares Stimmchen
in meinem Kopf: »Psst ... hör mal ...« – Was? Wie bitte? –
»Hör zu! Entspann dich doch mal ... Du hast doch jetzt ...« –
Was ist los? Was habe ich? Ich kann dich nicht hören! Nichts
passiert. Außer dem leisen Plätschern des Regens bleibt es
still. Doch dann, ganz plötzlich, höre ich es ganz deutlich, so
als hätte jemand die große Glastür hinter mir geöffnet, wäre
herausgekommen und würde mir jetzt aus voller Lunge ins

Ohr schreien: »Hör doch endlich mal zu! Entspann dich! Du bist erlöst! Das war heute dein letzter Tag im Büro! Du hast Urlaub!« Ja! Endlich – ich habe *Urlaub!* Das Wörtchen klingt wie Musik in meinen Ohren und sickert jetzt endlich auch in mein überreiztes Hirn. In diesem Moment ist allein schon sein Klang Balsam für meine Seele.

Mann, wo bleibt denn jetzt bloß der lahme Fahrstuhl, der mich aus dem grell erleuchteten Bürogebäude bringt? Ich will hier raus! Mir wird es ganz heiß. Meine Augen glänzen. Es hat mich längst wieder erwischt – das Reisefieber. Erneut drücke ich, inzwischen etwas ungeduldiger, auf den großen metallenen Knopf. Ich habe meine Arbeit für heute und die nächsten 25 Tage beendet.

Urlaubstage sind so ziemlich das Einzige im Leben, womit ich nicht knausern muss. Ich gönne mir so viele, wie ich kriegen kann, und bemühe mich, dass auch Überstunden in freie Tage umgewandelt werden können. Mein Chef und sämtliche Kollegen haben zum Glück volles Verständnis für meinen Reisewahnsinn. Es bleibt ihnen gar nichts anderes übrig. Gelegentlich kann ich sie grinsend mit dem Kopf schütteln und verwundert mit den Augen rollen sehen, wenn ich mal wieder voll bepackt und hochmotiviert auf dem Weg zum Flughafen einen Zwischenstopp im Büro einlege. Manchmal bekomme ich auch zu hören: »Du warst doch gerade eben erst auf Reisen. Willst du schon wieder weg?« Was ich dann mit der Antwort quittiere: »Och, das ist doch schon zwei Monate her. Die Welt wartet da draußen auf mich!«

Erneut werfe ich einen Blick zurück durch die geschlossene Glastür. Aus dem Büro winkt mir eine Kollegin lachend zu. Zum Abschied? Oder möchte sie etwa, dass ich noch etwas ...? Als ich merke, dass sie nichts weiter von mir will, atme ich auf und winke überschwänglich zurück. Es macht »pling«. Endlich! Mit einem Stoßseufzer der Erleichterung steige ich in den Aufzug. Der kleine grüne Rucksack – fünf Kilo wiegt er nur – schmiegt sich fast wie eine Feder an meinen Rücken. Zu schön, wenn er alles wäre, was ich dabeihabe. Aber die große dunkelgrüne Tragetasche, die stolze 15 Kilo auf die Waage bringt, liegt mir noch zu Füßen. Jedes Mal, wenn ich verreise, kann ich es kaum glauben, dass ein Paar einfache Schuhe und leichte Sommerkleidung zusammen so viel Gewicht ausmachen können. Aber die richtige Arbeit kommt erst noch: Als Nächstes gilt es, das Gepäck den halben Kilometer zum S-Bahnhof zu schleppen. Es ist noch zu früh für den Bus, der sonst in dieselbe Richtung fährt. Ein Taxi direkt zum Flughafen will ich mir nicht gönnen. Das ist viel zu kostspielig und außerdem riskant. Wenn ich jetzt im Stau stecken bliebe – nicht auszudenken.

Im Erdgeschoss spuckt mich der Aufzug wieder aus. Vorsichtig hieve ich die schwere grüne Tasche auf meine Schulter. Sie senkt sich unter der 15-Kilo-Last. Ich komme mir fast vor wie die Gestalt des Quasimodo in *Der Glöckner von Notre-Dame*. Die nächste Herausforderung: Jetzt nur nicht in der automatischen Drehtür stecken bleiben oder gar einen Not-Stillstand auslösen. Das hätte mir in der Eile gerade noch gefehlt. Aber es geht alles gut. Geschafft, ich stehe im Freien! Zum Glück hört der Regen gerade auf. Eine Such- und Wühlaktion im kleinen grünen Rucksack kann ich mir somit sparen.

Los geht es. Im Schildkrötentempo marschiere ich unter meiner Bürde zur S-Bahnstation. Als ich zehn Minuten später endlich am Niederräder Bahnhof ankomme, lasse ich unter erleichtertem Stöhnen die schwere Tasche von meiner geplagten Schulter auf den sauberen Bahnsteig sinken. Ich bin pünktlich. Aber wo bleibt die Bahn? Nervös schaue ich auf meine Armbanduhr und zum Zeitvergleich auf die Bahnhofsuhr über mir. Es besteht kein Zweifel. Die S-Bahn zum Flughafen, die wegen des starken Geruchs so mancher Insassen gern auch Knoblauch-Express genannt wird, hat Verspätung! Wie ein Tiger im Käfig laufe ich am Bahnsteig auf und ab. Meine Tasche, die regungslos auf dem Boden liegt, umkreise ich, als wäre sie meine fette Beute. Es ist Spätherbst. Mir ist kalt. Ich lausche der leisen Geräuschkulisse des Bahnhofs. Plötzlich vernehme ich ein Summen in weiter Ferne. Es wird lauter. Als ich aufblicke, fährt das lange orange-weiße Ungetüm schon auf den Gleisen an mir vorbei und bleibt mit quietschenden Bremsen endlich stehen. Ich stürze mich auf die fette Beute am Boden. Ein letztes Ächzen, und ich stolpere samt widerspenstigem Gepäck in den Schlund des orange-weißen Stahlmonsters, das mich schon ein paar Minuten später wieder aus seinen Fängen freigibt. Zehn Minuten Verspätung waren bei meiner Zeitplanung gerade noch im grünen Bereich. Jetzt bin ich ja zum Glück da.

Trotz unzähliger Aufenthalte am Frankfurter Flughafen muss ich mich jedes Mal wieder neu orientieren. Der Lageplan verrät mir, wo sich mein nächstes Ziel befindet. Dieses steuere ich nun umgehend an. Wie zu erwarten war, bin ich nicht die Einzige, die strammen Schrittes in diese Richtung marschiert, – das hätte mich auch sehr gewundert. Als ich an meinem Ziel ankomme, schließe ich mich brav der wartenden

Menschenmenge an, die sich in Form einer langen gewundenen Schlange vor mir auftut. Schmunzelnd stelle ich fest, dass das große Ding auf dem Boden neben mir von allen Gepäckstücken weit und breit das kleinste ist. Einige Minuten vergehen, dann bin ich endlich dran und kann Tasche und Unterlagen aus meinen verkrampften Klauen geben. »Ist das alles?«, werde ich von der freundlichen jungen Dame am Schalter gefragt. Ich nicke und lächle ebenfalls. Wenn sie wüsste, wie anstrengend die Schlepperei zum Flughafen gewesen ist. Von mir aus könnte sie die Tasche gern auf den Mond schießen. Zu dumm, dass ich ihren Inhalt für meinen Reisealltag benötige.

Noch immer lächelnd bekomme ich meine Papiere zurück, einen guten Flug gewünscht und bedanke mich mit einem enthusiastischen: »Schönen Tag noch!« Leichten Fußes mache ich mich auf zur nächsten Kontrolle. Ich lege einen Zahn zu. In der Schlange vorm Schalter habe ich schon genug Zeit verplempert. Meine schmerzende Schulter versuche ich, im Gehen zu entspannen, indem ich rhythmisch kreisende Bewegungen mit ihr vollführe. Im Hintergrund verkündet eine wohlklingende Stimme aus dem Lautsprecher Informationen zu Reisezielen, Flugnummern und Gates. Flughafenromantik pur. Fernweh im Herzen garantiert.

Ich bin nicht weit gelaufen, als mein Körper inklusive Schulter zur Salzsäule erstarrt und mir auf dem warmen Frankfurter Flughafen das Lächeln im Gesicht erfriert. Ich will meinen Augen auch mit Brille nicht trauen. Oh nein! Ich schlucke und merke, wie mir die Spucke wegbleibt. Der Anblick ist zum Wegrennen. So etwas habe ich bei meinen bisherigen Flugreisen noch nie auf meinem Heimatflughafen gesehen. Aber da muss ich jetzt durch. An jedem geöffneten Schalter der Passkontrolle stehen mindestens achtzig reisefreudige Menschen. Dahinter windet sich eine Menschenmasse gleichen Ausmaßes durch die Sicherheitskontrolle. Ich ergebe mich meinem Schicksal und reihe mich unruhig von einem Bein aufs andere trippelnd in die Schlange ein, die am kürzesten aussieht. Die Zeiger meiner und aller anderer Uhren ticken unaufhaltsam weiter. Die Zeit bleibt nicht stehen. Sie läuft mir langsam, aber sicher davon – das Boarding für meinen Flug ist in einer Stunde und zehn Minuten. Ich darf auf keinen Fall zu spät zum Flieger kommen! Nach geschlagenen zwanzig Minuten bin ich endlich an der Reihe. Ich darf meinen Pass vorzeigen und gleich weitergehen, nur um nach ein paar Metern in der nächsten Schlange wieder viele Minuten zu warten. Ja, Urlaub. Freizeitstress pur! Nach Hause will ich aber trotzdem nicht.

Endlich bin ich auch hier an der Reihe. Der kleine grüne Rucksack mit dem wertvollen Fotoapparat und anderen wichtigen Utensilien entschwindet langsam meinem kritischen Blick. Transportiert auf dem zäh wie Lava fließenden Band wird er, garantiert »film-save«, im Inneren der Höhle durchleuchtet, die ihn nun verschluckt. Diese Art von Striptease kennt er schon. Ein Mann verfolgt meinen kleinen Reisebegleiter am Bildschirm mit stechendem Blick. Gebannt schaut er ihm zu. So langsam, wie das Gepäck meinem Blick entschwunden ist, taucht es jetzt auf der anderen Seite des Bandes aus der Dunkelheit wieder auf. Als ich den Rucksack vorsichtig auf meine Arme nehmen will, wird mein Vorhaben unerwartet vereitelt.

Die Sicherheitsdame in dunkelblauer Montur, die plötzlich vor mir und meinem Rucksack steht, betrachtet ihn mit bierernstem Gesichtsausdruck. Mir wird ganz mulmig zumute. Was hat die strohblonde, etwa gleichaltrige Frau nur? Ich muss nicht lange weiterrätseln. Wie aus der Pistole geschossen fragt sie plötzlich in strengem Tonfall: »Was sind das für Batterien?«

Ich runzle meine verschwitzte Stirn, kratze mich irritiert am Kopf und denke scharf nach. Bitte was? Ich verstehe die Frage nicht so recht. Dass die eine Batterie in meinem Fotoapparat und die andere im Reisewecker so viel Aufsehen erregen können, will mir nicht einleuchten.

Als ich meinen Mund aufmache, um diesen Gedanken in klare, freundliche Worte zu fassen, kommt die pflichtbewusste Blondine mir zuvor: »Öffnen Sie bitte das Vordertäschchen Ihres Rucksacks!« Ich gehorche aufs Wort wie ein braver Hund. Mein Mund steht noch immer tonlos offen, meine Stirn ist gerunzelt. Ich fummle am Reißverschluss meines Gepäcks herum und öffne zaghaft die kleine Tasche an seiner Vorderseite. Beim Anblick des Inhalts entspannt sich meine Stirn sofort, bis sie wieder fast so glatt ist wie ein Babypopo, und mein Mund verzieht sich zu einem breiten Grinsen. Es fällt mir schwer, mich zu beherrschen und nicht laut loszuprusten. Das ist jetzt nicht wahr! An die hatte ich überhaupt nicht mehr gedacht ... Während ich mich weiter zusammenreiße, stehen mir schon die Tränen in den Augen. Die Blondine schaut, ohne eine Miene zu verziehen, auf den Inhalt des Täschchens hinab, nickt wortlos und lässt mich samt Rucksack gehen.

In großen Schritten haste ich außer Hörweite und lasse endlich meinem Gelächter im Duty-free-Shop freien Lauf – genau das, was ich jetzt zur Spannungsentladung brauche.

Lachen tut so gut! Ich kann es immer noch kaum glauben: Keine Batterien waren es, die den Mann an der Gepäckkontrolle misstrauisch gemacht haben, – die Übeltäter waren noch von Plastik umhüllte, strahlend weiße Tampons.

Geisterstunde

Am Wechselschalter tausche ich drei große DM-Scheine in viele kleine, bunte, gut genutzte Rupien-Scheinchen und ein paar Münzen. Während ich die Landeswährung ausgehändigt bekomme, frage ich nach einem Bus in die Hauptstadt: Colombo.

Zum ersten Mal bin ich auf eigene Faust in Asien unterwegs – für eine Woche tausche ich den heimischen Büroalltag im nasskalten Frankfurter Winter gegen die »Perle im Indischen Ozean«. Mehr Zeit bleibt mir für die Demokratische Sozialistische Republik Sri Lanka – in der Landessprache: Shri Lanka Prajatantrika Samajawadi Janarajaya – leider nicht. Aber eine Woche ist besser als nichts! Die kurze Auszeit will ich effektiv nutzen und so viel wie möglich sehen und erleben.

Beschwingt begebe ich mich zum Ausgang des Flughafengebäudes und entdecke etwas weiter weg eine stark befahrene Landstraße. Feuchtwarme Luft geschwängert von Kerosin und Autoabgasen weht mir entgegen. Zügig gehe ich zum Fahrbahnrand und warte auf eine Lücke. Jetzt! So schnell ich kann, überquere ich die Straße. An den Linksverkehr, der hier herrscht, muss ich mich erst wieder gewöhnen. Auf der anderen Seite stelle mich an den unbefestigten Straßenrand und warte ... Nach ein paar Minuten hält auf mein Winken ein gelber Bus mit quietschenden Bremsen und nimmt mich mit.

Ich finde noch ein Plätzchen am Fenster. Meinen Acht-Kilo-Rucksack lege ich auf meinen Schoß, stütze die Arme darauf und schaue gedankenverloren nach draußen in die ebene grüne Landschaft.

Eine knappe Stunde dauert die Fahrt – mit so viel Verkehr hätte ich nicht gerechnet – auf der ruckeligen Piste zwischen einer Vielzahl von lauten, bunten Autos, Liefer- und Lastwagen zur gut 35 Kilometer entfernten Busstation in der Zwei-Millionen-Einwohnerstadt Colombo. Kaum angekommen, geht es auch schon weiter: In der quirligen, überlaufenen Großstadt möchte ich lieber nicht bleiben. Sie wird oft zum Ziel von Terroranschlägen. Mit dem Bus fahre ich weiter ins 115 Kilometer entfernte Kandy. Mit 150.000 Einwohnern ist es die viertgrößte Stadt des Landes – und der Ort, an dem vor nur drei Tagen der letzte verheerende Bombenanschlag in Sri Lanka stattfand.

Während der Vorbereitungen zum 50. Unabhängigkeitstag von Großbritannien Anfang Februar feuerten drei Separatisten der LTTE – der »Liberation Tigers of Tamil Eelam« – am frühen Morgen aus einem fahrenden Lieferwagen auf die von Soldaten bemannten Straßensperren in der Raja Vidiya, der Königsstraße. Anschließend krachte das Fahrzeug durch das Eingangstor des buddhistischen Zahntempels mit der wichtigsten Buddha-Reliquie Sri Lankas. Beladen mit einigen hundert Kilo Sprengstoff explodierte das Gefährt. Einschließlich der Attentäter starben 16 Personen, und über 25 Menschen wurden verletzt. Die Schreckensnachricht ging um die Welt und drang zurück in Frankfurt auch in meine Ohren.

Ich war mir nicht mehr so sicher: Sollte ich die Reise antreten oder den Flug stornieren? Es war Sonntag, und an diesem Tag war das Reisebüro meines Herzens um die Ecke geschlossen. Somit musste ich immerhin nicht sofort eine Entscheidung treffen. Für und Wider spukten in dieser Nacht im heimischen Bett wie Geister durch meinen Kopf. Die Entscheidung zu überschlafen, tat gut, denn am Morgen wachte ich erfrischt auf und wusste genau, was ich wollte: Ich würde fliegen!

Zwar lebe und reise ich nicht gerade nach dem Motto: »No risk, no fun!« Dazu ist mein Sicherheitsdenken als Frau viel zu ausgeprägt. Aber es ist mir auch wichtig, richtig gelebt zu haben. Deswegen mache ich mich nur ungern unnötig verrückt. Immerhin kann es schon lebensgefährlich sein, auf dem Fahrrad durch Frankfurt zu fahren. Egal, wo ich auf der Welt bin, mir kann alles passieren – gut und schlecht. Ich stelle mich lieber meinen Ängsten, statt mich von ihnen lähmen zu lassen.

Außerdem schätze ich im Moment Kandy als den sichersten Ort im ganzen Land ein – zumindest hoffe ich das, als ich zweieinhalb Stunden später dort ankomme. Im Stadtzentrum sind die Straßen um den Dalada Maligawa, den Schauplatz des Anschlags, großräumig abgesperrt und werden von bewaffneten Soldaten in Militäruniform bewacht – nur Anwohner dürfen hier durch. Viele Gasthäuser befinden sich zum Glück auch am Südwestrand der Stadt am künstlich angelegten Kandy-See. Dorthin mache ich mich jetzt zu Fuß auf, um mir eine Unterkunft zu suchen.

Als ich bereits an der Seeuferstraße angelangt bin, kommt mir ein stattlicher bärtiger Mann entgegen. Er wirkt durch seinen Turban noch größer und spricht mich freundlich an: »Kann ich Ihnen helfen?« Er sieht nicht aus wie einer der einheimischen Schlepper, vor denen im Reiseführer gewarnt wird.

Erfreut schaue ich zu ihm auf und antworte: »Ja, gerne! Ich suche ein einfaches, sauberes Zimmer. Es sollte nicht zu teuer sein.«

»Ein paar Straßen weiter kenne ich ein schönes Gasthaus. Es ist ganz neu«, kommt prompt sein Vorschlag. Ich betrachte den Mann noch einmal genauer. Er sieht nicht aus wie ein Einheimischer, die meist viel kleiner und schmächtiger sind als ich. Richtig vermute ich in ihm einen Sikh. Unter seinem königsblauen Dastar, der mich an eine Tulpe erinnert, verbergen sich seine langen Haare, die aus religiösen Gründen nicht abgeschnitten werden dürfen.

»Sind Sie auch Tourist?«, frage ich neugierig.

Er bejaht, kramt in seinem Portemonnaie und drückt mir seine Visitenkarte in die Hand. Darauf steht sein Name mit seiner Arbeitsadresse in der malaysischen Hauptstadt Kuala Lumpur.

»Können Sie mir bitte den Weg zu dem Gasthaus beschreiben?«, will ich jetzt genau wissen.

Er lächelt. »Es ist schwer zu finden und nicht als Gasthaus gekennzeichnet. Ich begleite Sie!«

Gemeinsam gehen wir eine Straße entlang, die sich leicht bergauf durch ein ruhiges, beschauliches Wohnviertel schlängelt. Nach ein paar Gehminuten sind wir da und stehen vor der Rezeption des Gasthauses.

»Haben Sie ein freies Zimmer für mich?«, erkundige ich mich bei der Rezeptionistin.

»Ja«, lächelt sie.

Als ich mich umdrehe und bei dem hilfsbereiten Fremden bedanken möchte, ist er längst verschwunden.

Allein gehe ich mit dem Schlüssel in der Hand eine schmale Betontreppe nach oben, folge dem Korridor nach links und stehe nach ein paar Metern vor einer Holztür mit der richtigen Zimmernummer darauf. Der Raum ist geräumig und hell. Zwei Holzbetten stehen links und rechts an der Wand. Schrank, Tisch und Stuhl, ebenfalls aus Holz, sind einfach und sehen noch neu aus. Auch das Bad mit Dusche ist sauber. Mir gefällt es, und ich freue mich, mein Zuhause für die nächsten zwei Nächte gefunden zu haben.

Bevor es Zeit zum Schlafen ist, gehe ich jedoch noch eine Kleinigkeit im Stadtzentrum essen. Als ich nach sieben Uhr zurück bin, ist es bereits dunkel. Erst jetzt merke ich, wie erschöpft ich nach meiner langen Anreise bin.

Ich entleere den kompletten Inhalt meines Rucksacks auf dem freien Bett, sodass ich Zugang zu allem habe, was ich für mein Zu-Bett-geh-Ritual brauche. Dann mache ich mich schnell fertig und hänge zur Sicherheit noch mein weißes feinmaschiges Moskitonetz über dem Bett auf. Gähnend knipse ich das Licht im Zimmer aus und kuschle mich bedeckt von einem einfachen Laken zufrieden ins Kopfkissen. Von draußen dringt das milchige Licht der Straßenlaternen in den Raum. Ein Blatt der Palme, die ein paar Meter weiter neben meinem Fenster steht, schabt in der leichten Brise über das Fensterglas. Das ungewohnte kratzende Geräusch erinnert mich an die heimischen Besuche beim Zahnarzt, der jetzt zum Glück ganz weit weg ist. Zufrieden, gut in Sri Lanka angekommen zu sein, entschlummere ich in die erste Nacht in der Ferne.

Doch die Ruhe währt nicht lange. Mitten in der Nacht lässt mich ein fremdes Geräusch aufhorchen. Irgendetwas ist nicht in Ordnung. Gänsehautalarm! Bei fast dreißig Grad im Zimmer erschauere ich. Da ist es wieder: Zu dem leise schabenden Geräusch des Palmwedels gesellt sich ein wetzender Ton. Träume ich? Nein, das ist kein Traum. Plötzlich bin ich hellwach. Was ist das? Ich schlage die Augen auf. Es ist dunkel. Adrenalin durchströmt meinen Körper. Ich halte die Luft an und lausche konzentriert. Auf meiner Haut fühle ich Schweißperlen. Mein Herz hüpft unkontrolliert wie ein Flummi in meiner Brust herum. Meine Augen wandern zum Fenster. Nichts ... oder doch? Jetzt sehe ich etwas! Der Lichtstrahl einer Taschenlampe blinkt auf. Schnell huscht er durchs Zimmer. Über dem Bett, auf dem meine Sachen so schön verstreut liegen, bleibt er plötzlich stehen.

Das kann doch nicht wahr sein! Plötzlich ein quietschendes Geräusch. Jemand versucht tatsächlich, das Fenster meines Zimmers zu öffnen! Ich bekomme es mit der Angst zu tun. Was mache ich jetzt nur? Mein verwirrtes Haupt unter dem Kopfkissen zu verstecken und so zu tun, als sei niemand da, wäre keine gute Lösung. Bei der Vorstellung, dass sich gleich pünktlich zur Geisterstunde keine Spukgestalt, sondern ein Einbrecher durchs Fenster zwängen könnte, wird mir noch heißer, als es in dem Zimmer mit seinen tropischen Temperaturen eh schon ist. Los! Mach schnell! Tu was!, schreit meine innere Stimme mir entgegen. Die Taschenlampe leuchtet erneut durchs Zimmer. Nun reicht es aber! Flucht zwecklos. Also Attacke marsch!

Ich knipse das Licht an und springe wie von allen guten Geistern verlassen mit einem Ruck und unter ohrenbetäubendem Gebrüll auf dem Bett in die Höhe. Unter dem weißen Bettlaken, das mich immer noch umhüllt, hampele ich mit den Armen und werde so unter dem Moskitonetz selbst zum nächtlichen Schreckgespenst. Jetzt fehlen nur noch Ketten, mit denen ich rasseln kann! Wäre die Situation nicht so gefährlich, würde ich laut über mich selbst lachen.

Und tatsächlich! Als guter Geist verfehle ich meine Wirkung nicht. Die Taschenlampe wird ausgeknipst. Es poltert, als würde da draußen jemand von einer Leiter fallen. Die unerwünschte Erscheinung vor dem Fenster ist verschwunden. Puh, ich habe es geschafft. Der Spuk ist vorüber. Was mir wie eine halbe Ewigkeit vorgekommen ist, hat in Wirklichkeit nur ein paar Sekunden gedauert.

Erst als es nach sechs Uhr wieder hell wird, werde ich wach. Irgendwie habe ich es tatsächlich geschafft, nach dem nächtlichen Schrecken wieder einzuschlafen. Gut so! Durch die nächtliche Störung, die mir jetzt fast wie ein Traum vorkommt, lasse ich mir meinen Aufenthalt bestimmt nicht verderben. Zum Glück bin ich wach geworden. Darüber, was sonst hätte passieren können, denke ich lieber nicht nach. Auch die Idee, dass der Einbruchsversuch etwas mit dem hilfsbereiten Malaysier zu tun haben könnte, der mich zu dieser Unterkunft gebracht hat, verdränge ich schnell wieder. Der jungen Dame an der Rezeption erzähle ich ebenfalls nichts. Was hätte ich ihr sagen sollen? Würde sie mich überhaupt verstehen? Ich lasse die Geister ruhen.

Stattdessen verbringe ich einige ganz ungespenstisch wundervolle Tage in Sri Lanka: Im Botanischen Garten von Peradeniya bestaune ich die tropischen Pflanzen, Palmen,

Bäume, Kakteen, Blumen, Gewürze und Heilkräuter. Ein dichter Bambuswald ragt hier viele Meter in den Himmel. Am frühen Abend genieße ich eine Aufführung der traditionellen Kandy-Tänze, bevor ich zurück in meinem Hotelzimmer auf eine störungsfreie Nacht hoffe – und sie auch bekomme.

Die nächsten Tage verbringe ich damit, mit dem öffentlichen Bus von einer Sehenswürdigkeit zur nächsten zu tingeln. In Dambulla bewundere ich in den Höhlentempeln die zahlreichen, teilweise mannshohen Buddha- und Hindu-Statuen, von denen ich keine einzige fotografieren darf. In Sigiriya erklimme ich zu Fuß auf den berüchtigten 1.200 Treppenstufen den berühmten 185 Meter hohen Granitberg, der als grauschwarzer Monolith aus dem Dschungel emporragt. In einem Three-Wheeler, einem dreirädrigen Vehikel, das in Thailand auch als Tuk-Tuk bekannt ist, lasse ich mich in Polonnaruwa, eine der ehemaligen Hauptstädte Ceylons, zu den weitläufig verstreuten, imposanten Ruinen aus verschiedenen Kulturen bringen. Mit dem Fahrrad erkunde ich die ehemalige Hauptstadt Anuradhapura und radle beschwingt zwischen den eindrucksvollen Bauwerken und Dagobas, den Reliquiengebäuden, umher, bis die Sonne untergeht. Auf der fünfstündigen Zugfahrt zurück in die Hauptstadt Colombo lasse ich mir bei geöffneten Fenstern den warmen Fahrtwind um die Nase wehen und genieße die Aussicht auf grüne Regenwälder, Teeplantagen und bunte Dörfer. Im südlich gelegenen Galle komme ich völlig unerwartet bei einer einheimischen Familie unter, wo ich zum Abendessen ganz traditionell braunen Reis mit verschiedenen leckeren Gemüse- und Hähnchen-Currys serviert bekomme und mich mit der dreiköpfigen Familie am

Tisch angeregt über das Leben und den Alltag in Sri Lanka und Deutschland unterhalte.

Das Endziel meiner einwöchigen Reise ist Negombo, wo ich den letzten Tag damit verbringe, Mitbringsel einzukaufen. Am Morgen laufe ich am Strand entlang, den ich mir sauberer gewünscht hätte, barfuß durchs Salzwasser in Richtung Zentrum des 65.000-Einwohner-Städtchens. In der Innenstadt befinden sich unzählige Souvenirgeschäfte. Ich finde eine schöne dreiteilige Holzmaske eines Garudas, auf dessen Haupt drei geschnitzte und blau-grün-gelb bemalte Vögel sitzen. Dem Garuda, einem mystischen Fabelwesen, das halb Adler, halb Mensch ist, treten die schwarzen Augen aus dem Gesicht hervor, und durch seine gebleckten weißen Zähne streckt er mir seine rote Zunge entgegen. Er wird sich zu einem weiteren indonesischen Garuda gesellen, der sich daheim in Frankfurt im Flur meiner Wohnung die Wand bereits mit anderen Masken teilt. Dazu finde ich noch eine geschnitzte singhalesische Ananasverkäuferin, die in guter Gesellschaft anderer hölzerner Damen und Herren aus aller Welt in meinen Regalen für Sprachbücher ein schönes Plätzchen finden wird.

Versorgt mit neuen Erinnerungsstücken, habe ich Durst auf eine süße, klebrige Cola. Ich betrete einen kleinen Laden, nehme mir eine der winzigen Glasflaschen aus dem Kühlschrank, bezahle sie an der Kasse und trinke sie gemütlich gleich vor Ort. Hinter der Kasse steht eine junge, hübsche Singhalesin, die sich mit zwei weiteren jungen Frauen unterhält. Eine von ihnen bringt mir sogar einen Stuhl. Solche kleinen Aufmerksamkeiten berühren mich. Ich fühle mich angenommen und wertgeschätzt als Fremde in der Ferne.

Geschafft vom Herumlaufen, Postkartenschreiben und Einkaufen, nehme ich die Einladung gern an und setze mich hin. Ich bedanke mich lächelnd und komme sofort mit den jungen Frauen ins Gespräch.

»Du hast so schöne Haare«, sagt eine von ihnen, was die beiden anderen mit einem offenen Lächeln bestätigen.

»*Ich?*«, antworte ich erstaunt. Ungläubig schaue ich hinunter auf meine schnurgeraden blonden Zotteln. »Ihr habt doch viel schönere Haare als ich! So dicke Haare wie ihr hätte ich auch gern! Meine sind so glatt und dünn«, sprudelt es aus mir heraus.

»Deine blonden Haare, deine helle Haut«, schwärmen die drei jetzt regelrecht und wollen wissen: »Woher kommst du?«

»Ja, meine helle Haut, die wird schnell krebsrot – so wie sie jetzt ist. Ich bin aus Deutschland. Morgen muss ich zurück in den kalten Winter. Deshalb war ich eben noch einkaufen ...« Ich zeige ihnen, was ich aus ihrem Land mit nach Hause nehme – abgesehen von den vielen schönen Erinnerungen.

»Ach, wie toll! Deutschland ... und die deutschen Männer erst – groß, blond, blaue Augen!«, meint eine hingerissen und verdreht dabei seufzend die Augen.

Die junge Frau hinter der Kasse deutet auf die Kleinste von ihnen: »Sie geht bald zu einem Mann nach Deutschland.«

»Warst du schon einmal dort?«, frage ich.

»Nein. Das macht aber nichts. Er ist groß, blond und sieht so gut aus. Ich soll zu ihm nach Köln und freue mich so sehr«, erzählt sie euphorisch. Die beiden kennen sich nicht persönlich – nur von Bildern.

Ich genehmige mir eine weitere Cola, und schon vertraut mir eine der zwei anderen jungen Frauen eher traurig an: »Ich habe einen Freund – er ist Tamile und Hindu. Meine Eltern dürfen von ihm nichts wissen. Wir sind Singhalesen und Buddhisten. Einen Mann, der einer anderen Ethnie und Glaubensrichtung angehört, würden sie nie akzeptieren. Wir können uns nur heimlich treffen. Ich weiß nicht, wie es mit uns weitergehen soll ...«

Ich drücke ihr mein Mitgefühl aus. Das muss tatsächlich sehr schwierig für sie sein. Gleichzeitig bin ich froh darüber, wie frei und selbstbestimmt ich in meiner Heimat leben darf.

Nachdem ich auch die zweite Cola in Ruhe ausgetrunken habe, verabschiede ich mich von den drei Frauen, die mir in der letzten Stunde so viel Vertrauen geschenkt haben. In Gedanken über das Leben auf dieser großen Welt versunken, gehe ich zurück zum Strand, von dem aus ich den letzten leuchtenden Sonnenuntergang auf der Insel betrachte. Zurück in meiner Bleibe verbringe ich die letzte Nacht meiner Reise im Tiefschlaf und ohne erwähnenswerte Vorkommnisse oder ungebetene Gäste. Der Geist mit der Taschenlampe hat mich in Sri Lanka nicht mehr besucht.

Ein Zufall kommt
selten allein

Ständig bin ich irgendwo unterwegs. Zu Hause in Frankfurt gehe ich viel mit Freunden und Bekannten aus. Und wenn ich Urlaub habe, reise ich seit der Trennung von Antonio vor vier Jahren meist auf eigene Faust oder gelegentlich mit einer Reisegruppe um die Welt.

Dreimal pro Woche fahre ich mit dem Rad ins zwölf Kilometer entfernte Schwanheim auf einen Bauernhof mit vielen Privatpferden, wo ich seit ein paar Monaten nach langer Zeit wieder reite. In meiner Freizeit bewege ich mich viel, weil ich einen Ausgleich zum Sitzen im Büro brauche, – mittlerweile bin ich in dem Kreditkarteninstitut, wo ich immer noch arbeite, zur Gruppenleiterin aufgestiegen. Genügend Entspannungsmomente gibt es in meinem Leben natürlich auch: Zu gern liege ich dann und wann mal auf der faulen Haut und lese ein gutes Buch im gemütlichen Bett.

Regelmäßig besuche ich auch meine Mutter, die ganz in meiner Nähe wohnt. Dieses Mal erzähle ich ihr freudestrahlend: »Ich verreise bald wieder! Für Mitte September habe ich einen Flug nach Warschau gebucht und werde zehn Tage in Polen bleiben.«

Meine ebenfalls reisefreudige Mutter antwortet gar nicht überrascht: »Wie lustig! Genau dann mache ich eine

Polenrundreise mit Rotel.« Seit sie in Rente ist, hat sie bereits einige Rundreisen mit Rotel, dem »rollenden Hotel«, gemacht. Ich war mit dem Reiseveranstalter bisher nur einmal vor ein paar Jahren auf einer interessanten Reise durch Syrien, Jordanien und im Libanon unterwegs. Da die Reisenden entweder in speziellen Kabinen im Bus oder in einem Anhänger schlafen, spart man sich so den teuren Zuschlag fürs Einzelzimmer.

Wir schauen gemeinsam in ihren Unterlagen nach. Sie reist eine Woche früher mit dem Bus aus München ab. Wie es der Zufall so will, sind wir beide zur selben Zeit in Warschau. Meist steht das Rotel außerhalb des Stadtzentrums auf einem Campingplatz, dessen Adresse meine Mutter allerdings nicht weiß. Ich beschließe, auf jeden Fall nach dem auffälligen roten Bus Ausschau zu halten. Einen Treffpunkt vereinbaren wir in der uns fremden Hauptstadt nicht.

Als der Tag der Abreise gekommen ist, nehme ich wie so oft mein leichtes Gepäck mit ins Büro. Es ist Freitag, und am Nachmittag gehe ich von der Arbeit direkt zum Flughafen und fliege weiter. Wenn ich Montag in einer Woche von der Reise zurückkomme, mache ich dort ab Mittag wieder einen Zwischenstopp, um einen halben Tag Arbeit einzuschieben, bevor es abends nach Hause geht. Das ist die perfekte Integration meiner Reise in die Arbeit – oder meiner Arbeit ins Reisen? Das weiß ich nicht so genau. Besser geht es auf jeden Fall nicht. So habe ich ganze elf Tage für meine Reise Zeit, aber benötige trotzdem nur fünf Urlaubstage. Ich weiß es sehr zu schätzen, dass mein Arbeitgeber das erlaubt. Meine Vorgesetzten und Kollegen können sich natürlich vollkommen auf mich und meinen Einsatz für die Firma verlassen, die mir seit zehneinhalb Jahren einen sicheren, abwechslungsreichen Arbeitsplatz bietet.

Um 18 Uhr lande ich auf dem Chopin-Flughafen in Warschau. Wieder einmal komme ich in einem fremden, für mich neuen Land an. Die Spannung steigt. Wo gehe ich wohl heute Nacht schlafen? Eine Unterkunft habe ich noch nicht gebucht. Das tue ich so gut wie nie. Es ist viel interessanter, bis zur Ankunft offenzulassen, wo ich übernachten werde. Eine gewisse Unsicherheit dabei, wo es genau hingehen wird, brauche ich anscheinend. Ich improvisiere gern. Bisher habe ich spätestens am Abend immer eine günstige Bleibe für die Nacht gefunden. Auch in Mehrbettzimmern mit weltoffenen, respektvollen Zimmergenossen, mit denen ich mich über ihre Reiseziele und Erfahrungen austauschen kann, fühle ich mich wohl.

Nachdem ich zufrieden die Kontrollen passiert und Geld getauscht habe, schaue ich mich nach einer Touristeninformation um. Vor dem Ausgang werde ich fündig. Obwohl es schon 18.45 Uhr ist, ist der Informationsstand noch mit einem Herrn besetzt, der gerade nichts zu tun hat. Darüber könnte ich nicht glücklicher sein. Er ist das Aushängeschild für sein Land und meine erste wichtige Anlaufstelle. Freundlich begrüße ich ihn und frage: »Sprechen Sie Englisch?« Er nickt. Ich hole tief Luft und rede munter drauflos: »Ich suche eine Unterkunft für drei Nächte bis Montag. Ich brauche nicht viel Platz. Zu gern würde ich bei einer Familie wohnen. In einem Hotel bin ich so allein. Ich möchte gern Kontakt mit den Menschen hier haben.«

Er überlegt kurz und greift zum Telefon. Während er eine Nummer wählt, fällt mir noch siedend heiß ein: »Sie müssten aber bitte entweder Englisch, Deutsch, Französisch, Spanisch oder Italienisch sprechen, sonst kann ich mich nicht mit ihnen verständigen. Ich spreche leider kein Polnisch ...« Die paar Worte, die ich kenne, bringen mich leider nicht weiter. Am liebsten würde ich mich in viel mehr Sprachen unterhalten können. Wie schön wäre es doch, wenn ich überall auf der Welt mit allen Menschen problemlos kommunizieren könnte!

Er nickt erneut. Das Telefongespräch dauert keine zwei Minuten. So schnell habe ich ein Bett für die nächsten drei Nächte bei einer Familie gefunden. Er schreibt mir den Namen und die Adresse auf einen Zettel. Dazu drückt er mir einen Stadtplan von Warszawa in die Hand. Den kann ich sehr gut gebrauchen. Darauf notiert mir der Herr noch die Haltestelle des Busses, den ich zuerst nehmen muss. Außerdem die verschiedenen Nummern der Tram, in die ich umsteigen kann. Zum Schluss umkringelt er noch die Straße, in der sich mein Schlafplatz befindet, ganz rechts am Rand. Geduldig erklärt er mir alles sogar doppelt, damit ich auch ja sicher ankomme. Für seinen hervorragenden Einsatz hätte ich ihn glatt umarmen können. Erleichtert, aufgekratzt und voller Vorfreude bedanke ich mich für seine schnelle Hilfe. Genau solche Menschen sind eine unglaubliche Bereicherung auf meinen Reisen.

Beschwingt gehe ich durch die automatische Tür des Gebäudes und setze meinen ersten Fuß auf polnisches Straßenpflaster. Ich bin angekommen. Der weitere Weg ist nun das Ziel. Auf den Bus muss ich zum Glück nicht lange warten. Ich fahre nur ein kurzes Stück mit ihm und passe gut auf, dass ich den richtigen Moment zum Aussteigen nicht verpasse. Den alles überragenden Kultur- und Wissenschaftspalast, den

Pałac Kultury i Nauki, kann ich schon von Weitem sehen, bevor ich an der Aleje Jerozolimskie in die Tramwaje, Farbe Eidottergelb, umsteige. Das Streckennetz der Straßenbahn gibt es schon seit 1866. Es ist somit hundert Jahre älter als ich. Schwerfällig zuckeln wir auf den Schienen die Jerusalemer Allee entlang, überqueren die Poniatowskiego-Brücke, ruckeln am Stadion Dziesięciolecia vorbei, und kurz darauf verlasse ich am viel befahrenen Rondo Waszyngtona die Tram. Zu Fuß biege ich im Stadtteil Saska Kępa rechts in die Ulica Francuska ein – der wohl schnellste Weg von Washington nach Frankreich. Nach der dritten Seitenstraße schwenke ich erneut nach rechts. Hier bin ich richtig und muss nur noch die Hausnummer suchen. Geschafft! Ich stehe vor einem grauen Häuserblock mit nur wenigen Stockwerken. Er weckt Erinnerungen an den Gebäudeblock, in dem ich die ersten neun Jahre meines Lebens verbracht habe.

Von einer Frau und ihrer Tochter werde ich lächelnd in ihrer Parterrewohnung empfangen. Sie haben beide dunkelbraune, kurz geschnittene Haare und schauen mich aus aufgeweckten braunen Augen an. Altersmäßig liege ich mit meinen 34 Jahren schätzungsweise genau zwischen den beiden. Der Mann der Frau ist auf Geschäftsreise, und ihr Sohn studiert in Danzig. Sein kleines, grün gestrichenes Zimmer wird für die nächsten Nächte mein Zuhause sein.

Hunger habe ich nicht, da ich im Flugzeug bereits gegessen habe. Stattdessen trinken wir gemeinsam einen Tee und unterhalten uns ein Weilchen prima auf Englisch. Ich bezahle im Voraus für die drei Nächte. Das verlangt sie zwar nicht – ganz im Gegenteil –, aber mir ist es lieber. So müssen weder ich noch meine Gastgeberinnen sich weitere Gedanken um diese Formsache machen. Auch meinen Ausweis wollen die beiden nicht sehen. Ich bin ihnen dankbar, dass sie mir als Fremder so viel Vertrauen entgegenbringen.

Am nächsten Morgen wache ich mit dem Gedanken auf: Meine Mutter ist heute auch irgendwo in dieser großen Stadt mit ihren fast zwei Millionen Einwohnern! Ob wir uns über den Weg laufen werden? Zum Frühstück gibt es Brot, Butter, Marmelade und einen kleinen Wurst- und Käseaufschnitt. Dazu Wasser und Tee. Gestärkt ziehe ich bei herrlichem Septemberwetter unter blauem Himmel mit strahlender Sonne los. Nachdem ich zuerst die nähere Umgebung erkundet habe, gehe ich zu Fuß weiter in Richtung Kulturpalast. Der 237 Meter hohe Wolkenkratzer, an dem ich mich hier in der Stadt prima orientieren kann, ist das höchste Gebäude des Landes. Er wurde 1955 im Stil des Sozialistischen Klassizismus fertiggestellt. Von diesem wuchtigen Bau schlendere ich weiter durch kleinere, ruhigere Straßen in die Stare Miasto, die historische Altstadt. Auf dem Weg zum königlichen Schloss, das bis zum 18. Jahrhundert Sitz der polnischen Königsfamilie war und nach der vollständigen Zerstörung im Zweiten Weltkrieg in den Siebziger- und Achtzigerjahren wiederaufgebaut wurde, halte ich nach dem auffälligen roten Rotel-Bus Ausschau. Es ist inzwischen Nachmittag. Mein Magen knurrt. An einer belebten Straße des Stadtteils Mariensztat hole ich mir in einer Bäckerei ein leckeres Vanillestückchen. Da es keine Stühle zum Hinsetzen gibt und ich während des Essens nicht herumlaufen will, lasse ich mich einfach in einem Hauseingang in der Nähe auf der obersten von drei Treppenstufen nieder.

Während ich mir das verboten süße Teil schmecken lasse und dabei alles um mich herum vergesse, verschlucke ich mich beim Zerkauen eines viel zu großen Brockens vor lauter Schreck fast, als ich eine bekannte Stimme begeistert in meine Richtung rufen höre: »Da ist ja meine Nina!« Ich schaue auf, und da läuft sie auf mich zu: meine Mutter!

»Das gibt es nicht! So ein Zufall! Du hast mich tatsächlich gefunden«, rufe ich mit halb vollem Mund genauso begeistert zurück. »Das hätte ich nie gedacht! Wo steht denn euer Bus?«

»Der Bus ist nicht weit weg. Er steht in der Nähe der Altstadt.« Sie schaut auf ihre Uhr. »Oh, ich muss sowieso zurück!«

»Super! Ich begleite dich.« Ich verschlinge den Rest des klebrigen Stückchens in meiner Hand, das ich vor lauter Überraschung fast vergessen hätte, und schließe meine Mutter erst mal so richtig in die Arme, bevor ich mich anschließe.

An dem roten Gefährt angekommen, stellt sie mich ein paar ihrer Mitreisenden vor, die schon darauf warten, dass es weitergeht: »Das ist meine Tochter. Ich habe sie eben auf der Straße aufgelesen!« Alle lächeln brav und nicken. Keiner will glauben, dass wir uns soeben ohne ausgemachten Treffpunkt begegnet sind.

Und ein Zufall kommt selten allein! Der nächste wartet nämlich schon auf mich. Nur einen Tag später, am Sonntagmorgen, will ich am Rondo Waszyngtona in die Tram steigen. Ich gehe zum Fahrscheinautomaten, um mir ein Ticket zu kaufen. Er ist kaputt – und weit und breit kein anderer Apparat in Sicht. Der Kiosk ist auch geschlossen. Die drei Menschen, die mit mir zusammen an der Haltestelle warten, schütteln ihre Köpfe oder zucken mit den Schultern, als ich sie anspreche. Keiner kann mir weiterhelfen. Wo bekomme ich an einem Sonntag in dieser fremden Stadt nur eine Fahrkarte her? Die Schlussfolgerung für mich ist: Ich fahre zur nächsten Haltestelle und ziehe mir dort einen Fahrschein am Automaten – sofern er denn funktioniert. Mit einem mulmigen Gefühl steige ich in die Straßenbahn ein. Schwarzfahren tue ich sonst nie.

Und es kommt, wie es kommen muss: Prompt werden wir von drei Männern unterschiedlichen Alters, die schon in der Tram saßen, kontrolliert. Bei diesem dummen Zufall muss ich mich nun noch dümmer stellen. Auf Deutsch brabbele ich los: »Maschine kaputt! Nicht meine Schuld! Ich spreche kein Englisch!« Das mit dem Englisch wollen sie mir nicht so ganz abnehmen. Aber dass der Apparat kaputt war, wissen sie ganz genau. Der Jüngste von ihnen ist nun gezwungen, mit mir auf Deutsch zu radebrechen. Meine Erklärung, dass ich an der nächsten Haltestelle ein Ticket lösen wollte, wird nicht akzeptiert. Die Kontrolleure zeigen mir ihre Preisliste für Schwarzfahrer. Ob Einheimische, Tschechen, Franzosen, Engländer – jede Nationalität hat laut dem Stück Papier tatsächlich ihren eigenen Preis fürs Schwarzfahren. Für Deutsche steht der Preis ziemlich weit oben auf der Liste mit dabei – ganz schön happig und ziemlich unverschämt!

Wo gibt's denn so was? Die brauchen das Geld wohl für die Reparatur des Fahrkartenautomaten!, denke ich mir. Wäre die Lage nicht so ernst, würde ich jetzt laut loslachen. Stattdessen rege ich mich über die unfairen Preisunterschiede entsprechend auf. Das will ich mir nicht gefallen lassen! Allein in diesem fremden Land nehme ich meinen ganzen Mut zusammen. Ich gehe zum verbalen Angriff über und ersticke die Kontrolleure mit einem entsetzten Wortschwall: »Waaas? Ihr habt hier verschiedene Preise für Schwarzfahrer? Stellt euch nur mal vor, wir würden das in Deutschland auch so machen! Du bist Pole, du musst fürs Schwarzfahren mehr bezahlen! Und für dich als Spanier kostet es so viel! Du als Amerikaner zahlst das! Ja, und du, du Italiener, für dich lass uns mal sehen ... Na, was denkt ihr? Da wär ganz schön was los!«

Über meine freche Reaktion bin ich selbst erstaunt. In »Extremsituationen« erfahre auch ich unterwegs hin und wieder mal etwas Neues über mich selbst – sonst würde es ja auch irgendwann langweilig werden. Die Herren in der Tram sind genauso überrascht über meinen aufmüpfigen Monolog. Gleichzeitig scheinen sie ein Quäntchen Verständnis für mich aufzubringen, denn sie schauen sich unschlüssig an. Ich lege sogar noch einen obendrauf: »Wir können gern zur *policija* gehen! Ich bin erst zwei Tage hier und wollte ehrlich nicht schwarzfahren. Ich weiß nur nicht ... Ja, wo bekomme ich denn nun am Sonntag eine Fahrkarte her?« Aus dem Augenwinkel nehme ich wahr, wie ein Mann, der an derselben Haltestelle zugestiegen ist wie ich, sich mit einem der Kontrolleure unterhält. Und prompt bekomme ich meine Antwort: »Einen Fahrschein gibt es am Sonntag im Bus.«

Huch, so einfach ist das also! Daran hätte ich auch denken können – aber so schlau war ich nicht. Dennoch: Auf die Polizei haben auch die Kontrolleure keine Lust. Stattdessen widmen sie sich lieber den weiteren Schwarzfahrern in der Straßenbahn. Auch als wir an der nächsten Haltestelle ankommen, bleiben sie mir vom Leib. Ich bin heilfroh, dass sie mich tatsächlich laufen lassen. Und das tue ich jetzt auch!

Um das ganze Adrenalin in meinem Körper abzubauen, renne ich erst mal los, bis ich ganz außer Puste bin. Es dauert ein bisschen, bis ich mich ganz von dieser »Ausnahmesituation« beruhigt habe. Als ich wieder klar denken kann, tue ich als Erstes natürlich eins: Ich hole mir einen Fahrschein im Bus!

Am Abend habe ich nach diesem abenteuerlichen Erlebnis unter viel Gelächter wieder etwas brühwarm zu erzählen. Von meiner Gastmutter erfahre ich: »Die Leute müssen manchmal sogar für große Gepäckstücke einen Fahrschein zum halben Preis lösen.«

Habe ich das richtig verstanden? Ich hake nach: »Hier muss ich auch für Gepäck bezahlen? Das wusste ich nicht. So etwas habe ich noch nie gehört!«

Sie nickt und antwortet lachend: »Aus Protest hat neulich ein Mann sogar einen anderen Erwachsenen in einem Gepäckstück transportiert, dafür aber nur den halben Preis bezahlt. Er wurde prompt kontrolliert – es stand in allen Zeitungen.«

Zusammen mit der sympathischen Polin lache ich über die für mich sehr merkwürdigen Verhältnisse in den Warschauer Verkehrsmitteln. Mir gefällt, dass sie sich darüber selbst lustig machen kann. Und auch über meine Unwissenheit verdrücken wir ein paar Lachtränen. Es ist doch viel besser, im Nachhinein über sich selbst und dumme Zufälle lachen zu können, als sich zu ärgern.

Von Eingängen und einem guten Ausgang

Nachdem ich Ewigkeiten im Flugzeug eingepfercht war, kann ich mich endlich im gemütlichen Hotelbett ausstrecken. Trotz Zeitunterschied schlafe ich wie ein Murmeltier ohne Jetlag – und wache am nächsten Morgen gut ausgeruht in der Casa Platypus, einem Gästehaus in Kolumbiens Hauptstadt Bogotá, auf.

Anfang Dezember wird es hier um sechs Uhr früh hell. Als ich die Augen aufschlage, versteckt sich die Sonne noch hinter den Anden. Langsam kommt sie zum Vorschein. Ein dünner Lichtstrahl findet seinen Weg in mein Zimmer. Am liebsten würde ich noch ein bisschen im warmen Bettchen liegen bleiben, aber ich bin hellwach. Denn sie lässt mir einfach keine Ruhe! Ohne Gnade zwingt mich meine gefüllte Blase zum Aufstehen. Raus aus dem Bett. Raus aus dem Zimmer. Wie ferngesteuert. Nach rechts in den Patio. Links um die Pflanzen herum. Rechts zur Tür wieder rein. Und – geschafft! Das erleichternde Plätschern ertönt. Erst jetzt schaue ich mich vorsichtig in der Toilette um – keine Spinne da? Zum Glück nicht.

In umgekehrter Reihenfolge schlurfe ich zurück ins Zimmer. Es ist kalt – gefühlte 13 Grad. Im ganzen Haus gibt es keine Heizung. Außer mir ist noch niemand auf den Beinen.

Aus den Zimmern dringen Schnarchtöne in unterschied-lichen Oktaven – ein kleines Schnarch-Konzert am Morgen –, ansonsten ist es still im Haus.

Eine halbe Stunde später bin ich startklar. Leise schleiche ich mich nach draußen. Im Schlaf habe ich viel Energie ge-tankt. Voller Tatendrang mache ich mich auf den Weg. Mein kleiner grüner Tagesrucksack hängt locker an meiner rechten Schulter.

Die Altstadt ist menschenleer. Noch nicht weit ge-kommen, tut sich vor mir in der Fußgängerzone plötzlich eine riesige Baustelle auf. Hier wird schon gearbeitet, aber ansonsten ist nicht viel los. Erstaunlich ruhig für eine Stadt mit etwa sieben Millionen Einwohnern. Ich genieße die Ruhe, bevor die bunte Metropole zum Leben erwacht. Bald wird sie mit Menschen übersät sein.

Obwohl ich zu so früher Stunde noch kein konkretes Ziel habe, lasse ich es für andere so aussehen, als wüsste ich genau, wohin ich wollte. Im Gegensatz zu meiner Heimat kann es hier in Bogotá schnell mal gefährlich werden, wenn ich als Frau allein in der Stadt unterwegs bin. Deshalb konzentriere ich mich bei meiner Erkundungstour auf belebte Straßen. Einsame Seitenstraßen beäuge ich eher misstrauisch wie ein scheues Reh. Immerhin will ich niemandem vors Messer oder gar vor eine Schusswaffe laufen.

So langsam füllen sich die Straßen. Die Stadt wacht auf, die Geschäfte öffnen.

Den Vormittag verbringe ich damit, den bunten Stadtteil La Candelaria zu erkunden. Seine alternative Atmosphäre mit den vielen liebevoll restaurierten Gebäuden und Cafés zieht mich sofort in ihren Bann. Ein absolutes Muss ist danach das Museo de Oro – die bedeutendste Sehenswürdigkeit der Stadt. Kurz nachdem es seine Pforten öffnet, bin ich auch schon für umgerechnet läppische zwei Mark fünfzig drin. Das Goldmuseum gehört zu den beeindruckendsten Museen Lateinamerikas und bietet mit über dreißigtausend Objekten die meisten Ausstellungsstücke präkolumbischer Herkunft auf einem Fleck. Bei all den Schätzen aus Silber, Gold und Platin handelt es sich nur um einen Bruchteil dessen, was die Menschen hier in einer lang vergangenen Glanzzeit erschaffen haben. Es gibt wunderbare Artefakte zu bestaunen. Sie sind den spanischen Eroberern von einst glücklicherweise nicht in die Hände gefallen. Was diese damals erwischt haben, haben sie zu Barren geschmolzen und in ihre Heimat abtransportiert.

Ein weiteres Museum, dem ich im Anschluss einen Besuch abstatte, ist die Donación Botero. Eintritt frei. Von der belebten Straße trete ich durch eine offen stehende Holztür direkt in einen Raum der Stiftung, dessen Wände mit wertvollen Bildern behangen sind. Was für ein Eingang! Meine Unterkunft ist weitaus besser gesichert. Ob die Gemälde von Fernando Botero, dem weltweit bekanntesten zeitgenössischen Maler Kolumbiens, wohl echt sind? Zum Schmunzeln laden sie jedenfalls ein. Auf den Bildern reihen sich extrem mollige Frauen an stämmige Männer, plumpe Kinder, korpulente Tiere und voluminöses Obst. Auch eine fette Geige und sonstige dralle Objekte sind vorhanden. Beim Anblick eines fettleibigen Mannes in einem grauschwarzen Anzug mit farblich passendem Hut, der auf dem Rücken eines dickbäuchigen Pferdes sitzt, dessen Kopf viel zu klein und dessen Beine viel zu kurz für seinen Rumpf sind, entweicht mir mitten in die Stille des Museums hinein ein lauter Lacher. Die Landschaft mit den kleinen Bergen im Hintergrund geht dem besonders stämmigen Tier nur bis zum Bauch. Deshalb wirken Ross und Reiter in ihrer rundlichen Form noch unproportionierter.

Ich gehe weiter und gerate noch mehr ins Staunen, als ich hier sogar Bilder der Impressionisten Monet, Manet und Sisley sowie der Surrealisten Picasso, Braque und Dalí finde. Das Museum ist riesig und hat eine Unmenge an Kunstschätzen zu bieten. Nachdem ich mich lange genug an den Gemälden erfreut habe, begebe ich mich zu der sperrangelweit geöffneten großen Tür, die vom hinteren Teil des Raums nach draußen auf die belebte Straße führt. Als ich gerade hindurchgehen will, kommt ein junger Mann in Militäruniform – er ist höchstens halb so alt wie ich – auf mich zu und erklärt mir freundlich: »Das ist kein Ausgang!«

»Und wie komme ich hier wieder raus?«, frage ich ungläubig und schaue ihn entgeistert an.

»Sie müssen durch den ganzen Gebäudetrakt zurückgehen«, entgegnet er höflich.

»Warum das denn?« Ich stelle mich begriffsstutzig.

»Das hier ist der Eingang!«, informiert er mich mit klaren Worten. Ein Schild, auf dem »Entrada« steht, entdecke ich nicht.

»Ach! Das ist ja interessant.« Fast komme ich mir vor wie in einem Sketch von Loriot. Den ganzen Vormittag über habe ich mir in der Stadt die Füße platt getreten und verspüre so überhaupt keine Lust, jetzt noch mal durch das ganze Gebäude zurück zum Ausgang zu latschen. Den habe ich vor lauter atemberaubender Kunst sowieso völlig übersehen. Viel lieber möchte ich den einfacheren, kürzeren Weg gehen – aber das scheint schwierig zu werden. Doch so schnell lasse ich mich nicht abwimmeln! Frech frage ich: »Was passiert, wenn ich hier rausgehe?« Innerlich stelle ich mich schon auf eine längere Diskussion ein. Vielleicht erwartet mich ja sogar ein hitziges Wortgefecht.

»Nichts«, höre ich mein Gegenüber da leise sagen.

»Waaas?« Damit hätte ich jetzt nicht gerechnet.

Er wiederholt etwas lauter: »Nichts!« Und noch mal ausführlicher, genauso gelassen: »Es passiert nichts.«

»Wie schön. Danke vielmals!«, sage ich erheitert und denke: Geht doch. Mit einem strahlenden Lächeln laufe ich um ihn herum, durch die Tür hindurch und, schwupps, stehe ich wieder auf der belebten Straße. Schnell mache ich mich aus dem Staub, damit er mich nicht doch noch wie einen ungehorsamen Hund zurückpfeift. Meine Frechheit ist mir gerade selbst nicht ganz geheuer, immerhin ist der junge Mann bewaffnet.

Inzwischen habe ich einen Bärenhunger. Mein Magen knurrt so laut, dass sogar die Leute auf der Straße das Geräusch hören und sich irritiert umschauen. Ah, da! Nicht weit entfernt entdecke ich ein Selbstbedienungsrestaurant, in dem sich viele Menschen tummeln. Ich gehe hinein und werfe einen Blick auf die Bilder hinter der Theke, wo die angebotenen Speisen abgebildet sind. Sie sehen alle so fremd aus und haben Namen, die ich noch nie zuvor gehört habe. Da helfen mir auch meine guten Spanischkenntnisse nicht weiter. Ich entscheide mich für gegrillte Hähnchenschenkel mit gekochtem Gemüse, und zur Krönung gönne ich mir »Milhojas« – auf Deutsch: tausend Blätter. Die Kalorienbombe aus Blätterteig ist mit »Dulce de leche«, einem cremigen Mix aus Milch, Zucker und Vanille, gefüllt. Mmmh, so lecker! Ich könnte mich reinsetzen.

Gesättigt gehe ich meines Weges und steuere mein letztes Ziel des Tages an: den 3.152 Meter hohen Cerro de Monserrate. Bequem lasse ich mich von der Seilbahn nach oben auf den Berg bringen. Die Aussicht über Bogotá ist atemberaubend. Wie die Hochebene auf 2.650 Metern, auf der die Stadt gebaut wurde, wohl ausgesehen haben mag, bevor hier unzählige Häuser entstanden sind? Ich schließe die Augen und versuche, sie mir ohne Gebäude, Straßen, Autos und die vielen Menschen darin vorzustellen. Mit nur wenig Mühe sehe ich Wälder, Wiesen, Felder und kleine Dörfer vor mir, rieche die herrlich frische Luft und höre den Wind, der mir um die Nase weht.

Ich mache die Augen wieder auf. Von Pilgerscharen, die dem weiß getünchten Kloster mit der wundertätigen Statue des »Gefallenen Christus« ihre Ehre erweisen, ist heute nichts zu sehen. Außer mir sind an diesem Samstagnachmittag nur noch wenige Leute unterwegs. Ich lasse die Weite auf mich wirken und gebe mir viel Zeit, um meinen Aufenthalt in luftiger Höhe zu genießen. Wo ich mich vorhin im Museo Botero so angestellt habe, um ja keinen Umweg zum offiziellen Ausgang machen zu müssen, verspüre ich jetzt richtig Lust, den längsten Weg zu wählen und durch die Natur zurück in die Stadt zu wandern. Gemütlich schlendere ich die asphaltierte Straße, die vom Gipfel hinabführt, ein Stück nach unten. Schön ist es hier. Aber Moment! Unvermittelt halte ich inne und schaue mich irritiert um. Kein anderer Mensch scheint in dieselbe Richtung gehen zu wollen wie ich. Ich bin plötzlich komplett allein. Ein merkwürdiges Gefühl beschleicht mich. Es ist schwer zu beschreiben. Es kommt aus dem Nichts und macht sich wie ein fetter Klumpen in meinem Bauch breit. Zu gern wäre ich weiter durch den Wald hinab in die Stadt gelaufen. Stattdessen höre ich auf mein mulmiges Bauchgefühl und tue etwas, das sehr ungewöhnlich für mich ist. Ich lasse es bleiben und kehre um. Schnaufend gehe ich den Weg zurück zur Seilbahn, von der ich mich auf direktem Wege sicher nach unten bringen lasse.

Auf dem Weg zurück zur Casa Platypus bleibe ich an einem Souvenirgeschäft stehen. Zögerlich betrete ich den kleinen Laden. Am ersten Tag will ich auf keinen Fall etwas kaufen – nur mal schauen. Mein Gepäck ist schon schwer genug. Aber was soll ich machen? Ein kleines rotes Wandtellerchen aus Holz, auf dem das weiße Kloster von Monserrate vor einer farbenfrohen Landschaft abgebildet ist, gefällt mir. Es ist so leicht. Von wegen nichts kaufen! Ich nehme es, ohne zu zögern, als Erinnerungsstück mit.

Als ich die sympathische Kassiererin beim Bezahlen, um ganz sicher zu sein, noch mal nach dem Weg zu meinem Gasthaus frage, verwickelt sie mich in ein Gespräch. »Woher kommen Sie, und was machen Sie in Bogota? Sind Sie allein?«

Ich antworte mit :»Ja.«

Darauf entgegnet sie nachdenklich: »Wir sehen hier sonst keine allein reisenden Frauen. Stattdessen kommen viele Gruppen aus der ganzen Welt in unser Geschäft. Haben Sie keine Angst, allein zu reisen?«

Die Frage wird mir nicht zum ersten Mal gestellt, und ich antworte wie immer: »Wovor soll ich denn Angst haben? Solange die Menschen freundlich und respektvoll mit mir umgehen, habe ich dazu keinen Grund. Und ich passe gut auf mich auf.«

Sie nickt beistimmend, und ich freue mich über ihr schmeichelndes Interesse. Da ich nicht in Eile bin, genieße ich den kleinen Plausch. Nicht nur tiefsinnige Gespräche mit den Einheimischen anderer Länder haben das Potenzial, lange in Erinnerung zu bleiben. Auch ein kurzer Wortwechsel kann einen bleibenden Eindruck hinterlassen und wie ein Geschenk mit nach Hause genommen werden. Je mehr ich mit Menschen kommuniziere, desto besser kann ich sie verstehen. Je besser ich sie verstehe, desto mehr kann ich mich in sie einfühlen. Je besser ich mich in sie einfühlen kann, desto wohler fühle ich mich selbst in ihrer Gesellschaft und in einem fremden Land. Gute Verständigung erleichtert so vieles.

Ich will mich gerade verabschieden, da fragt die Verkäuferin: »Wollen Sie noch das andere Geschäft sehen?«

»Anderes Geschäft?« Ich habe keine Ahnung, worauf sie hinauswill, und wollte eigentlich zurück zu meiner Unterkunft. Aber da öffnet neben der Kassentheke schon eine andere junge Frau, die wie aus den Nichts aufgetaucht ist, eine unscheinbare graue Tür für mich. Das Angebot jetzt auszuschlagen, wäre unhöflich. Zögernd trete ich näher und gehe durch die Tür. Wer hätte das gedacht? Selten bin ich im Leben so überrascht worden. Mir verschlägt es die Sprache.

Wo bin ich denn hier gelandet?, denke ich erstaunt, während hinter mir die Tür leise knarzend wieder geschlossen wird. Ich komme mir vor wie in einer Schatzhöhle. Vor mir liegt ein lichtdurchfluteter Raum voll mit grün und golden glänzender Pracht, so weit das Auge reicht. Unzählige wunderschöne Smaragde werden als geschliffene

Einzelobjekte oder in Schmuckstücke gefasst in blitzsauber polierten Glasvitrinen zum Verkauf angeboten. Mehrere Angestellte kümmern sich in aller Seelenruhe mit gedämpften Stimmen um ihre offensichtlich gut betuchten Kunden. In meiner ollen verwaschenen Jeans komme ich mir völlig fehl am Platz vor und schäme mich fast ein wenig. Dennoch werde ich überaus zuvorkommend behandelt: Ein Angestellter gibt mir Erklärungen zu den Fundorten und dem Abbau der Edelsteine, denen ich fasziniert lausche. Smaragde werden nach ihrer chemischen Zusammensetzung den Beryllen zugeordnet. Ihre grüne Farbe entsteht durch Chromoxid. Und sie sollen sogar noch seltener vorkommen als Diamanten? Krass!

Ich nehme mir ausgiebig Zeit, um mir die Schmuckstücke genau anzuschauen. Einen besonders geschmackvollen Goldring schiebe ich so behutsam über meinen Finger, als könnte er jeden Moment zerbrechen. Ebenso vorsichtig wende ich das kleine Zettelchen, das an ihm befestigt ist, und erkenne mit leichtem Silberblick, weil die Zahl darauf so klein geschrieben ist, den Preis. Mir schießt die Röte ins Gesicht. Die stolze Summe beläuft sich auf mehrere Tausend Deutsche Mark. Noch nie zuvor habe ich ein annähernd so wertvolles Schmuckstück an meinem Körper getragen. Mit einem tiefen Seufzer versuche ich, den Ring wieder abzuziehen. Er mag nicht. Obwohl ich nicht unsichtbar geworden bin, erinnere ich mich an das fantastische Buch *Der Herr der Ringe*. Vor einigen Jahren habe ich es ganz begeistert auf Spanisch gelesen. Ich halte meinen Finger nach unten und schiebe den Ring mit einer langsamen Drehbewegung abwärts über den empfindlichen Knöchel. Ehe ich mich versehe, gleitet er ganz leicht von meiner Hand. Flinke Finger nehmen ihn entgegen. Schwuppdiwupp liegt er wieder unerreichbar für mich hinter einer Glasscheibe. Ein so wertvolles Schmuckstück werde ich in Zukunft sicherlich nur in meinen kühnsten Träumen tragen.

Zwar nicht um ein Schmuckstück reicher, dafür aber um eine tolle Lebenserfahrung bereichert, verlasse ich beschwingt das unscheinbare Souvenirgeschäft. Draußen bietet die Natur ein wunderbares Schauspiel. Das habe ich so noch nicht erlebt, obwohl ich schon viele Sonnenuntergänge an ganz verschiedenen Orten gesehen habe. Glutrot steht der große Feuerball am Himmel und wird langsam von den schwarzen Bergen verschluckt. Über der brodelnden Stadt nimmt der Himmel die Farben eines lodernden Kaminfeuers an. Gleichzeitig fröstelt es mich. Es ist höchste Zeit, zurück zu meiner Unterkunft zu gehen. Für heute habe ich genug erlebt und gesehen.

Apropos sehen: Hier ist es jetzt aber duster. Die Baustelle vom Morgen, an der ich nun wieder vorbeimuss, ist so schlecht beleuchtet, dass ich fast gar nichts mehr sehe. In meinem kleinen Tagesrucksack krame ich hektisch nach meiner Taschenlampe und finde sie mal wieder nicht. Na toll! Die liegt bestimmt auf dem Zimmer. Vorsichtig taste ich mich Schritt für Schritt auf dem unebenen Boden an der Baustelle vorbei. Jetzt bloß nicht umknicken. Meine Füße haben mir heute wieder hervorragende Dienste geleistet. Dafür danke ich ihnen. Und ich will, dass das auch weiterhin so bleibt.

Endlich stehe ich vor dem Eingang zur Casa Platypus und drücke auf den Klingelknopf. Über mir hat eine Kamera ihre sicher versteckte Linse auf mich gerichtet. Ich setze ein honigsüßes Lächeln auf. Die wuchtige Holztür summt. Schnell drücke ich sie auf und trete ein. Jetzt stehe ich in einem Käfig – vor mir befindet sich eine gusseiserne Gittertür. Links und rechts ragen steile Wände empor. Erneut ertönt ein leises Summen. Geschafft – ich stehe im Innenhof.

Bevor ich mich für die nächste kalte Nacht im Bett verkrieche, begebe ich mich in den Gemeinschaftsraum und entdecke dort ein großes Gästebuch. Neugierig durchblättere ich die leicht zerfledderten, nicht mehr ganz so weißen Seiten. Mein Blick bleibt an einem längeren englischen Text hängen. Der Gast schreibt etwas von einem Überfall am Monserrate, von dem ich soeben zurückgekommen bin. Die Zeilen lassen mich erschauern. Schlagartig fühlen sich meine Beine an wie Gummi. Ich muss mich setzen.

Wie von einem Krimi gefesselt, lese ich im Sitzen weiter in dem harmlos aussehenden Gästebuch. Das war nur der Anfang. Die Einträge werden immer brisanter. Ständig stoße ich auf neue Warnungen von Männern unterschiedlichster Nationalitäten. Sie alle schildern ihre Erlebnisse am Klosterberg, die meist ähnlich abliefen: Sie alle wurden beim Hinablaufen des Cerro de Monserrate von Einheimischen überfallen und mit Messern oder gar Schusswaffen bedroht. Der schwarz auf weiß vor mir liegende Erfahrungsaustausch ist ein wichtiges Stück Information, das Leben retten kann. Ich beschließe: In Zukunft werde ich in jeder neuen Unterkunft erst einmal einen Blick ins Gästebuch werfen.

An der Touristeninformation und auch von niemandem im Haus habe ich im Vornherein etwas über die Lage am »Hausberg« erfahren. Warum eigentlich nicht? Es ist doch wichtig – gerade für mich als allein reisende Frau. Wobei die Männer sich diese lebensbedrohlichen Erlebnisse sicher auch gern erspart hätten. In anderen Unterkünften habe ich schon oft von hilfsbereiten Angestellten Warnhinweise bekommen, ohne danach fragen zu müssen. Denn ich kann nicht immer alles wissen – auch wenn ich vor jeder Reise bemüht bin, mich über Land, Leute, Tiere und Pflanzen schlauzumachen. Für die paar Tage in Kolumbien habe ich diesmal keinen Reiseführer mitgenommen. Vielleicht hätte der mich vorab aufgeklärt. In der Tat wusste ich nichts davon, dass um den Berg herum regelmäßig ahnungslose Menschen überfallen werden.

Nachdenklich lege ich mich nach einem abwechslungsreichen ersten Tag in Bogotá mit gemischten Gefühlen schlafen. Ich streichle über meinen Bauch, dem ich für seine intuitive Reaktion dankbar bin. Er hat mich heute gut beschützt. Morgen werde ich ihn dafür belohnen – mit einem weiteren leckeren Milhoja.

Lebensbedrohliche Notlage

Dezember 2000

Es ist früher Abend auf Martinique, und ich sitze in der Hauptstadt Fort-de-France auf einem Hochstuhl aus Holz am Tresen der Bar, die zu meinem Hotel gehört. Draußen ist es längst dunkel, während hier drinnen gedämpftes Licht auf die an der Wand aufgereihten rauen Mengen alkoholischer Getränke fällt. Ich entdecke sogar eine Flasche Blue Curaçao, das in meiner Jugend so viele gern getrunken haben. Diese blaue Flüssigkeit hatte ich völlig vergessen. Soll ich vielleicht, um der alten Zeiten willen ...? Aber am Ende bestelle ich mir dann doch nur das typische schwarzbraune Gesöff – eine große Cola ohne Eis und Zitrone.

Da Martinique zu Frankreich gehört, bezahle ich alles in französischen Francs. Es ist merkwürdig, so weit weg von unserem Nachbarland auf einer Tropeninsel mit französischen Münzen und Scheinen zu hantieren. Zur Musik von Jean-Jacques Goldman, die aus einem silbernen CD-Player kommt, träume ich vor mich hin. Ich gebe ja zu, zwei Tage sind wenig für die wohl bekannteste Insel der Französischen Antillen. Dennoch ist ein kurzer Besuch besser als keiner. Und heute habe ich schon einiges auf dem vulkanischen Eiland erlebt:

Am Morgen bin ich am Fort St. Louis, einer aktiven Militärbasis, vorbei- und durch den Park La Savane spaziert, habe an blühenden Pflanzen gerochen, fremde Blätter und

Baumrinden betastet und mir eine gerade abgefallene, intensiv riechende Frangipani-Blüte hinters Ohr gesteckt, um mich wie ein Flowerpower-Mädchen zu fühlen. Gegen Mittag fuhr ich in einem Minibus am Meer entlang nach Saint-Pierre, das auch das »Venedig der Tropen« genannt wird. Ich wanderte durch den Ort neben dem nur sieben Kilometer entfernten Vulkan Montagne Pelée, aus dem sich vor fast hundert Jahren eine zweitausend Grad heiße Glutlawine ergoss und die damalige Inselhauptstadt in Schutt und Asche legte. Am nahen Strand legte ich eine Pause ein und ließ mir nachdenklich den weichen schwarzen Sand durch die Finger rieseln. Ein paar Stunden später raste ich mit einem anderen Minibus auf der kurvigen Department-Straße D1 ins Fischerdorf Trinité, wo ich zu Fuß durch die Straßen schlenderte und mir auf der Terrasse eines Restaurants gegrillten Fisch mit Süßkartoffeln schmecken ließ. Um mich herum sausten Kolibris durch die Luft, die ihre langen Schnäbel in die vier knallroten Plastik-Blütentrichter einer künstlichen Futterstelle steckten, während sie lautlos auf der Stelle schwebten.

In Gedanken versunken nippe ich an meiner Cola. Inzwischen haben sich ein paar Franzosen neben mich gesetzt. Unkompliziert kommen wir ins Gespräch. Ein paar von ihnen leben auf Martinique, die anderen wiederum haben hier oft geschäftlich zu tun. Da ich für den nächsten Tag noch nichts geplant habe, lasse ich mir einige Tipps von ihnen geben. Im Norden der Insel gibt es ein Bananen-Museum, von dem ich nichts wusste. Ich liebe Bananen, und hier sollen ganze sechzig von den erstaunlichen dreihundert verschiedenen Bananensorten, die es auf der Welt gibt, zu sehen sein. Leider fährt kein öffentlicher Minibus in die Nähe des Museums. Ich müsste mir für eine Stange Geld ein Auto mieten – lohnt sich dieser Aufwand nur für die Bananen?

Als ich am nächsten Morgen aus dem Fenster schaue und sehe, dass es in Strömen regnet, ist die Entscheidung schnell gefallen. Bei diesem Wetter will ich nicht Auto fahren – also kein Museum. Lieber will ich zu Fuß weiter die Insellandschaft erkunden. Tropischer Regen lässt die Temperaturen nicht so stark abfallen. Es bleibt weiterhin schön warm. Da ich ohne Regenschirm reise, bekomme ich ein dunkelgrünes, faltbares Modell kostenlos vom Hotel geliehen.

Mit der Fähre lasse ich mich von der Hauptstadt durch die große Bucht Baie de Fort-de-France innerhalb von zwanzig Minuten nach Pointe du Bout – einer kleinen Halbinsel in Form eines Ypsilons – bringen. Hier befinden sich der meistfrequentierte Jachthafen und die drei größten Hotelanlagen von Martinique. Preislich würde ich mir keins davon auch nur für eine Nacht leisten wollen, aber ich gönne es denen, die es können. Völlig neidlos schaue ich auf die trutzigen Gebäude, die kostspieligen Jachten, die leeren Sandstränder und freue mich darüber, nach meiner Abreise von Martinique morgen noch eine Woche auf weiteren Inseln in der Ferne zu Hause sein zu dürfen.

Entlang einer wenig befahrenen Straße gehe ich durch bewaldetes Gebiet einen Berg hinauf. Gelegentlich bietet sich mir zwischen den Bäumen eine wolkenverhangene Aussicht auf die hügelige Landschaft und die riesige Bucht mit den verschwommenen Häusern der Hauptstadt im Hintergrund. Inzwischen hat es aufgehört zu regnen, und ich verstaue den Regenschirm im Rucksack. Schon länger bin ich nicht mehr bergauf gelaufen. Ich gerate ganz schön außer Puste. Und dann … Fast hätte ich sie links unter den dunklen Bäumen gar nicht bemerkt: Vier kleine schwarzbraune Pferde stehen plötzlich nur ein paar Meter von mir entfernt an der Straße – ganz ohne Zaun.

Ich halte einen Moment inne, um die Idylle zu genießen und ihnen beim Fressen zuzuschauen. Gleichzeitig heben alle ihre Köpfe und blicken neugierig zu mir hinüber. Oder besser: Drei von ihnen, denn ein Tier, das etwas weiter von mir entfernt neben einer Reihe von Büschen steht, reagiert nicht und verharrt stattdessen in einer merkwürdig gekrümmten Haltung. Mich beschleicht ein mulmiges Gefühl. Ich habe so viel Zeit meines Lebens mit Pferden verbracht und weiß: Hier ist etwas nicht in Ordnung! Obwohl ich eine Fremde bin und die Tiere mich im Grunde nichts angehen, kann ich nicht einfach weitergehen.

Langsam nähere ich mich dem Tier, während ich es die ganze Zeit im Auge behalte, um zu sehen, ob es sich nicht doch noch bewegt. Dabei muss ich aufpassen, auf dem dunklen, unebenen Boden nicht zu stolpern und der Länge nach hinzuschlagen. Das Pferd verharrt noch immer regungslos. Sein Hals ist seltsam verrenkt, und sein Kopf liegt mit dem Maul fast an der Brust.

Erst als ich fast vor dem Vierbeiner stehe, sehe ich, was er angestellt hat. Der Wallach trägt ein altes, viel zu eng anliegendes Lederhalfter, an dem durch einen Ring unter dem Kinn eine mehrere Meter lange, leicht rostige Kette verläuft. Diese hat sich fest um das Fesselgelenk des rechten Hinterbeins des Pferdes gewickelt, verläuft straff gespannt durch seine Vorderbeine hindurch und zieht so seinen Kopf in einem seltsamen Winkel nach unten. Mit einer ruckartigen Kopfbewegung nach oben würde das Tier sich das gefesselte Hinterbein unter seinem Körper nach vorn wegreißen. Dass es auf drei Beinen stehen bleiben könnte, ist unwahrscheinlich. Und auch dass die Kette sich bei diesem Manöver vom Bein lösen und es freigeben würde, wäre ein glücklicher Zufall. Wahrscheinlicher wäre, dass der Wallach, immer noch in die Kette verheddert, auf die Seite fallen und sich dabei alles Mögliche brechen würde.

Mit sanfter Stimme rede ich leise auf Französisch auf ihn ein und damit gleichzeitig auch mir gut zu – schön ruhig bleiben! Ich hoffe nur, dass das Pferd sich nicht vor mir erschreckt und womöglich Panik bekommt. Die Lage ist lebensgefährlich. Eine falsche Bewegung könnte fatal sein.

In meinem Kopf raucht es wie in einem aktiven Vulkan. Er ist voller siedend heißer Gedanken, wie ich das arme Tier aus seiner misslichen Lage befreien könnte. Die Schnalle am Halfter unterhalb der Ohren ist alt und rostig. Sie macht auf mich nicht den Eindruck, als wäre sie leicht zu öffnen. Und selbst wenn ich sie irgendwie aufbekäme ... danach das Halfter vom Kopf fallen zu lassen, ginge in der angespannten, verdrehten Haltung leider auch nicht. Nein, das ist viel zu gefährlich! Allein schon der Versuch könnte das Fluchttier in Panik versetzen. Dann wäre alles zu spät. Genauso unmöglich ist es für mich, die Kette am Hinterbein zu lockern. Auch das ist viel zu gefährlich. Der Wallach, der in seiner verkrampften Haltung unbeweglich wie eine Statue dasteht, tut mir mit jeder Sekunde mehr leid. Das muss für ihn eine Qual sein. Ich versuche, den armen Kerl auf keinen Fall nervös zu machen. Seltsamerweise bin ich nach außen hin total ruhig, lediglich in meinem Inneren tobt der Kampf, so schnell wie möglich die richtige Entscheidung zu treffen.

Dummerweise verläuft die Kette in die andere Richtung ebenso straff gespannt. Irgendwo im Pflanzengestrüpp geht sie in einen dünnen Strick über, der wiederum so gut verknotet und mehrfach um lange Pflanzenstängel gewickelt ist, dass ich ihn unmöglich lösen kann. Dafür habe ich keinen Spielraum, denn den Wallach einfach nach vorn schieben und so die Kette samt Strick lockern kann ich ja auch nicht.

Zum ersten Mal in meinem Leben möchte ich ein Pferd nicht anfassen. Jede Bewegung, die ich mache, kann falsch sein und das Tier das Leben kosten. Ich sehe nur eine einzige Lösung, um es aus seiner Notlage zu befreien: Ich brauche dringend Hilfe und einen scharfen Gegenstand – allein kriege ich das nicht hin!

Ich gehe die paar Meter zurück zur Straße und versuche, durch Winken eins der vorüberfahrenden Autos anzuhalten. Fehlanzeige. Es will einfach keins stehen bleiben. Ich bin verzweifelt und könnte laut fluchen: »Mist! Pferdeäppel!« Das dauert einfach alles viel zu lange ...

Ich renne los. Natürlich nicht, um mich aus der Verantwortung zu stehlen! So feige könnte ich nie sein. Was auch geschehen mag, da muss ich jetzt durch. Ich hoffe nur, ich tue das Richtige. Im Vorbeilaufen habe ich doch eben ein paar Häuser am Ende einer Seitenstraße gesehen. Dorthin laufe ich jetzt, so schnell ich kann. Erst ein Stück den Berg hinab, um die Ecke, und dann noch schneller weiter bergab. Schon von Weitem sehe ich einen Menschen. Mit winkenden Armen rufe ich dem kleinen rundlichen Mann mittleren Alters, dem eine Brille auf der Nase sitzt, völlig außer Atem zu: »Monsieur! Monsieur! Bitte helfen Sie mir! Da oben ist gerade ein Pferd dabei, sich umzubringen. Wir brauchen ein großes Messer!«

Effektiver kann ich in all der Aufregung die Geschichte vom selbstmordgefährdeten Ross auf Französisch nicht in Worte fassen. Entsetzt schaut mich der Mann eine Schrecksekunde lang an. Jedoch scheint er mich verstanden zu haben und reagiert sofort. Er rennt in seinen Schuppen und kommt wenige Sekunden später mit einer gebogenen, blitzblank polierten Machete bewaffnet wieder heraus. Ich wusste nicht, wie riesig so ein Hackgerät sein kann, das früher zum Schneiden von Zuckerrohr verwendet wurde.

Zusammen eilen wir die Straße hinauf. »Ich danke Ihnen! Es ist gleich um die Ecke!« Die vergangenen Minuten kamen mir wie eine Ewigkeit vor. Ich schicke ein Stoßgebet zum Himmel: Bitte lass den Wallach nicht umgefallen sein!

Als wir ankommen, hat er tatsächlich noch alle vier Hufe auf der Erde. Mir fällt ein solcher Felsbrocken vom Herzen! Mein Helfer versteht beim Anblick dieses ungeschickten »Fesselungskünstlers« sofort, was zu tun ist, und macht sich ans Werk. Mit mehreren kräftigen Machetenhieben durchtrennt er sämtliche Pflanzenstängel unterhalb des Stricks. Ich stehe ganz ruhig neben dem Pferd und halte die Kette unter seinem Kopf fest, damit sie durch die Hiebe nicht hin- und herwackelt und den Vierbeiner am Ende doch zu einer plötzlichen falschen Bewegung verleitet. Er bekommt auch jetzt keine Panik und bleibt weiterhin erstaunlich ruhig, wie benommen, neben mir stehen. Als ob er genau wüsste, wie er sich verhalten muss, lässt er alles geduldig über sich ergehen.

Mit jedem Machetenschlag gibt die gespannte Kette etwas mehr nach und ist nun wieder locker. Endlich kann das Pferd seinen Kopf vorsichtig wieder nach oben heben. Was in ihm wohl vorgegangen sein muss? Erst jetzt traue ich mich, seinen Hals und seinen Kopf zu streicheln. Meine Anspannung der letzten Minuten weicht mit der Berührung des warmen Fells einer unsagbaren Erleichterung. Meine Augen füllen sich mit Wasser. Vor Freude möchte ich laut jubeln.

Ich danke meinem Helfer überschwänglich und bitte ihn, dem Pferdebesitzer Bescheid zu sagen. Er nickt und schüttelt die abgehackten Pflanzenteile aus der Schnur, legt sie mir zusammen mit der Kette in die Hand und bedankt sich ebenfalls bei mir. Dann geht er den Berg hinab und überlässt mir vertrauensvoll alles Weitere.

Ich halte den Strick mit der langen Kette in der Hand und mache mich vorsichtig daran, das rechte Hinterbein des Pferdes zu befreien. Ich schaue es mir genauer an. Äußerlich sind keine Verletzungen zu sehen und geschwollen ist es auch nicht. Dennoch fühlt es sich viel zu heiß an. Auch als ich mit meiner Hand das Bein berühre, zuckt der Wallach nicht zusammen oder wehrt sich. Ich hoffe, er hat keine Schmerzen. Zu gern würde ich das Bein kühlen. Leider sehe ich nichts, womit ich das tun könnte. Ein Bach, in den ich das Pferd kurzerhand hineinführen könnte, ist mir nicht aufgefallen. So suche ich nach einer guten Stelle, wo ich den braven Kerl wieder anbinden kann. Kaum mache ich einen Schritt von ihm weg, folgt er mir sofort bereitwillig. Ich schaue, ob er lahmt, aber er geht normal. Hoffentlich hat die Sehne durch den Druck der Kette keinen Schaden genommen. Ich binde ihn so an einen Strauch an, dass sich der Strick mit einem schnellen Ruck lösen lässt, und beobachte ihn noch eine Weile beim Fressen. Die Welt scheint für das Pferd wieder in Ordnung zu sein – und so auch für mich. Leichten Fußes – wie von einer schweren Bürde befreit – mache ich mich wieder auf den Weg und gehe weiter bergauf die Straße entlang. Es hatte wohl seinen Grund, dass ich heute nicht zum Bananen-Museum gefahren und stattdessen als Retterin in der Not zur richtigen Zeit am richtigen Ort gewesen bin.

Auf dem Dach der Welt

März/April 2003

Schon lange hegte ich den Wunsch, auf der Arbeit ein Sabbat-jahr einzulegen, um für längere Zeit am Stück um die Welt zu reisen. Wäre mir mein Wunsch gewährt worden, wäre diese Zeit in wenigen Wochen vorbei. Doch von der Personalchefin und meinem Chef bekam ich eine Absage. Mit der folgenden Entscheidung hadere ich lange. Ich treffe sie nicht einfach so von heute auf morgen. Es ist ein schleichender Prozess, in den viele Faktoren einfließen. Viele meiner Freunde haben längst geheiratet und mittlerweile Nachwuchs. Das gönnte ich ihnen von ganzem Herzen. Aber als Singlefrau ohne Geschwister, Tanten, Onkel und Vater, den ich vor Jahrzehnten das letzte Mal gesehen habe, fühlte ich mich immer einsamer. Zu allem Übel werde ich im Büro seit einiger Zeit auch noch von ein paar Kolleginnen gemobbt. Unter diesen Umständen treffe ich die schwierigste Entscheidung meines bisherigen Lebens: Nach 14 Jahren Firmenzugehörigkeit reiche ich meine Kündigung ein.

Monatelang plane ich akribisch meinen Abschied, bis es tatsächlich kein Zurück mehr gibt. Ich weiß: Ich muss raus aus diesem bedrückenden Alltag, in dem ich mich wie eine Gefangene meiner selbst fühle. Ich nehme mir die Freiheit, vorerst nur noch mir selbst gerecht zu werden. Im Wonne-monat Mai ist es so weit – ich bringe meinen letzten Arbeits-tag hinter mich. Jetzt habe ich so viel Zeit für die Welt, bis meine Ersparnisse aufgebraucht sind. Das wird hoffentlich noch eine Weile dauern.

Nur zwei Tage später geht es los. Zuerst mit dem Zug nach Dresden, dann mit Bus und Bahn durch Osteuropa weiter bis Griechenland und nach gut vier Monaten über Albanien, Mazedonien, Serbien und Ungarn schließlich wieder zurück nach Hause. Kaum zu Hause angekommen, geht es zwei Wochen später auch schon weiter: In Vietnam, Kambodscha und Laos komme ich wochenlang mit zwölf bis 15 Euro pro Tag aus – Unterkunft, Transport, Essen und Sehenswürdigkeiten, alles inbegriffen. Dabei habe ich nie das Gefühl, dass mir etwas fehlt, außer natürlich die Freunde in der Heimat, mit denen ich das Abenteuer nicht teilen kann. Wie soll es mit mir nach dieser Reise weitergehen? Wann wird sie zu Ende sein? Deswegen mache ich mich jetzt nicht verrückt und schiebe den Gedanken schnell wieder weg.

Vor ein paar Jahren habe ich mir mein Leben noch völlig anders vorgestellt. Zu gern hätte ich eine andere Version davon gehabt – mit Mann und Kindern. Meinen Sehnsuchtswunsch, eines Tages eine Familie zu gründen, habe ich noch nicht ganz aufgegeben. Ein Quäntchen Hoffnung besteht für mich mit meinen 37 Jahren immerhin noch. Aber danach aussehen tut es nicht. Wenn es trotz unzähliger Begegnungen nah und fern nicht sein soll, dann muss ich mich leider damit abfinden. Liebe lässt sich nicht erzwingen.

So gehe ich weiter meinen für eine Frau eher ungewöhnlichen Lebensweg und tue, was mich glücklich macht. Ich reise, reise, reise. Bald bin ich schon fast ein Jahr auf eigene Faust unterwegs. Für das nächste Reiseziel muss ich mich jedoch einer Gruppe anschließen. Sonst dürfte ich den isoliertesten

Großraum Asiens überhaupt nicht betreten. In einem kleinen Reisebüro in Kathmandu, der Hauptstadt Nepals, wo ich mich gerade befinde, buche ich den nächsten Trip. Zwei Wochen später geht es los in das ausgedehnteste, abgeschlossenste und höchstgelegene Hochland der Erde: Tibet.

Sobald es morgens gegen sechs Uhr hell wird, werden wir alle nacheinander in unseren Unterkünften abgeholt. Mit fünf weiteren Frauen, vier Männern und unserem nepalesischen Fahrer fühle ich mich auf Anhieb in guter Gesellschaft. Wir sind ein internationales Grüppchen aus England, Australien, Italien und Brasilien mit mir als der einzigen Deutschen. Altersmäßig sind wir alle in unseren Dreißigern und bis auf ein englisches Paar und zwei Freundinnen alle Alleinreisende. Während der Fahrt unterhalten wir uns rege darüber, woher wir kommen und wohin wir nach dieser Reise noch wollen. Die gute Stimmung auf unserer Tour nach Lhasa hat eine an- steckende Wirkung – alle sind bester Laune und freuen sich auf das, was kommt.

Anfangs fahren wir durch das auf 1.340 Metern Höhe gelegene Kathmandutal. Je weiter wir uns von Nepals Haupt- stadt entfernen, desto schlechter befestigt ist die rege von Lastwagen, Bussen, Autos und Karren befahrene Landstraße, auf der wir eine Strecke von etwa 150 Kilometer durch die Hochebene zurücklegen. Unser Weg führt uns durch die wunderschöne grüne Landschaft vorbei an unzähligen von Kleinbauern bewirtschafteten Terrassenfeldern bis zur Grenze bei Kodari. In alten Zeiten war dies der Ausgangspunkt für die Karawanen durch den Himalaya. Wie beschwerlich muss das Vorankommen in der gar nicht so weit zurückliegenden

Vergangenheit gewesen sein. Und wie bequem haben wir es verglichen dazu heute!

Das letzte Stück des Weges vor der Grenze führt uns zuerst abwärts, wo wir über eine Brücke den rauschenden Kodari-Fluss überqueren, und dann auf der anderen Seite wieder nach oben. Dass wir uns der Grenze nähern, ist jetzt deutlich zu erkennen. Schon weit vor dem Grenzposten ist die Straße mit Bretterbuden, Obstständen und kleinen Garküchen gesäumt, an denen farbenfroh gekleidete Menschen unter der warmen Sonne Nepals um die Preise feilschen. Auch wir legen eine Pause ein und gehen gemeinsam essen.

Bis danach die Grenzformalitäten erledigt sind, dauert es ein Weilchen. Einige Fahrer und Fahrzeuge sind vor uns an der Reihe. Die Aus- und Einreise verläuft glücklicherweise reibungslos. Genau zwei Stunden und 15 Minuten müssen wir die Uhr im autonomen Gebiet Tibet jetzt vorstellen. In der gesamten Volksrepublik China gibt es nur eine einzige Zeitzone, die sich nach der Hauptstadt Peking richtet.

In Tibet angekommen, schlängelt sich die unbefestigte Piste, auf der wir mit unserem Bus fahren, in Serpentinen nun immer weiter nach oben. Die saftig-grüne Landschaft weicht grau-braunen, teilweise mit Schnee bedeckten Berghängen voller Geröll, die uns bald von allen Seiten umschließen. Nur ein kleines Stück blauer Himmel ist noch zu sehen. Die Sonne hat sich hinter den schneebedeckten Gipfeln versteckt. Die Temperatur sinkt merklich. Kein Mensch und kein Tier sind weit und breit mehr zu sehen. Nur ein paar Lastkraftwagen kommen uns gelegentlich durch den Schneematsch entgegen. Vor ein paar Tagen, Ende März, war die Strecke noch geschlossen. Wir wissen unser Glück zu schätzen.

Nach über zwei Stunden langsamer Fahrt erreichen wir den von der Grenze rund vierzig Kilometer entfernten, etwa fünfzehntausend Einwohner zählenden Ort Nyalam auf 3.750 Metern Höhe. Mit seinen Betonhäusern und unbefestigten matschigen Straßen mit den vielen großen Pfützen macht er auf uns einen eher trostlosen Eindruck. Es scheint, als sei er im Laufe der Zeit vom Rest der Welt vergessen worden. Auf mich wirkt dieser Ort noch viel ärmer als die Dörfer, die ich in Nepal gesehen habe. Jetzt haben wir Frühling. Wie muss das Leben im Schatten der Berge hier im Winter sein? Ich kann es mir auch mit blühender Fantasie nicht vorstellen.

Bis auf den Fahrer übernachten wir alle in einem gut beheizten Raum in einer Herberge außerhalb des Ortes. Die einfachen Betten aus Holz sind jeweils einen Meter breit. Die fleckige Bettwäsche scheint seit längerer Zeit nicht mehr gewechselt worden zu sein. Die dicke Decke riecht muffig. Ungeziefer mache ich auf Anhieb zum Glück keins ausfindig. Jetzt kommt mein leichter Jugendherbergsschlafsack wieder zum Einsatz. Es handelt sich dabei um ein einfaches Laken, das praktisch umgenäht wurde. Oben ist ein Einsatz für ein kleines Kopfkissen und unten krieche ich zum Schlafen hinein. So komme ich nicht unmittelbar mit dem schmuddeligen Bettzeug in Berührung und kann wohlig ins Traumreich entschlummern.

Am nächsten Morgen fahren wir früh weiter auf der unbefestigten Piste über den 5.150 Meter hohen Kuti-Pass. Wir dürfen aussteigen und uns die Beine vertreten. Ich kann mich nicht erinnern, jemals so hoch oben gewesen zu sein. Knapp über viertausend Meter über dem Meeresspiegel lag der höchste Ort, an dem ich vor fast genau drei Jahren in Bolivien gewesen bin. Es ist warm in der Sonne, etwa 18 Grad, und ein laues Lüftchen weht. Ich laufe nur ein paar Schritte, aber schnaufe, als wäre ich hundert Meter gerannt – ganz schön dünne Luft hier! Ein paar Gruppenmitglieder klagen über Kopfschmerzen. Ich wundere mich, trotz Eisenmangel von diesen Beschwerden verschont zu bleiben. Auf jeden Fall trinke ich hier oben viel Wasser.

Wenige Meter von der Fahrbahn entfernt hängen an ein paar Pfählen tibetische Gebetsfahnen von einer Leine herab. Auf ihnen finden sich die Farben Blau für Leere (Raum, Himmel), Weiß für Luft (Wolken, Wind), Rot für Feuer, Grün für Wasser und Gelb für Erde. Die von Wind und Wetter zerrupften und mit Mantras, Symbolen und Gebeten bedruckten Fahnen werden von den Anhängern des tibetischen Buddhismus dem Himmel dargebracht. Die Gebete sind nicht für sie selbst bestimmt. Sie mögen allen im Universum Frieden, Glück und Weisheit bringen.

Vor uns liegt eine schier endlose Steinwüste voll mit bizarr aussehenden, wie zu kleinen Salzsäulen geformten Schneeverwehungen, die in der wärmenden Sonne allmählich vom trockenen Geröllsandboden aufgesaugt werden. Wir haben gute Sicht auf den Shishapangma. Unglaublich, dass sein schneebedeckter Gipfel in der Ferne fast drei weitere Kilometer in den tiefblauen Himmel hineinragt. Ein paar Wölkchen liegen wie eine graue Decke vor ihm über dem Boden. Er ist mit 8.027 Metern der niedrigste der 14 Achttausender-Berge. Ich komme mir vor wie auf einem anderen Planeten. Die wunderbare Vielfalt unserer Erde berührt mich hier oben auf dem Dach der Welt ganz besonders tief.

Wir fahren weiter zum nächsten Dorf. Es ist eine kleine Ansammlung der für Tibet typischen Steinhäuser mit jeweils zwei Stockwerken und Flachdach. Die Fassaden sind einheitlich in Weiß getüncht und sehen aus wie Schönwetterwölkchen. Die Fenster haben dunkelbraune Holzrahmen, über denen in Gelb, Grün und Rot gemusterte Holzvorsprünge hervorragen.

Vor den Häusern stehen am ebenen Straßenrand mehrere gesattelte, vor einfache Karren gespannte Tibet-Ponys. Die kleinen stämmigen Tiere sind verschwitzt. Ich mag den heimeligen Geruch der Grasfresser. Sie riechen nicht so streng wie zum Beispiel Schafe oder Ziegen. Wahrscheinlich sind sie soeben aus einem der umliegenden Dörfer hierhergekommen. Keines von ihnen ist angebunden. Ich befinde mich in meinem Element! Wie ein kleines Kind bin ich völlig auf die Tiere fixiert, die ich unbedingt aus der Nähe betrachten und streicheln muss. Sie alle tragen ein gewebtes Zaumzeug und sind darüber hinaus mit roten und gelben Bommeln an der Nase, im Genick und am Widerrist geschmückt. An ihren Hälsen und Schultern hängen ebenfalls bunte Quasten. Ein schwarzbraunes Pony trägt eine große goldene Glöckchenkette um den Hals. Mit ihren langen Mähnen und dem farbenfrohen Zubehör sehen die Pferdchen aus, als kämen sie direkt aus einer Hippie-Kommune!

Ein paar Meter weiter nähert sich jetzt ein noch nicht ausgewachsenes Yak mit merkwürdig verdrehten, kleinen, spitzen Hörnern gemächlich einem großen, ebenso zotteligen Hund. Der friedliche Do Khyi lässt sich von dem näherkommenden jungen Rind genauso wenig stören wie von mir. Träge setzt die langhaarige schwarzbraune Tibetdogge mitten auf dem Weg mit geschlossenen Augen ihr mittägliches Sonnenbad fort. Ich bewege mich nicht vom Fleck. Neugierig warte ich ab, was jetzt passiert. Die ebenfalls schwarzbraune Grunzkuh trottet nun zielstrebig auf den Hund zu. Sie bleibt vor ihm stehen, neigt ihren dicken Kopf zu ihm hinunter und leckt ihn ab, als wäre er ihr Kälbchen. Der Tibetmastiff wedelt mit seinem buschigen Schwanz über den Boden und wirbelt dabei ein wenig Staub auf. Plötzlich fällt er wie erschossen zur Seite, streckt alle Viere von sich und bleibt reglos liegen. Genüsslich lässt er sich sein Schlappohr von der Kuhzunge massieren.

Ich vergesse mich völlig in der friedlichen Szene – einem ganz besonderen tierischen Augenblick in Tibet. Als ich mich entspannt von diesem idyllischen Bild abwende und die Straße runter in die andere Richtung schaue, habe ich eine andere Realität vor Augen. Eben schien die Zeit für mich stehen geblieben zu sein. Jetzt hat sie mich mit Überschallgeschwindigkeit eingeholt. Tibet hat sich in den letzten fünfzig Jahren mehr verändert als in den tausend Jahren davor. Sogar in diesem kleinen Örtchen sind die Chinesen in ihren grünen Uniformen mit steifen Kappen präsent. Aus ein paar alten Lautsprechern, die an den Häusern hängen, krächzen unverständliche Worte zu mir herüber. Scheppernd bekommen wir sogar den Marsch geblasen.

Wo sind eigentlich meine sympathischen Gruppenmitglieder abgeblieben? Sie können nicht weit sein. Ich mache mich auf die Suche. In einer kleinen Gaststätte finde ich sie an einem großen Tisch und setze mich zu ihnen. Hier drinnen ist es gemütlich warm. Mein Blick schweift umher. Außer uns ist der Raum voller Tibeter beim Mittagessen. Neugierig beäuge ich möglichst unauffällig die fremden Menschen. Ich möchte sie nicht so anstarren, als seien sie Wesen von einem anderen

Stern, obwohl sie mir fast so vorkommen. Ihre braune Haut ist von der Sonne gegerbt, die Wangen leuchten rosarot. Sie sind viel kleiner und drahtiger als ich, aber wirken durch die schwere dunkle Kleidung, die direkt vom Webstuhl zu kommen scheint, viel älter. Was sie sich wohl erzählen? Durch das Stimmengewirr versuche ich, den unbekannten Klang ihrer fremden Sprache zu hören. Zu gern würde ich mit ihnen ein Schwätzchen halten, um zu erfahren, wie sie leben und was sie bewegt ... Aber ohne Sprachkenntnisse in Tibetisch bin ich viel zu schüchtern, um mich ihnen zu nähern. So widme ich mich nach ein paar Minuten wieder den Gesprächen der Leute, mit denen ich mich tatsächlich verständigen kann.

Zum Mittagessen gibt es für jeden eine Ama Thupka, eine dampfende Nudelsuppe mit Tofu, Karotten, Morcheln und Pak Choi – chinesischem Blätterkohl –, in einer großen Schüssel. Danach werden zwei aus Bast geflochtene Behälter mit Deckeln auf unseren Tisch gestellt. Darin liegen jede Menge gedämpfter Momos – gefüllte Teigtaschen. Fast gleichzeitig picken wir mit unseren Stäbchen jeder für sich eine Portion heraus. Die Momos isst man, indem man sie von der Seite vorsichtig anbeißt und dann die heiße Brühe in ihnen langsam heraussaugt – möglichst ohne sich dabei die Zunge oder den Gaumen zu verbrennen. Beim fröhlichen Hineinbeißen spritzt die Flüssigkeit gern heraus, am liebsten natürlich irgendwo auf die Klamotten, wenn nicht gar in ein anderes Gesicht ... Ich weiß, wovon ich rede! Bei Momos handelt es sich um das tibetische Nationalgericht, das vorwiegend in der Region am Himalaya gereicht wird. Die leckeren Teigtaschen, die mich entfernt an Maultaschen oder Ravioli erinnern, hier aber eher wie ein Halbmond geformt sind, habe ich bereits mehrfach in Nepal gegessen. Sie können auch gekocht in einer Suppe oder gebraten serviert werden. Aufgrund der unterschiedlichen Fleisch- und Gemüsefüllungen schmecken sie jedes Mal ein wenig anders. Jede Familie in der Gegend hat ihr ganz eigenes Rezept.

In weiteren Schüsselchen wird jedem von uns außerdem ein Buttertee, Po Cha, serviert. Er lässt beim ersten Schluck sofort meine Gesichtszüge entgleisen – und da bin ich nicht die Einzige! Die salzige Überraschung mit einer ordentlichen Portion Yakbutter lässt uns alle komisch dreinschauen. Wir lachen darüber so viel, dass ich mich jetzt noch mehr auf die kommenden Tage mit meinen Reisegefährten freue.

Unser nächstes Etappenziel liegt auch schon vor uns: Am Nachmittag erreichen wir das verschlafene, etwa fünfzigtausend Einwohner zählende Städtchen Lhazê. Es besteht aus weißen Häuschen, die sich an einen braunen baumlosen Berghang schmiegen. Von hier dauert die Fahrt ins rund 160 Kilometer entfernte Xigazê, wo wir das im Jahr 1447 gegründete Kloster Trashilhünpo besuchen, bevor wir zu unserer Unterkunft fahren, mit ein paar Unterbrechungen etwas mehr als einen Tag. Wir sechs Frauen werden in dieser Nacht wieder in einem einfachen Zimmer mit genauso vielen Betten untergebracht. Ich nehme das hinterste Bett in der Ecke und schlafe wie ein Murmeltier.

Am nächsten Morgen stehe ich vor allen anderen auf. Ich möchte mich ein wenig allein in der Gegend umschauen. Keine Menschenseele ist auf der Straße. Kein Auto braust an mir vorbei. Vor mir sehe ich meinen Atem in einer Dampfwolke aufsteigen. Es ist so still, dass ich sogar den Wind höre, der sachte um meine Ohren weht. Die Reise nach Tibet habe ich nicht geplant. Sie hat sich zufällig als wahrhafter Bonus ergeben. Deswegen habe ich auch keine warme Kleidung für Temperaturen um die zehn Grad Celsius dabei. So trage ich einfach mehrere Kleidungsstücke übereinander. Das geht ganz gut. Zum Glück werden hier die Räume geheizt.

Nach einer halben Stunde Morgenspaziergang, bei dem ich keine besonderen Entdeckungen gemacht habe, der mich aber herrlich erfrischt und auf den Tag vorbereitet hat, komme ich zurück ins Schlafgemach. Die anderen jungen Damen sind ebenfalls wach und packen gerade ihre Sachen in die Rucksäcke.

Meinen kleinen blauen Rucksack, den ich vorhin mitten auf dem Bett zurückgelassen habe, sehe ich dort nicht mehr. Ich finde ihn auch nicht unter, neben, vor oder hinter dem Bett. Er scheint sich in Luft aufgelöst zu haben! Mein großer grüner Rucksack liegt während dieser Reise sicher verstaut im Gepäckraum meines Gasthauses in Kathmandu – der kleine blaue ist also alles, was ich habe.

»Wo ist denn mein Rucksack abgeblieben?«, frage ich erschrocken meine Zimmergenossinnen.

Die kleine dunkelblonde Engländerin Louise entgegnet: »Huch! Den hat vorhin jemand mitgenommen ...«

Ungläubig drehe ich den gleichen Satz zu einer Frage um: »Wie? Den hat vorhin jemand mitgenommen?«

Jetzt antwortet Sarah, die Größte von uns: »Ja, da ist vorhin jemand durch die Tür reingekommen und mit dem Rucksack wieder rausgegangen. Ich dachte, du seist das gewesen ...«

»Ich auch«, kommt es unisono aus den Mündern der anderen Frauen.

»Ihr müsst doch bemerken, wenn jemand Fremdes in unser Zimmer kommt!«, erwidere ich schockiert. Ich könnte sie alle miteinander an die Wa... Aber ruhig, Nina! Bevor ich weiterrede, ermahne ich mich selbst dazu, besser den Mund zu halten und erst mal nachzudenken. Ich versuche, mich aufs Wesentliche zu konzentrieren. Was war im Rucksack? Was ist jetzt weg? Die wichtigsten Dinge wie Pass, Geld und den Fotoapparat habe ich immer bei mir. Im Kopf beginne ich, die Sachen abzuhaken, die ich womöglich verloren habe. Vielleicht wäre ich doch besser dreimal im Uhrzeigersinn um ein Obo herumgegangen. Das sind große Steinhaufen, die sich an Pässen oft am Wegesrand befinden und die man umrunden soll, um die guten Geister zu würdigen und so dafür zu sorgen, dass die unerwünschten bösen Geister fernbleiben.

Gedanklich noch mit meiner Verlustliste beschäftigt, vernehme ich von Louise plötzlich den allzu bekannten, aber schon lange nicht mehr gehörten Ruf: »April! April!« Er klingt wie die schönste Musik in meinen Ohren.

»Waaas?! Ach nein, daran habe ich überhaupt nicht mehr gedacht! Ihr seid ja echt gemein ... So bin ich noch nie in den April geschickt worden«, sage ich erleichtert und falle in ihr lautes Gelächter mit ein. »Das ist euch wirklich gelungen!«

»Wir haben uns gewundert, dass du so ruhig geblieben bist«, meint Sarah jetzt grinsend.

»Ich mich ehrlich gesagt auch. Ich habe über den Inhalt im Rucksack nachgedacht. Euch hätte ich am liebsten an die Wand geklatscht. Ich wollte nicht glauben, dass ihr so doof sein könnt. Wo ist er?«

Louise zieht den kleinen blauen Rucksack unter ihrem Bett hervor. Überglücklich bin ich wieder mit meinem Gepäck

inklusive all dem, was ich die nächsten Tage noch gut zum Anziehen gebrauchen kann, vereint.

Ihr nächstes Opfer ist nicht weit. Noch bevor wir losfahren, ist ihnen für den sympathischen Brasilianer Pedro
etwas Besonderes eingefallen. Weil ich bei so einem Aprilscherz beim besten Willen nicht ernst bleiben könnte, ziehe
ich mich schon mal ins Fahrzeug zurück. Von hier aus kann ich
alles sehen und hören. Da ich heute schon gehörig reingelegt
wurde, sei es mir gegönnt, mich vor Lachen zu verbiegen,
während die fünf Mädels Pedro todernst den von ihnen er-
fundenen Sachverhalt erklären: »Wir haben gerade erfahren,
dass wir direkt nach Lhasa fahren. In China ist eine höchst
ansteckende Krankheit ausgebrochen. Deshalb müssen wir
alle aus der tibetischen Hauptstadt evakuiert werden!« Keine
von ihnen verzieht auch nur eine Miene bei dieser Geschichte.

Pedro kann es gar nicht fassen. »Was? Was für eine
Krankheit denn? Und wohin werden wir evakuiert?«

Es scheint eine halbe Ewigkeit zu dauern, bis sie ihn
endlich aufklären und alle sechs zusammen in Gelächter
ausbrechen. Auch ich kann nicht mehr an mich halten vor
Lachen, dabei finde ich diesen Aprilscherz schon etwas unheimlich. Mit gefährlichen Krankheiten scherzt man doch
eigentlich nicht ... Oder doch? Ein paar Tage später ertappe
ich mich tatsächlich dabei, wie auch ich über meinen Gesund-
heitszustand ein wenig flunkere. Nach zwei weiteren Tagen
Fahrt durch die beeindruckende Landschaft Tibets und der
Besichtigung des bedeutenden Jokhang-Tempels und des
wundersamen Potala-Palasts in der tibetischen Hauptstadt
Lhasa brauche ich einen Grund, um früher als die anderen
Gruppenmitglieder allein zurück nach Nepal reisen zu dürfen.

Ich muss mich nämlich von dort aus zeitnah um die Weiterreise nach Bhutan kümmern. Im Moment habe ich allerdings
kein Einzelvisum, sondern teile mir mit den anderen Mitreisenden ein Gruppenvisum. Deshalb darf ich gar nicht auf
eigene Faust weiterreisen. Von einem örtlichen Reiseleiter
werde ich aus diesem Grund ins Krankenhaus begleitet. Die
Situation scheint hier nur allzu gut bekannt zu sein.

Während wir darauf warten, dass ein Arzt Zeit für
mich hat, beobachte ich einen alten Mann, der in schwarzen
Schlappen durch den Krankenhausgang vor uns schlurft.
Mit geöffnetem Mund hustet er vor sich hin. Laut röchelt er
seinen Hustenschleim durch die Kehle nach oben und spuckt
ihn vor sich auf den Boden – mitten im Gang. Wie ekelig!
Bin ich froh, dass ich nicht wirklich krank bin. Und das will
ich auch nicht werden. Also heißt es: Augen auf, als ich endlich ins Untersuchungszimmer gerufen werde! Nur ungern
möchte ich in den leuchtend gelben Auswurf vor mir tappen.

Offiziell klage ich beim Arzt über starke Kopfschmerzen,
die ich zum Glück nicht habe. Dabei mache ich eine todernste
Miene. Ich bemühe mich, die Fassung zu bewahren. Den Aufwand, den ich hier betreibe, finde ich selbst sehr merkwürdig.
Tatsächlich stellt der Arzt eine Bescheinigung aus, dass ich an
der Höhenkrankheit leide. Das ist reine Formsache, für die ich
auch bezahle. Auf diese Weise werde ich vom Sammelvisum
gestrichen und darf früher als die anderen Gruppenmitglieder
wieder ausreisen. Sonst wäre das nicht möglich. Komplizierte
Ein- und Ausreisebestimmungen gehören manchmal eben
zum Reisen dazu.

Zwei Männer unserer angenehmen Gruppe werden bald
nach Indien fliegen. Das Pärchen setzt seine Chinareise fort.

Die anderen wollen noch zum Basecamp des Mount Everest und fahren danach wieder nach Nepal zurück. Am nächsten Tag verabschiede ich mich dankbar für die lustige, abwechslungsreiche Zeit mit ihnen. Ich habe sie sehr genossen.

Genau eine Woche nach meiner Einreise stehe ich wieder an der nepalesisch-tibetischen Grenze. Wehmütig drehe ich mich um und wende mich Tibet ein letztes Mal zu. Voller Ehrfurcht für die Menschen und die Tiere – nicht nur auf diesem faszinierenden Hochland, sondern überall – werfe ich den tibetischen Gruß »Tashi Delek« – viel Glück! – hinaus aufs Dach der Welt und von dort aus ins gesamte Universum.

PS: Wieder zurück in Kathmandu traue ich beim Lesen einer E-Mail von meiner ehemaligen Kollegin meinen Augen nicht. Sie fragt mich, ob ich vom Ausbruch der schweren Infektionskrankheit SARS etwas mitbekommen hätte. Anscheinend trat das sogenannte Schwere Akute Atemwegssyndrom zuerst in Südchina auf, von wo es sich dann weiter ausbreitete. Ich hatte ja keine Ahnung! Die Nachricht jagt mir einen Schauer über den Rücken – mit einer ordentlichen Gänsehaut denke ich an unseren Aprilscherz zurück. Welch unheimlicher Zufall!

Zur falschen Zeit am falschen Ort

September/Oktober 2003

Nach zehn Monaten in Asien war ich vor Kurzem einen ganzen Monat in der Heimat. Es ist mir sehr wichtig, hin und wieder meine Mutter, Freunde und Bekannte zu treffen, und auch ein paar bürokratische Dinge müssen zwischendurch erledigt werden – den Großteil meiner Zeit fülle ich aber weiterhin mit meiner großen Leidenschaft: dem Reisen. Inzwischen genieße ich seit 17 Monaten meine Freiheit und meinen unverändert starken Entdeckungsdrang. Wo immer ich willkommen bin, fühle ich mich zu Hause. Jeden Tag bin ich froh darüber, dass ich damals all meinen Mut zusammengenommen habe und gegangen bin. Dafür bin ich ausgerechnet den gemeinen Kolleginnen dankbar, ohne die ich diesen ersten Schritt als Aussteigerin wohl kaum gewagt hätte. Obwohl ich jetzt oft allein bin, fühle ich mich nie einsam. Das Verlassen meiner Arbeitsstelle war für mich wie eine Zäsur. Es gibt für mich ein Leben davor und eines danach – und das ist jetzt!

Gerade bin ich schon wieder unterwegs. Ende Juni habe ich einen günstigen Flug nach Antalya in die Türkei genommen und bin wochenlang durch das Land gereist. Danach ging es weiter nach Georgien, Armenien und Aserbaidschan. Der nächste Flieger brachte mich für mehrere Wochen nach Usbekistan, und jetzt befinde ich mich in Kasachstan.

Vor gut zwölf Stunden ist der Bus in Schymkent losgefahren. Die kasachische Großstadt liegt nicht weit von der Grenze zu Usbekistan entfernt, die ich vor wenigen Tagen problemlos überquert habe. Probleme taten sich erst im Hotel auf: Ich wurde tatsächlich in meinem Zimmer beklaut. Ein einfaches Schweizer Messer, ein Kugelschreiber und ein paar weitere nützliche Utensilien waren plötzlich weg. Ich war erstaunt, dass ich – außer Geld und meinem Fotoapparat – überhaupt etwas besaß, was wertvoll für jemand anders sein könnte. Die verschwundenen Kleinigkeiten vermisse ich nicht groß, trotzdem ärgert mich die Dreistigkeit, mit der jemand unbemerkt in meinen Sachen gekramt hat. Allerdings ist es besser, auf diese Art bestohlen, statt richtig überfallen zu werden.

Nach rund zwölf Stunden Fahrt komme ich nun am vorletzten Tag im September morgens um halb acht in der ehemaligen Hauptstadt Almaty an der Busstation an. Viel geschlafen habe ich im Bus leider nicht. Es hat nur zum Dösen gereicht. Ich gähne erst mal herzhaft und schaue mich um. Es geht hier, wo ständig Busse ankommen und abfahren, ähnlich hektisch zu wie auf dem Frankfurter Hauptbahnhof. Überall wuseln Menschen herum. Die schwarzhaarigen Männer sind oft kleiner als ich und tragen meist dunkle Hosen und Jacken. Auf ihrem gehasteten Weg zum Ziel schenken sie mir kaum Beachtung und rennen mich oft fast um. Vor dem Gebäude herrscht bereits reger Verkehr auf der mehrspurigen Straße.

Da sich die Busstation außerhalb des Stadtzentrums befindet, nehme ich die öffentlichen Verkehrsmittel in den Innenbezirk. Übermüdet steige ich in die gelbe Tram Nummer vier. Sie ähnelt von ihrer Form her den alten Straßenbahnen Anfang der Siebzigerjahre in Frankfurt, die außen so eine undefinierbar eintönige Farbe zwischen Beige und Hellgelb und innen dunkelgrüne Sitze hatten.

Eine gleichaltrige Deutsche, der ich vor ein paar Wochen in Usbekistan begegnet bin und die genauso wie ich allein durch Zentralasien gereist ist, hat mir ein günstiges Hotel in Almaty empfohlen. Allerdings bin ich heute früh noch so kaputt, dass ich es partout nicht finde. Die Leute, die ich auf der Straße nach dem Weg frage, können mir auch nicht helfen oder verstehen mich erst gar nicht.

Ich brauche dringend eine ordentliche Portion Schlaf, sonst falle ich noch im Gehen um. Deshalb gehe ich nach einer Weile, in der ich vergeblich nach der empfohlenen Unterkunft suche, in das erstbeste Hotel, das von außen einen ordentlichen Eindruck auf mich macht. Es kostet nicht viel, und das einfache Zimmer mit Balkon, das ich gezeigt bekomme, ist sauber. Vom hellen Hinterhof fällt durch die großen Fenster viel Licht herein. Die Balkontür lässt sich schlecht schließen, aber darum mache ich mir im dritten Stockwerk keine weiteren Gedanken. Der Balkon grenzt links und rechts an zwei Betonwände, die weiter nach oben verlaufen und den Balkon darüber stützen. Ich bezahle für eine Nacht und haue mich für ein paar Stündchen aufs Ohr. Endlich – Schlaf!

Als ich aufwache, fühle ich mich geistig wieder voll da. Ich schnappe mir meinen kleinen Rucksack, und auf geht es nach draußen. Als Erstes versuche ich noch mal, das empfohlene Hotel zu finden. Wäre doch gelacht, wenn es wieder nicht klappt! Aber jetzt, wo ich mich nicht mehr wie ein Zombie fühle, geht es auf einmal ganz einfach. Da ist es ja! Das langgezogene mausgraue Gebäude mit fünf Stockwerken sieht so unscheinbar aus, dass ich fast daran vorbeigelaufen wäre. Ich finde es praktisch um die Ecke in einer verkehrsberuhigten Wohngegend mit mehrstöckigen Häusern, in der zahlreiche Bäume die Straßen säumen. Ich trete ein und buche an der Rezeption bei einer älteren Dame mit blond gefärbten Haaren ein Zimmer ab dem nächsten Tag für ein ganze Woche.

Anschließend mache ich mich wieder auf den Weg. Das weitläufige Stadtzentrum hat viele Boulevards, unübersichtliche breite Straßen mit trutzigen Bauten aus Zeiten der Sowjetunion, auf denen jetzt ein Auto schneller sein möchte als das andere. Manchmal halte ich vor Schreck die Luft an. Jeden Moment befürchte ich einen krachenden Zusammenstoß.

Ich klappere ein paar typische bürokratische Ziele ab. Die gehören beim Reisen durch die Welt mit ihren vielen politischen Grenzen immer dazu. Zuerst suche ich die Botschaft von Pakistan auf. Kaum habe ich sie gefunden und bin eingetreten, stehe ich ein paar Minuten später auch schon wieder draußen. Ich bin zwar nicht rausgeflogen, aber es dauert nicht lang, bis mir jemand die Auskunft gibt: Ich sollte mir erst später ein Visum besorgen. Genauer gesagt, wenn meine Reise so weit fortgeschritten ist, dass ich genau weiß, in welchem Zeitraum ich in das Land einreisen will.

Im Gegensatz dazu bekomme ich in der nächsten Botschaft zum Glück sofort ein zweiwöchiges Visum für mein übernächstes Ziel Tadschikistan in den Reisepass geklebt. Der schnelle Service hat seinen Preis, den ich bereitwillig zahle. Ich möchte gar nicht wissen, was ich bisher schon an Gebühren für alle visumspflichtigen Länder entrichtet habe. Es ist bestimmt ein stolzes Sümmchen.

Als ich am Abend ziemlich geschafft zurück in mein Hotel komme, sehe ich auf dem Gang zufällig, wie zwei schwarzhaarige Männer – ein kleiner kräftiger und ein großer stämmiger Typ – mit einer ebenso dunkelhaarigen, pummeligen Frau im Zimmer nebenan verschwinden. Oje, wo bin ich denn hier gelandet?, denke ich nur. Kein Wunder, dass das Hotel so billig ist. Hoffentlich machen sie in der Nacht keinen Lärm. Ich habe meinen Schönheitsschlaf dringend nötig!

Das erinnert mich an etwas, was ich erst vor Kurzem von einem anderen Reisenden erfahren habe: Anscheinend ist es für kasachische Männer durchaus üblich, die eigene Ehefrau den Geschäftspartnern zur Verfügung zu stellen. Was für eine furchtbare Sitte! Wie sich die armen Frauen bei solch einem Brauch fühlen müssen? Ich möchte es mir gar nicht näher vorstellen. Ich frage mich, ob diese Information wohl so ganz der Realität entspricht oder ob sie nicht vielleicht völlig veraltet ist. Ich jedenfalls bin froh, dass ich mir aussuchen kann, was ich wann mit wem tun möchte.

Meine anfänglichen Befürchtungen bestätigen sich zum Glück nicht. Ich erlebe eine ruhige Nacht, die ich tief und fest durchschlafe.

Erfrischt wache ich am nächsten Morgen auf und genieße die Ruhe um mich herum. Ein neuer Tag in der Ferne – herrlich! Ich faulenze noch ein bisschen, dann schnappe ich mir meinen Geldgürtel – lieber auf Nummer sicher gehen – und mache mich auf ins Badezimmer.

Als ich später wieder ins Zimmer trete, bleibt mein Mund vor Schreck offen stehen. Durch die ergrauten Gardinen bietet sich mir ein unerwarteter Anblick. Fast fallen mir die immer größer werdenden Augen aus dem Kopf. Von nebenan klettert nämlich gerade der kleinere von den zwei Männern stöhnend um die dicke Betonwand herum hinüber zu mir auf den Balkon. Nachdem er beide Füße erfolgreich auf den Boden gesetzt hat, bleibt er mit errötetem Gesicht und blutunterlaufenen Augen einen Moment schwankend vor der Balkontür stehen, als müsste er überlegen, was er jetzt als Nächstes tun soll. Sein schwarzer Anzug ist so zerknittert, als ob er damit die ganze Nacht im Bett lag. Da war dann wohl doch nicht so viel los. Will er es jetzt etwa bei mir versuchen? Na, komm nur! Der unerwartete Besucher hat mich zwar im ersten Moment ordentlich erschreckt, dennoch fühle ich mich hier sicher, weil ich die Balkontür verschlossen wähne. Doch damit habe ich jetzt nicht gerechnet …

Der Kerl hantiert mit glasigem Blick an der Glastür, öffnet sie problemlos und torkelt ins Zimmer. Die Tür lässt er hinter sich sperrangelweit offen stehen. Er taumelt über den Teppichboden in die Mitte des Raums und hält wankend vor dem Bett inne. Mit dem frischen Luftzug von draußen weht mir zusätzlich seine dicke Wodkafahne entgegen. Sein »theatralischer« Auftritt erinnert mich an den Butler James in *Dinner for One*, das am Silvesterabend immer im deutschen Fernsehen läuft. Der Sketch bringt mich jedes Jahr wieder genauso wie beim ersten Mal zum Lachen.

Ganz anders diese Situation – denn die finde ich überhaupt nicht lustig! Der beißende Alkoholgeruch, der aus allen Poren des Mannes strömt, lässt mich den Atem anhalten. Aus meinem weit geöffneten Mund wiederum ertönt ein gellender Schrei. Er erreicht auf der Tonleiter fast das hohe C – und ist hoffentlich im ganzen Haus deutlich zu hören. Was mache ich nur? Die Zimmertür hinter mir ist verschlossen – da bin ich mir genauso sicher wie bei der Balkontür. Der Schlüssel liegt zu weit weg mit ein paar anderen Sachen auf dem Nachttisch neben dem Bett. Ich kann ihn sehen, aber nicht so ohne Weiteres erreichen, dazu müsste ich erst mal den Eindringling umrennen. Abhauen geht also nicht! Nach dem kleinen blutroten Schweizer Taschenmesser zur Verteidigung brauche ich auch nicht zu suchen. Das ist weg! Außerdem bin ich noch nie mit einem Messer auf einen Menschen losgegangen – das soll auch so bleiben. Was dann?

Ich lasse einen Stoßseufzer Richtung Decke los, die mir in diesem Moment fast auf den Kopf fällt. Adrenalin pumpt durch meinen Körper. Angst? Dafür habe ich keine Zeit. Ich reagiere! Ganz automatisch, ohne dass ich groß darüber nachdenke. Laut schimpfend – natürlich auf Deutsch – trete ich mutig die Flucht nach vorn an. Attacke marsch! Auf ihn mit Gebrüll! Ich stürze mich auf den besoffenen Typen, der immer noch schwankend vor mir steht, und verpasse ihm eine schallende Ohrfeige. Die Watschn hat so gut gesessen, dass sogar meine Hand kribbelt. Er hat Glück, dass nicht meine Faust in seinem Gesicht gelandet ist – wahrscheinlich ist das auch besser für mich.

Und was macht der ungebetene Gast? Er schaut mich einen Moment lang verdutzt an, dreht sich in leichter Schräglage um die halbe Achse und sucht, ohne einen weiteren Mucks zu machen, beleidigt das Weite. Durch die offene Tür stolpert er mit wenigen unbeholfenen Schritten auf den Balkon. So schnell er kann, krabbelt er über das Geländer zurück ins Nachbarzimmer. Genauso schnell, wie der Kasache in mein Zimmer kam, ist er auch wieder verschwunden.

Puh! Ich raufe mir die Haare. Das hätte auch anders ausgehen können. Tatsächlich bin ich auch noch erleichtert, dass der Kerl bei seiner gefährlichen Kletteraktion nicht drei Stockwerke in die Tiefe gestürzt ist. Sonst wäre ich am Ende noch beschuldigt worden. Erst jetzt wird mir schlecht. Mein Herz schlägt bis zum Hals. In meinem Kopf hämmert es – oder ... Ach, nein! Jemand klopft an die Zimmertür. Mit zitternder Hand schließe ich sie auf. Aufgebracht versuche ich, der Rezeptionistin, die vor mir auf dem Gang steht, mit Händen und Füßen zu erklären, was gerade passiert ist. Währenddessen schnappe ich immer wieder nach Luft. Sie macht große Augen und brabbelt etwas Unverständliches. Ob mein Zimmernachbar Konsequenzen für sein Verhalten zu befürchten hat? Ich weiß es nicht.

Ich jedenfalls bin froh, hier nur für eine Nacht bezahlt zu haben. So schnell ich kann, packe ich meine Sachen und verschwinde. An der Rezeption fällt mein Blick ganz beiläufig in das auf dem Kopf liegende geöffnete Gästebuch. Ich kann erkennen, dass die Namen und Adressen meiner Zimmernachbarn wegradiert worden sind – so, als wären sie nie da gewesen. Egal, was geschehen wäre, hier hätte ich als fremde Frau wahrscheinlich kaum etwas zu melden gehabt.

In der nächsten Unterkunft fühle ich mich wohler. Hier lerne ich zwei Tage später den sportlichen Australier Jim kennen. Mit seinen freundlichen blauen Augen und seiner angenehm offenen Art ist er mir auf Anhieb sympathisch. Besonders witzig finde ich, dass er auf seiner Reise ebenfalls der erwähnten Deutschen in Kirgisien begegnet ist, die mir tatsächlich schon vor ein paar Wochen von ihm erzählt hat. Die nächsten zwei Tage schauen wir uns gemeinsam die Stadt an. Wir kommen so gut miteinander klar, dass wir sogar einen Ausflug zur bekannten Eisschnelllaufbahn Medeo machen und ins Ballett zu *Don Quijote* gehen.

Als wir am nächsten Mittag auf einer ruhigen Seitenstraße mit vielen Bäumen unterwegs sind und wieder mal ein
Auto mit überhöhter Geschwindigkeit an uns vorbeirauscht,
bemerke ich kopfschüttelnd: »Hui, die fahren hier dermaßen
chaotisch! Da wundert es mich echt, dass ich bisher noch
keinen Unfall gesehen habe.«

»Ja, mich auch!«, erhalte ich die bestätigende Antwort
von einem grinsenden Jim.

Kaum haben wir die Worte ausgesprochen, hören wir
dreimal kurz hintereinander Reifen quietschen und Blech
scheppern. An der Straßenecke vor uns sind tatsächlich drei
Autos ineinandergekracht. Die drei Fahrer stehen schon
daneben und betrachten laut diskutierend und gestikulierend
ihre Blechschäden. Ungläubig schauen Jim und ich uns an,
schütteln unsere Köpfe und beginnen, laut zu lachen.

Nachdem wir uns wieder eingekriegt haben, spazieren
wir weiter durch eine kleine Seitenstraße, die mit vielen
Bäumen gesäumt ist. Vor uns sehen wir eine attraktive, stark
geschminkte Frau in Stöckelschuhen und Minirock, die uns
entgegenkommt. Über ihrem knappen Outfit trägt sie nur ein
dünnes Jäckchen, obwohl es Anfang Oktober schon ordentlich kalt ist.

»Kannst du mir erklären, warum die Frauen hier alle so
sexy gekleidet sind?«, fragt Jim unsicher.

Ganz ehrlich habe ich mich das auch schon gefragt. Der
Stil, der hier bei den Damen vorherrscht, trifft so gar nicht
meinen Geschmack. »Vielleicht gefällt es ihnen einfach,
und sie haben so bessere Chancen, einen Mann zu finden?«,
schlage ich vor.

Jim nickt nachdenklich.

Ich überlege weiter und füge nach einer Pause lachend hinzu: »Schau mich an. Ich laufe auf Reisen nur in alten Sachen herum und sehe mit meiner Größe und den breiten Schultern fast aus wie ein Mann.«

»Ach, Quatsch! Du siehst doch nicht wie ein Mann aus«, protestiert Jim.

»Das stört mich doch auch gar nicht«, erwidere ich grinsend. »Ich fühle mich als Frau in langen Hosen, meist noch mit einer Kappe auf dem Kopf, viel sicherer. Mir ist es lieber, nicht aufzufallen, bevor ich noch als reiche Ausländerin wahrgenommen werde. Miniröcke sind außerdem total unbequem, und in hochhackigen Schuhen kann ich kaum laufen und schon gar nicht wegrennen.«

Jim will mir gerade etwas entgegnen, als ein kräftiger Mann in einem dunklen Anzug uns eilig überholt und plötzlich seinen Arm nach unten bewegt. Er sieht aus, als würde er etwas vom Boden aufheben. Er spricht uns an: »Das habe ich eben gefunden.« In seiner Hand liegt ein geöffnetes Portemonnaie. »Wollen wir uns den Inhalt teilen?«

In unser Gespräch vertieft, nehmen Jim und ich den Kasachen nur nebenbei wahr. Desinteressiert wimmeln wir ihn ab, woraufhin er zügig weiterläuft und um die Ecke in eine stille Seitenstraße verschwindet.

Erst nach ein paar Sekunden realisiere ich, wie merkwürdig diese Begegnung gerade war, und lege aufgeregt los: »Sag mal, was war denn das eben? Der Typ findet eine Geldbörse und will den Inhalt mit uns teilen? Wie kommt der denn auf so 'ne absurde Idee?!«

Jim runzelt die Stirn. »Ja, ehrlich, wo gibt's denn so was?« Er stutzt. »Warte mal – lag da überhaupt was auf der Straße?«

»Stimmt, mir ist auch nichts auf dem Bürgersteig aufgefallen«, bejahe ich und füge hastig hinzu: »Hast du die verschiedenen Scheine gesehen, als er uns den Inhalt für einen Augenblick gezeigt hat? Da waren auch ein paar US-Dollar-Noten dabei. Die waren doch nicht echt!«

Jim stimmt mir erneut zu: »Ja, recht hast du, das sah alles aus wie Spielgeld. Welcher normale Mensch rennt denn bitte schön mit mehreren Währungen im Geldbeutel herum und verliert ihn dann mitten auf der Straße?«

Mit einem Mal erinnere ich mich! Aus dem letzten Winkel meines Gehirns krame ich die Information hervor: »Das war eine Masche! Das hab ich doch noch in meinem Reiseführer gelesen! Da wurde genau davor gewarnt: Er tut so, als wolle er den Inhalt eines Geldbeutels mit dir teilen ... und gehst du darauf ein, wirst du in eine einsame Seitenstraße gelockt und selbst ausgeraubt.« Während ich das so locker dahersage, durchfährt mich ein kalter Schauer. Unauffällig schaue ich mich ganz genau in unserer Umgebung um. Ist da vielleicht noch irgendwo sein Komplize, vielleicht sogar mehrere davon? Werden wir verfolgt? Ich entdecke keine weitere verdächtige Gestalt und atme erleichtert auf.

Jim schüttelt ungläubig den Kopf. »Nicht zu fassen! Da reden wir übers Wegrennen, und schon haben wir fast einen Räuber an der Backe.«

Auf den Schrecken hin beschließen wir, erst einmal zurück ins Hotel zu gehen. Zur Beruhigung lassen wir uns einen schwarzen Tee schmecken und den Tag langsam und unaufgeregt ausklingen. Auf Reisen endet man manchmal zur falschen Zeit am falschen Ort – da kann man nichts machen. Alles hängt dann davon ab, richtig zu reagieren. Ich bin froh, dass mir das in Kasachstan gleich zwei Mal gelungen ist. Nach all den unangenehmen Erfahrungen, die glücklicherweise glimpflich ausgegangen sind, freue ich mich, dieses Land bald wieder zu verlassen und weiter in die kirgisische Hauptstadt Bischkek zu reisen.

Wollen sie mich reinlassen?

Januar 2004

Ein simples Touristenvisum für den Iran zu bekommen, kostet mich in den Ländern Zentralasiens viel Zeit und noch mehr Nerven mit der Bürokratie.

Der erste Versuch in der iranischen Botschaft in Taschkent, der Hauptstadt von Usbekistan, scheitert an vier Herren, die mich einem regelrechten Verhör unterziehen. Jeder der Männer ist fast einen halben Kopf kleiner als ich. Ihr geballt männlicher Auftritt in pechschwarzen Anzügen in einem winzigen hellen Raum, der mit fünf Personen krachvoll ist, wirkt auf mich etwas übertrieben. Ein einzelner Mann mit abweisender Haltung hätte mir schon gereicht. Ob der gleich mehrere Aufpasser zu seinem oder gar meinem Schutz nötig hatte? Oder bin ich mit meinem Wunschziel in ihrer Botschaft eine solch seltene Attraktion wie eine Sonnenfinsternis? Mit einer Prise Humor und einer Portion dummer Gedanken lässt sich diese groteske Situation besser ertragen – dabei hätte ich eigentlich viel lieber laut gelacht. Aber ich beherrsche mich und erwidere die ernsten Blicke der hohen Herrschaften brav. So ein Pech, dass ich nicht dasselbe Geschlecht habe wie sie. Eine Reise durch ihr Land – so ganz allein als Frau und nicht mit einer organisierten Reisegesellschaft – wollen mir alle vier leider nicht ernsthaft zutrauen. Ich hingegen übe mich in redlicher Geduld mit dieser fremden Männerwelt und glaube weiterhin an mich selbst. Sie haben mich erfolgreich abgewimmelt, aber nur heute. Natürlich werde ich es wieder versuchen – so bald wie möglich.

Ein paar Wochen später bin ich aus der nächsten iranischen Botschaft in Almaty in Kasachstan noch schneller wieder draußen, als ich es bei meinem ersten Versuch in Usbekistan ausgehalten habe. Meinen Antrag für ein Visum zu bearbeiten, hätte mindestens zwei Wochen gedauert. So lange kann ich leider nicht warten. Bis dahin wäre mein kasachisches Visum längst abgelaufen.

Aller guten Dinge sind drei? Beim dritten Anlauf in der kirgisischen Hauptstadt Bischkek werde ich wie eine Verbrecherin behandelt, weil ich weiterhin dem »falschen« Geschlecht angehöre. Kaum bin ich in besagter Botschaft drin und bringe mein sehnsüchtiges Anliegen vor, fliege ich hochkant wieder hinaus. Ich flüchte regelrecht nach draußen, bevor ich tätlich von dem wutschäumenden Mann hinter dem Tresen angegriffen werde. Im Vergleich dazu waren die Herren in Taschkent mit mir fast auf Schmusekurs.

In Duschanbe, Tadschikistan, habe ich beim vierten Versuch mit dem Visumsantrag dasselbe Zeitproblem wie in Kasachstan. Es würde wieder viel zu lange dauern, bis ich das Visum in meinen Händen halten könnte. Meine Zuversicht, die Grenzen in den Iran zu überschreiten, wird allmählich auf eine harte Probe gestellt.

Ich komme mir fast vor wie in einem schlechten Film: Afghanistan, Hauptstadt Kabul, iranische Botschaft, Klappe, die fünfte! Mit Samira, die unverschleiert und in modischen blauen Jeans und einem hellbraunen Mantel gekleidet ist, warte ich vor dem Gebäude. Sie ist meine afghanische

Gastgeberin und arbeitet für den kanadischen Konsul. Ich trage eine schwarze Stoffhose, dazu eine wasserabweisende, lange dunkelblaue Jacke, die bis über mein Gesäß reicht. Auf meinem Kopf sitzt zum Schutz vor Sonne, Regen, Wind und Wetter – und manchmal auch vor den Männern, damit ich nicht gleich als Frau wahrgenommen werde – eine schwarze Kappe. Die Kapuze meiner Jacke habe ich so weit hochgezogen, dass meine langen hellen Haare darunter verborgen sind. Meine hübsche Begleiterin, die mit ihren Mandelaugen ein bisschen aussieht wie eine Chinesin, überrage ich fast um einen halben Kopf.

Mit uns stehen ein paar Leute vor dem Eingang und warten auf Einlass. Ein junger Afghane geht zielstrebig auf Samira zu und fragt sie neugierig mit einem schiefen Seitenblick zu mir: »Ist das ein Mann oder eine Frau?«

Dass Samira einfach so auf der Straße von einem fremden Mann angesprochen wird, ist eher ungewöhnlich in diesem Land, aber sie weiß selbstsicher damit umzugehen und kontert spontan: »Kannst du nicht sehen, dass sie eine Frau ist?«

Und ich entgegne grinsend, wobei ich mir mit der rechten Hand übers Kinn streiche: »Siehst du in diesem Gesicht einen Bartwuchs?«

Zu unseren eindeutigen Antworten fällt dem jungen Mann nichts mehr ein, außer verschämt zu nicken und uns wieder in Ruhe zu lassen.

Als wir uns einige Zeit später in der Botschaft befinden und endlich an der Reihe sind, übernimmt Samira das Reden. Sie sagt etwas Unverständliches zu dem Angestellten, der an seinem Schalter durch eine Glasscheibe von uns getrennt ist. Er nickt mir zu. Mit leicht zitternden Händen reiche ich ihm die beiden soeben ausgefüllten Formulare durch die

Öffnung unter der Scheibe hindurch. Außerdem zücke ich zwei identische Passbilder, die ich vor geraumer Zeit extra für dieses Visum habe anfertigen lassen. Auf diesem besonderen Passfoto bin ich mit einem schwarzen Kopftuch, das meine Haare komplett bedeckt, abgebildet. Gut vorbereitet bin ich – da können sie sich nicht beschweren!

Der freundliche Angestellte fragt mich: »Wann brauchen Sie das Touristenvisum?«

»So schnell wie möglich! Ich muss bald wieder weiter«, sage ich entschuldigend und zucke mit den Schultern.

Ich beobachte, wie der junge Mann tief Luft holt und einen Moment überlegt, bevor er mir mitteilt: »Sie können es in drei Tagen abholen!«

Am liebsten wäre ich in lautes Jubelgeschrei ausgebrochen. Stattdessen bedanke ich mich nur freudestrahlend, schiebe den angeforderten Betrag in US-Dollar hinüber und denke: Geht doch! Bin ich froh, dass ich nicht aufgegeben und weiterhin an die iranischen Männer geglaubt habe.

Drei Tage später erhalte ich meinen Reisepass zurück. Darin befindet sich sauber eingeklebt, gestempelt und vom Konsul signiert mein begehrtes Touristenvisum der Islamischen Republik von Iran. Es ist innerhalb der nächsten drei Monate für genau dreißig Tage zur einmaligen Einreise gültig. Ich kann es kaum fassen. Es ist vollbracht! So einfach ging das. Was will ich mehr? Land und Leute kennenlernen natürlich! Endlich darf ich mich auf den Iran freuen. Und wie!

Sieben ereignisreiche Wochen in Pakistan liegen hinter mir. Es ist bisher das einzige Land, in dem ich meine großzügige Aufenthaltszeit von 45 Tagen noch einmal um 15 Tage verlängert habe, weil mir so viel Gastfreundschaft entgegengebracht wurde, dass die ursprünglich eingeplante Zeit dafür nicht ausreichte. In der modernen Hauptstadt Islamabad wurde ich von einem Amerikaner eingeladen, in der Großstadt Lahore residierte ich bei einer Südafrikanerin mit ihrem Sohn, und in Karachi gewährte ein netter Pakistaner mir Obdach.

Heute ist der fünfte Tag im Januar und mein letzter Tag in Pakistan – den verbringe ich in der fast eine Million Einwohner zählenden Stadt Quetta. Die Hauptstadt von Belutschistan, einer Region im Südwesten Pakistans, die sich bis nach Afghanistan und in den Iran erstreckt, macht mit ihren vielen niedrigen Gebäuden einen eher dörflichen Eindruck auf mich. Sie ist das Zuhause unterschiedlicher Bevölkerungsgruppen, die nicht immer in Einklang miteinander leben, und wird leider viel zu oft von Bombenanschlägen heimgesucht.

Als ich am Morgen mein einfaches, aber sauberes Hotel verlasse, in dem ich für achtzig Rupien übernachtet habe, und meinen Orientierungsgang durch die Stadt antrete, hoffe ich, nicht zur falschen Zeit am falschen Ort zu sein. Ein beunruhigender Gedanke, der mir auf Reisen durch manche Länder zwar regelmäßig in den Sinn kommt, von dem ich mir aber trotzdem mein Leben und insbesondere das Reisen nicht vermiesen lassen will. Mir kann schließlich überall auf der Welt etwas Schlimmes passieren ... Trotz Morgensonne herrschen hier bei trockener Luft auf 1.676 Metern frische Temperaturen unter zehn Grad Celsius. Auf den Straßen sind kaum Frauen zu sehen, dafür sind zu so früher Stunde bereits viele schlanke Männer in schweren dunklen Stoffjacken und braunen oder grauen Pluderhosen auf den Beinen. Sie alle tragen ungewöhnliche Kopfbedeckungen: Einige von ihnen stellen weiße

Turbane zur Schau, auf den meisten Häuptern sitzen jedoch Sindhi-Topi – handgefertigte, farbenfrohe Kappen. Kaum eine gleicht mit ihren gestickten geometrischen Formen der anderen. An den Seiten sowie hinten sind die Mützen länger als vorn. So können die Männer, die nicht nur aus der Provinz Sindh stammen, anderen ihre Stirn zeigen. Dann gibt es wiederum Männer, die ihren Pakol, eine weiche, runde Wollmütze, leicht über die Ohren gezogen haben. Diese einfarbige Mütze taucht hier hauptsächlich in den Farben Schwarz, Grau und in unterschiedlichen Brauntönen auf. Sie erinnert mich entfernt an ein wollenes Barett. Zwei davon – eine in Dunkelbraun und eine in Blau – habe ich zu Hause in Frankfurt für die kalte Jahreszeit im Schrank liegen. Die blaue Mütze trage ich besonders gern. Sie erinnert mich an die Farbe der Blauhelme und andere Kopfbedeckungen der UNO-Friedenstruppen.

Eilig überholen die Männer auf der Straße mich an diesem Morgen oder strampeln auf chinesischen Fahrrädern ihrem Ziel entgegen, ohne mir viel Beachtung zu schenken. Neben bunt bemalten und dekorierten Bussen knattern alte Autos, klapprige Mopeds und geflickte Dreiräder an mir vorbei. Am Straßenrand hängen vor einer grün gestrichenen Bude mit Wellblechdach sechs kopflose Hammelfleischhälften kopfüber von einer Eisenstange. Für Fliegen, von denen sie sonst sicherlich gern umschwirrt worden wären, ist es heute zu kalt. Neben diesem Bild tut sich eine menschenleere, schattige Seitenstraße mit zweistöckigen Lehmhäusern auf, die mit der fast im selben Farbton daliegenden, scheinbar baumlosen Chiltan-Bergkette im Hintergrund zu verschmelzen scheinen.

In der Nähe des Qila Miri, einem Fort, das noch als aktive Militärbasis genutzt wird, entdecke ich ein sandsteinfarbenes, fast fensterloses Gebäude mit flachem Dach. Es ist im traditionell belutschischen Stil gebaut und zieht mich magisch an. Darum herum sieht alles so schön gepflegt aus. Kein Abfall, der sich sonst im Übermaß auf den Straßen häuft, liegt auf dem Boden. Der Eingang ist mit Grünpflanzen in großen Terrakottatöpfen geschmückt. Das merkwürdige Zeichen am Eingang, das mich entfernt an ein S erinnert, ist mir fremd. Ich bin neugierig und wage mein Glück. Keiner hält mich vom Betreten des Gebäudes ab. Kaum bin ich drin, entdecke ich sogleich eine Rezeption und frage erstaunt: »Wo bin ich?«

Die Antwort folgt prompt: Ich befinde mich im Serena Hotel. Netterweise darf ich mich in dem schicken, orientalisch eingerichteten Haus umschauen. Dabei entdecke ich zufälligerweise ein lecker duftendes Mittagsbüfett, das mir das Wasser im Mund zusammenlaufen lässt. Erst jetzt bemerke ich, wie hungrig ich bin. Wann habe ich mir das letzte Mal an einem Büfett den Bauch vollgeschlagen? Ich weiß es nicht mehr. Aber diesen Luxus gönne ich mir jetzt. Das Büfett ist günstiger als in einem europäischen Hotel, aber im Vergleich zu dem, was ich sonst auf Reisen esse, eher teuer. Dafür darf ich so viel essen, wie ich will. Bei dem freundlichen, zuvorkommenden Service genieße ich die gut gewürzten Speisen in ungewohnt stiller Atmosphäre so ganz ohne Straßenlärm.

Wenige Stunden später steige ich um kurz nach fünf Uhr nachmittags in einen klapprigen, bis auf den letzten Platz besetzten Überlandbus ohne Toilette. Das Busticket habe ich am Vortag für dreihundert Rupien gekauft. Mit meinem grünen Zwanzig-Kilo-Rucksack bin ich von allen Reisenden die mit dem wenigsten Gepäck. Alle anderen – darunter die meisten Männer und nur wenige Frauen, die allesamt in der Begleitung von Männern unterwegs sind – haben gleich mehrere Koffer und Taschen bei sich. Die werden geschickt platzsparend unten in den Bus gequetscht. Im hinteren Teil sichere ich mir einen Sitzplatz am Fenster. Neben mir sitzt ein etwa gleichaltriger Mann mit braunem Pakol, brauner Jacke und Pluderhose, der nur wenig Englisch versteht. Den Großteil der Fahrt verbringen wir schweigend, während ich aus dem Fenster die vorbeiziehende Landschaft bestaune.

Nach ein paar Stunden Fahrt im ungeheizten Bus machen wir eine Pause zum Abendessen. Beim Aussteigen kann ich meinen Atem sehen, so kalt ist es mit Einbruch der Dunkelheit geworden. Hunger habe ich nach dem reichlichen Mittagessen vor ein paar Stunden nicht. Viel Wasser oder Cola trinken lasse ich lieber. Ich schätze, dass dies vor dem nächsten Morgen der letzte Toilettenstopp sein wird, und will mir keine gefüllte Blase leisten.

Zurück im Bus komme ich mit einem schwarz gekleideten Mann, der in Begleitung seiner erwachsenen Tochter unterwegs ist, ins Gespräch. Beide sitzen direkt hinter mir und sprechen gutes Englisch. Dafür bin ich ihnen dankbar. Sie geben mir das Gefühl, dass ich mich an sie wenden kann, wenn ich Hilfe benötige. Die Leute in Pakistan sind immer sehr interessiert daran, zu erfahren, was ich hier mache, woher ich komme und wie meine Familienverhältnisse aussehen. Sie freuen sich jedes Mal darüber, wenn ich sage, dass ich Deutsche bin, denn diese werden hier viel lieber gesehen als Amerikaner oder Engländer. Das habe ich in den letzten Wochen oft genug am eigenen Leib erlebt. Wenn schon meine »holde Weiblichkeit« ein Manko ist – was ich hierzulande jedoch nie offensichtlich zu spüren bekommen habe –, ist es wenigstens meine Nationalität nicht. Vor dem Vater und seiner Tochter liegt, genau wie vor vielen der anderen Buspassagiere, noch eine lange Reise. Sie sind an einem Stück – und nicht so wie ich mit ein paar Tagen Pause hier und dort – durch den Iran direkt nach Aserbaidschan unterwegs, wo sie geschäftlich zu tun haben.

In rasantem Tempo fahren wir weiter auf der N-40 durch die sternenklare Nacht im Westen der Provinz Belutschistan. Immer wieder vollführt der Bus dabei Überholmanöver an schwer beladenen Lastkraftwagen und gelegentlich auch an einem der vielen Schlaglöcher vorbei. Nach rund 650 Kilometern Fahrt durch die schier endlose Steinwüste erreichen wir am frühen Morgen kurz nach Sonnenaufgang 14 Stunden nach unserer Abreise den pakistanischen Grenzübergang Taftan. Ich habe nicht viel, aber immerhin ein wenig Schlaf gefunden. So fühle ich mich nicht total benebelt, als der Bus zum Stehen kommt. Ganz wach bin ich aber auch nicht. Da der Bus von hier die gleiche Strecke wieder zurückfährt, wird unser gesamtes Gepäck ausgeladen. Ich bleibe in der Nähe meiner zwei Reisegefährten, die es sich ganz von selbst zur Aufgabe gemacht haben, ein wenig auf mich aufzupassen.

Bei der Ausreise aus Pakistan bekomme ich einen zarten, kaum lesbaren roten Stempel mit dem Text »Taftan Check Post (Pakistan)« kopfüber in meinen grünen Pass gedrückt. Das Datum wird richtig herum handschriftlich mit blauem Kugelschreiber hinzugefügt.

Kaum raus aus Pakistan wird es Zeit für eine äußerliche Veränderung, sofern ich nicht schon bei der Einreise in den Iran Probleme haben will. Sie zu tragen, ist von jetzt an Pflicht – sonst muss ich draußen bleiben. Die Rede ist von der Abaya, einem islamischen Kleidungsstück für Frauen, das den gesamten Körper verhüllt und das ich mir nun überziehe. Bei einem Händler in Karatschi habe ich den Umhang für viel zu gutes Geld erstanden. Die pechschwarze Abaya ist etwas zu kurz für mich geraten. Die Ärmel dürften ein wenig länger sein. Außerdem endet sie schon zwanzig Zentimeter über dem Boden, sodass jeder sehen kann: Ich habe heute blaue Hosen an. Sonderanfertigungen für große Frauen gab es nicht. Der einzige Vorteil an diesem Gewand: In den folgenden Winterwochen wird es mir darunter bestimmt nie zu heiß, wo es mich doch eh immer fröstelt. An dem leichten Stoff befinden sich Klettverschlüsse. Einer sitzt innen auf der rechten Schulter, ein anderer außen mitten auf meiner linken Brust, und ein noch einer weiter unten genau über meiner linken Leiste. Wer sich diese drei Verschlusspositionen ausgedacht hat, würde mich brennend interessieren ...

Mit dem schwarzen Kopftuch bedecke ich so sorgfältig wie möglich meine Haare. Das synthetische Stück will leider nur nicht da bleiben, wo es bleiben soll. Es fehlt ihm eine gewisse Rutschfestigkeit. Für mich als blutige Anfängerin im Kopftuchtragen könnte es gut ein paar Gumminoppen vertragen. Mal hängt das Tuch zu sehr hinten rechts, dann wieder rutscht es nach hinten links oder fällt mir direkt ins Gesicht. Ehe ich mich versehe, lugt schon wieder eine helle Haarsträhne hervor, die sich besonders schön von dem pechschwarzen Stoff abhebt. Das Teil will mich wohl zum Narren halten? Bei dem Gedanken kann ich mir ein Grinsen nicht verkneifen. Mit meinem schweren grünen Rucksack auf dem Buckel komme ich mir schon ein wenig vor wie eine alte Hexe auf dem Weg zu einer Karnevalssitzung. Und eigentlich passt das ja genau, denn der närrische Leiter einer solchen Veranstaltung fragt vor jeder neuen Büttenrede das Publikum: »Liebe Närrinnen und Narrhalesen ... wolle mer se reinlasse?« Worauf die verkleideten Zuschauer laut Beifall klatschen.

Beifall erwarte ich an der Grenze zwar keinen, aber ich stelle mir jetzt mit einem leicht flattrigen Gefühl im Bauch die Frage: »Wollen sie mich reinlassen?« Nachdem ich im Vorlauf so viele Schwierigkeiten und die vehemente Ablehnung der Landsmänner erfahren habe, ist mir doch ein wenig mulmig zumute vor dem Überschreiten meiner nächsten Grenze. Ich weiß nicht, ob ich im Iran so problemlos empfangen werde, wie ich mir das wünsche. Humorvolle Gedanken sorgen für Ablenkung von diesem nagenden Gefühl der Unsicherheit, das langsam durch meinen Magen nach oben kriecht.

Doch dann passiert es tatsächlich: An der Mīrjāveh-Grenze wird mir in einem kleinen Gebäude an einem Schalter problemlos der blaue Stempel direkt auf das Visum gedrückt. Hurra! Ich bin drin! Im Land Nummer 121 in meiner persönlichen Reisegeschichte. Erleichtert verlasse ich das Gebäude und betrete iranischen Wüstensandboden unter strahlend blauem Himmel. Doch die Freude währt nicht lange.

Ein paar Meter von mir entfernt steht ein Mann in Zivil, der mir sofort seltsam vorkommt. Er mustert mich argwöhnisch von oben bis unten. Dabei kratzt er sich nachdenklich an seinem schwarzen Vollbart und brummelt etwas Unverständliches vor sich hin. Bevor ich mich weiter über sein merkwürdiges Verhalten wundern kann, kommt er auch schon ein paar Schritte auf mich zu und fordert mich ohne viele Worte auf: »Mitkommen!«

Erschrocken fummle ich mein schon wieder verrutschtes Kopftuch zurecht und entgegne abweisend: »Nein! Ich will aber nicht mitkommen. Warum soll ich das?« So einfach geht das nun auch wieder nicht. Ohne triftigen Grund mit einem fremden Mann mitgehen? Und vor allem: Wohin? Nein, danke.

Der Unbekannte wiederholt, ohne meine Frage zu beantworten: »Sie müssen mitkommen!«

»Ich möchte mit ihnen weiterreisen. Sie passen schon auf mich auf!«, entgegne ich aufmüpfig und zeige auf die Leute, die um mich herum stehen, darunter auch der hilfsbereite ältere Mann mit seiner Tochter. Bei den freundlichen Menschen, die den langen Weg gemeinsam mit mir angereist sind, fühle ich mich bedeutend wohler und sicherer als bei diesem forschen Typ.

Doch dieser will davon nichts wissen, sondern redet erneut kopfschüttelnd auf mich ein: »Das geht nicht. Ich muss Sie mitnehmen.«

Auch meine auserkorenen Begleiter reden ihm gut zu. Das bringt leider nichts. Er bleibt stur. Weglaufen kann ich nicht. Er meint es tatsächlich ernst. Mitkommen? Warum? Das will, darf, kann er mir nicht sagen? Was habe ich denn getan? Nichts. Viele Fragen – keine Antworten. Mir wird schlecht. Zum Glück habe ich noch nichts gegessen, denn vor lauter Angst könnte ich kotzen. Mein Humor ist wie vom Wüstenwinde verweht. Ich muss mitkommen! Mir bleibt tatsächlich nichts anderes übrig. Irritiert verabschiede ich mich von den hilfsbereiten Leuten um mich herum und wünsche ihnen eine sichere Reise.

Der Mann holt seinen Kleinlaster. Verärgert über meine anfängliche Weigerung, die ihn vor den anderen dumm dastehen lassen hat, macht er sich mit einem Wortschwall über mein schlechtes Benehmen Luft und verfrachtet mich ungehorsame Frau zusammen mit meinem Rucksack auf die Laderampe. Wir fahren nur ein paar Minuten durch die Wüste, bis wir am nächsten Militärposten ankommen. Dort werde ich mit Sack und Pack wieder abgeladen. Wir warten. Nur worauf? Das weiß ich natürlich nicht. Keiner sagt es mir. Von den jungen bewaffneten Männern um mich herum werde ich unverhohlen angestarrt. Die haben bestimmt noch keine so bescheuerte Blondine gesehen, die sich hier allein über die Grenze wagt. Die nächsten Minuten bin ich ihr Hauptgesprächsthema. Ich muss ihre Sprache nicht verstehen, um zu wissen, worüber gerade geredet wird. Ihre Körpersprache ist eindeutig. Zu schade, dass ich nicht in Farsi mit ihnen plaudern kann. Mein Arabisch- kurs in der Volkshochschule liegt schon ein paar Jahre zurück. Er ermöglicht mir, die Sprache zumindest lesen und ein paar der Wörter, die ich nicht schon längst wieder vergessen habe, verstehen zu können. Als ich aus dem lautstarken Gerede der Männer das Wort »amrikya« – Amerikanerin – heraushöre, unterbreche ich sie und sage: »almany« – Deutsche. Plötzlich sind alle still. Habe ich mir doch gedacht, dass sie in mir eine Amerikanerin sehen wollen, nur weil ich Englisch spreche. Ob- wohl wir uns sonst nicht verständigen können, hat dieses eine Wörtchen deutlich die spürbare Feindseligkeit, die in der Luft lag, abgemildert. Das wäre nun geklärt. Damit geht es mir in dieser fremdartigen Männerwelt schon ein wenig besser.

Nach einer gefühlten Ewigkeit kommt ein ziviles Auto mit zwei Polizisten angefahren. Wortlos nehmen sie mich mit. Fahren sie mich jetzt ins nächste Gefängnis? Ich könnte keine schlechteren Gedanken hegen und sitze schweigend hinter den zwei Männern. Soll ich etwas sagen? Soll ich sie fragen? Nach einer Weile ertrage ich meine eigene Unsicherheit nicht mehr und wage einen Versuch. Ich frage sie leise: »Verstehen Sie Englisch?«

Zum Glück bejahen sie.

Noch vorsichtiger frage ich: »Wohin fahren wir?«

Endlich bekomme ich eine klare Antwort. Die hätte ich mir vor über einer Stunde gewünscht. Der Fahrer entgegnet: »Erst vor Kurzem wurden zwei Europäer, die mit ihren Fahrrädern auf dieser Strecke unterwegs waren, entführt. Deswegen bringen wir Sie zu Ihrer eigenen Sicherheit in die nächste Ortschaft.« Was mit den zwei Radfahrern passiert ist, verrät er mir nicht.

Ach, so ist das! Der Aufwand dient zu meinem eigenen Schutz! Es tut ausgesprochen gut, das endlich zu wissen. Ich seufze erleichtert auf. »Mamnun!«, bedanke ich mich freundlich.

In Mīrjāveh, das etwa zehn Kilometer von der gleichnamigen Grenze entfernt ist, werde ich in ein Sammeltaxi gesetzt. Es dauert eine Weile, bis es voll ist und wir in die nächste größere Stadt weiterfahren. Meine Eskorte folgt uns in sicherem Abstand weitere neunzig Kilometer durch die Wüste. Kurz vor Zahedan, Haupstadt der iranischen Provinz Sistan und Belutschistan, drehen meine Beschützer wieder um und fahren zurück. Was für ein unerwartet abenteuerlicher Empfang!

Die Bürokratie in einer dominanten Männerwirtschaft hätte es mir fast unmöglich gemacht, den Iran auf eigene Faust zu bereisen. Deshalb freue ich mich ganz besonders auf die nächsten Wochen. Trotz haarsträubender Situationen auf meinem Weg habe ich es endlich geschafft, hier anzukommen. Ich bin drin – und da bleibe ich erst mal.

Lauf!

November 2004

In den letzten Wochen habe ich viele interessante Begegnungen in Kuwait, Katar und Bahrain erleben dürfen. In allen Nationen war ich bei gastfreundlichen Mitgliedern der Hash House Harriers eingeladen – einem internationalen Laufclub, den es fast in jedem Land der Welt gibt. Ich bin so dankbar für diese bunte Vereinigung, die oft meine erste Anlaufstelle ist, wenn ich mal wieder auf eigene Faust den Planeten unsicher mache. Bei den lockeren, unkonventionellen Hashern finde ich oft für ein paar Tage ein bequemes Bett in einem gemütlichen Zimmer. Dazu werde ich in den Alltag in einem fremden Land eingebunden. Die herzliche Gastfreundschaft der Hasher und unsere lustigen gemeinsamen Erlebnisse sind auf all meinen Reisen eine Bereicherung für mein Innenleben und versorgen mich mit jeder Menge positiver Energie. So auch dieses Mal, wo ich zum »Gulf Interhash« im Sultanat des Omans eingeladen bin.

Mit viel Humor wird das »Hashing – recreational cross country running for fun« je nach menschlicher Gruppierung vor Ort von einem chaotischen Team, dem »Mismanagement Committee«, geführt. Dabei ist besonders wichtig: Alles, was schiefläuft, und insbesondere sich selbst sollte man nicht zu ernst nehmen. Denn die oberste Regel der Hash House Harriers lautet: Es gibt keine Regeln! So muss, wer an einem

Hash – einem entspannten Querfeldein-Orientierungslauf – teilnehmen möchte, auch keinerlei läuferisches Können vorweisen. Statt Konkurrenzdenken steht bei der Gruppe das Miteinander im Vordergrund – sogar Kinder und Hunde laufen mit. Die gute Laune kommt dabei wie von selbst auf. Außerdem gilt, damit das Abschalten und das Ausbrechen aus dem Alltag leichter fällt: Nicht über die Arbeit sprechen!

Ganz salopp gesagt gelten die Hash House Harriers als ein »Trinkclub mit einem Laufproblem«, denn zu den offiziellen Zielen der Vereinigung gehört nicht nur, die körperliche Fitness unter den Mitgliedern zu fördern, sondern auch, bei jedem Lauf aufs Neue ihren Bierdurst anzuregen. So geht am Ende eines Hashs auch nicht jeder sofort seiner Wege, sondern die Hasher bilden einen ordentlichen(!) Kreis, in dem alle gemeinsam mit Bier, Wasser, Cola und anderen Getränken – vor allem aber mit Bier – auf die erfolgreich zurückgelegten Kilometer anstoßen. Ausgerechnet ich als Deutsche, die überhaupt kein Bier mag, sorge im Rahmen dieser Tradition bei den Hashern regelmäßig für staunende Blicke und hochgezogene Augenbrauen. Für meine seltsame Geschmacksverirrung muss ich mich aber nicht schämen. Trotzdem werde ich überall freundlich empfangen und mit »Hashspekt« vollkommen unkompliziert integriert.

In diesem November kommen in Maskat, einer der heißesten Hauptstädte der Welt, am Golf von Oman knapp neunzig Hasher zusammen. Sie sind aus den umliegenden Golfstaaten oder von noch weiter weg angereist, um von Mittwochnachmittag bis Samstagfrüh gemeinsam ein langes Hash-Wochenende zu verbringen. Bei der Anmeldung bekommt jeder Hasher eine rote Sporttasche überreicht, auf der ein Kamel mit verknoteten Beinen abgedruckt ist. Darauf sitzt ein Männchen, das beide Arme sowie Beine übermütig jubelnd in die Luft streckt. In seiner linken Hand hält es – natürlich – eine Bierdose.

Wiedersehen macht Freude – und bei den Hashern oft auch neue Freunde! Tatsächlich begegne ich hier im Oman zwei bekannten Gesichtern, die ich bereits an anderen Ecken der Welt kennengelernt habe. Beides sind Kanadier.

»Mensch, Phil, warst du nicht im August vor drei Jahren bei unserem ›Red Dress Run‹ in Frankfurt mit dabei? Danach haben wir uns länger im Pub in Sachsenhausen unterhalten«, rufe ich, begeistert über das Wiedersehen.

»Stimmt, du hast recht! Daran kann ich mich noch erinnern, obwohl ich ganz schön viel Bier getrunken hatte ... Inzwischen gebe ich Englischunterricht in Katar und bin übers Wochenende für den Lauf hergekommen«, antwortet er grinsend und umarmt mich sichtlich erfreut.

»Wer kommt denn da? Das ist doch Manny! Manny«, rufe ich dem Mann, der plötzlich ein Stück von uns entfernt aufgetaucht ist, winkend zu – ich bin völlig aus dem Häuschen.

Überrascht läuft Manny auf mich zu, und wir umarmen uns ebenso herzlich zur Begrüßung.

Aufgeregt erkläre ich Phil: »Manny und ich sind uns erst vor drei Monaten bei den Hash House Harriers in Edmonton über den Weg gelaufen!« Und an Manny gerichtet füge ich hinzu: »Was verschlägt dich in den Oman?«

»Ich gebe hier Englischunterricht an einer Schule«, kommt prompt die Antwort.

»Das hätte ich mir glatt denken können! Mit euch beiden kann das Wochenende ja nur lustig werden. Ich freue mich, dass ihr da seid. Welch unerwartetes Wiedersehen!«

Lachend stimmen die beiden mir bei.

In mehreren Autos und Bussen werden wir in den nächsten Tagen zum Hashen an verschiedene Orte in die Wüste geschickt. Es sind landschaftlich beeindruckende, einsame Gegenden, in die ich allein nie gekommen wäre. Außer uns Hashern ist hier keine Menschenseele weit und breit zu sehen. Und das ist auch gut so. Denn wir wollen hierzulande auf dem Lauf mit unseren lauten »On, on«-Rufen, die signalisieren, wo es langgeht, nicht unangenehm auffallen. Außerdem sind wir sehr darauf bedacht, außer unseren Spuren im Wüstensand nichts zu hinterlassen, was der Natur schaden könnte.

Bei jedem Lauf rennen die sportlicheren Hasher etwa eine Stunde bei angenehm warmen Temperaturen durch die versandete, trockene Natur – alle anderen gehen mit strammen Schritten, schwatzend und mit Wasserflaschen bewaffnet, bis zum sogenannten »On In«, dem Ziel, wo der Lauf endet. Auch wenn es um diese Jahreszeit nicht mehr so brütend heiß ist, darf man die trockene Wüstenluft nicht unterschätzen. Steinige, baumlose Hügel formen beeindruckende Wellen, die hinter der Ebene, in der wir laufen, emporragen. Ockergelb leuchtende Berge und schattige Täler wechseln sich unter dem hellblauen Novemberhimmel ab. Ein paar blätterlose Dornenbüsche und Bäumchen stehen am Rande eines Wadis, einem Trockental, das nur nach starken Regenfällen Wasser führt. Diese sind zum Glück nicht in Sicht. Sonst könnte es für uns gefährlich werden – in der Wüste sind tatsächlich weit mehr Menschen ertrunken als verdurstet.

Bei einem Lauf entdecke ich einen alten Reifen in der sonst unberührten Natur. Ist er von einem reißenden Sturzbach angeschwemmt worden? Oder hat ihn vielleicht jemand hier draußen einfach vergessen? Längst hat er dieselbe Farbe wie der lehmartige Boden angenommen und ist mit ein paar dünnen, bröckeligen Schichten Erde bedeckt. Darum herum ist der getrocknete, ebene Grund von unterschiedlich großen, teils zentimetertiefen Rissen und Furchen durchzogen. Jeder Lehmabschnitt, einst von Wasser durchtränkt, wirkt wie eine Insel für sich. In einer von ihnen erkenne ich die einsame Spur einer Ziege, die sich weiter weg im Sand verläuft.

Am Ende unseres letzten Laufs wird es sogar richtig abenteuerlich. Nacheinander müssen wir durch einen endlos langen mannshohen Tunnel gehen, der sonst womöglich nur Wassermassen transportiert und nicht unbedingt zum Begehen durch uns Menschen gedacht ist. Mit einer Länge von einem Kilometer ist es im Tunnel schnell stockfinster – das Tageslicht ist nicht mal mehr zu erahnen. Um denen von uns, die keine Taschenlampe dabeihaben, den Weg zu weisen, haben die Organisatoren den schmalen unterirdischen Gang mit über zweihundert Teelichtern ausgelegt. Die Atmosphäre ist gleichzeitig beeindruckend und beengend. Obwohl ich nicht allein durch den Tunnel gehe – Manny läuft vor und Phil hinter mir –, kriecht ein bedrückendes Gefühl in mir hoch. Ich finde es beklemmend, ewig kein Licht am Ende des Tunnels zu sehen. Währenddessen scheint die Luft immer dicker zu werden und schnürt mir die Kehle zu. Es ist erdrückend stickig hier unten, riecht muffig und nach Kerzenwachs. Ich halte den Atem an und beginne zu husten.

»Hier!« Manny reicht mir seine Wasserflasche. Ein Schluck des warmen Wassers hilft ein wenig.

»Danke«, hauche ich, bevor ich strammen Schrittes weitermarschiere. Und tatsächlich: Nach ein paar Minuten sehe ich vor mir einen Lichtstrahl aufblitzen. Da ist er – der Ausgang. Ich gehe schneller. Nur noch ein paar Schritte ... Endlich wieder draußen! Ich komme mir vor, als hätte ich gerade erfolgreich eine Mutprobe gemeistert, und sauge euphorisch die klare Luft ein.

»Besser?«, grinst Phil mich an.

Ich nicke immer noch ein wenig benommen. Bis mein sonst so loses Mundwerk sich nach diesem Nervenkitzel wieder lockert, dauert es etwas. Auch das macht den Reiz des Hashens aus: Mit den Hashern erlebe ich immer wieder aufs Neue etwas, was ich noch nie gemacht habe, – denn kein Hash ist wie der andere. Nicht selten überschreite ich dabei meine eigenen Grenzen und fordere mich selbst heraus. Und dieser kleine Triumph wird dann nach dem Lauf ordentlich gefeiert. So wie heute: Bei einem gemeinsamen Essen im Saal unseres Hotels und anschließend in der zugehörigen russischen Bar lassen wir den langen Tag feuchtfröhlich ausklingen.

Am Morgen danach holt mich Manny in seinem silberfarbenen Daihatsu für eine Tour durch den Golfstaat ab. Wie schön, dass er die nächste Woche nicht arbeiten muss!

»Toll, dass du Zeit hast und gemeinsam mit mir das Sultanat erkunden möchtest«, schmettere ich ihm entgegen, bevor ich auf dem Beifahrersitz Platz nehme.

»Klar! Außer der Hauptstadt und der näheren Umgebung hab ich vom Land ja auch noch nicht viel gesehen.«

Ohne Manny und sein Auto wäre ich in diesem Land ziemlich aufgeschmissen, da öffentliche Verkehrsmittel in entlegene Winkel hier eher rar oder gar nicht vorhanden sind. Umso dankbarer bin ich, als wir entspannt auf einer breiten Schnellstraße durch das ausgedehnte Stadtgebiet von Maskat durch den Stadtteil Ruwi fahren. Kein Mensch ist hier mehr zu Fuß unterwegs, dafür gibt es umso mehr Autoverkehr. Genauso wie in anderen Golfstaaten sind auch hier die Einfamilienhäuser Parzelle für Parzelle von hohen weißen oder ockerfarbenen Mauern umgeben. Die Tore sind ebenso hoch – alles ist hermetisch abgeriegelt. Unzugänglich für fremde Augenpaare, die im gleißenden Sonnenlicht von den hellen Mauern geblendet werden, hütet hinter dieser Festung jede Familie archaisch ihren Schatz.

Auf der Route 17, einer gut ausgebauten Autobahn, fahren wir durch eine schroffe, trockene Berglandschaft nach Quriyat. Im Zentrum der Kleinstadt am Indischen Ozean stellen wir zur Mittagszeit das Auto unter einem saftig grünen Baum ab, der genug Schatten für ein paar Kleinwagen bietet. Die Geschäfte sind geschlossen. Kein Mensch und kein Tier sind zu sehen. Immerhin können wir einen Blick in den trutzigen lehmfarbenen Qasr al-Alam werfen – unsere erste Festung. Auf dem Wachturm weht die rot-weiß-grüne Flagge mit dem Staatsemblem der regierenden Dynastie. Das Wappen besteht aus einem Handschar, dem typischen Krummdolch in einer verzierten Scheide, der zwei symmetrisch gekreuzte lange Krummschwerter überlagert. Weiß symbolisiert den Imam des Landes und Frieden. Das grüne Band steht für

Fruchtbarkeit und die grünen Berge im Norden, das rote für die Hauptstadt Maskat und den Kampf gegen Invasoren.

Gemächlich gehen wir im sonnigen Innenhof des imposanten Gebäudes umher. Alle Türen bis auf eine, die aufs Dach führt, sind verschlossen. Von diesem besonderen Plätzchen aus genießen wir einen Moment lang die schöne Aussicht auf das Gebirge, das sich direkt hinter dem Ort zu erheben scheint. Wieder draußen bleibt mein Blick an einer steinernen Schatztruhe hängen, die auf einem mit bunten Fliesen ummantelten Podest steht. Ausgiebig betrachte ich die kunstvolle Truhe, die mit ineinander verschlungenen Mustern aus Metall verziert ist. Sie wirkt, als käme sie direkt aus einem Märchen aus *Tausendundeine Nacht*. Ihr schwarzer Deckel steht weit offen, der wertvolle, übergroße Inhalt ist teils in ein weißes Laken gehüllt – ewig unangetastet zu Stein und Beton erstarrt.

Auf dem Weg zurück zum Auto bleiben unsere Münder mindestens so weit offen stehen wie der Deckel der Schatztruhe. Welch unerwartete Aussicht! Aus meinem Inneren ertönt ein Glucksen, das in lautes Gelächter übergeht. Manny hingegen schließt seinen Mund tonlos wieder. Er findet die Situation nicht so lustig wie ich. Schließlich geht es um sein Auto, das ihm nicht mal richtig gehört, sondern nur eine Leihgabe seines Arbeitgebers ist. Trotz sengender Mittagshitze rennt mein Begleiter deshalb jetzt zum Wagen. Dessen Dach und Motorhaube werden gerade nämlich von ein paar ganz schlauen langhaarigen Ziegen belagert, um an die saftigen Blätter des Baumes darüber zu gelangen. Bei unserem rasch auf sie zukommenden Anblick und meinem lauten prustenden Lachen hüpfen sie elegant vom Auto herunter und suchen unter fröhlichen Bocksprüngen meckernd das Weite.

Und auch für uns geht es weiter! Mit dem frisch ge-
retteten Daihatsu fahren wir weiter am Meer entlang. Die
Straße wird schlechter und holpriger, dennoch meistert das
Auto die Strecke hervorragend. Durch Oasen mit Dattel-
palmen, hinter denen sich das von Tälern zerklüftete Ge-
birge auftürmt, gelangen wir über die Stadt Sur bis nach
Ras al-Hadd, dem östlichsten Ort der Arabischen Halbinsel.
Hier quartieren wir uns im Turtle Beach Resort ein, einer
ruhigen Anlage mit einfachen Strandhütten in einer kleinen
Bucht.

Bevor dieser Tag für uns in einem der gemütlichen Nacht-
lager zu Ende geht, unternehmen wir allerdings noch einen
kleinen Nachtausflug in das nahe gelegene Ras al-Dschinz. In
dem idyllischen Naturschutzgebiet gehen wir im Mondlicht
an den einsamen Stränden entlang, hinter denen wieder eine
karge Bergkette emporragt. Wir schätzen uns privilegiert, bei
diesem Spaziergang eine Grüne Meeresschildkröte zu entdecken und im Mondschein ganz still und leise bei der Ei-
ablage beobachten zu können. In vielen Ländern Asiens wird
das Tier mit Ausdauer, Weisheit und Langlebigkeit assoziiert
und dementsprechend verehrt. Die Weibchen sind bei dieser
Schildkrötenart größer als die Männchen und bis zu 185 Kilo
schwer. In der Dunkelheit kehrt die Chelonia mydas genau an
denselben Strand zurück, an dem sie auch auf die Welt kam.
Mit ihren Flossen buddelt sie stundenlang eine Sandgrube
mit bis zu einem halben Meter Tiefe. Genau vor mir kann ich
jetzt sehen, wie die Schildkröte ein tischtennisballgroßes Ei
nach dem anderen aus ihrem gepanzerten Körper drückt – bis
zu hundert Stück können es werden. Sobald sie fertig ist, bedeckt sie die Eier mit Sand und schleppt sich erschöpft über

den Strand zurück ins Meer. Dabei hinterlässt sie eine tiefe Spur. Wenn man nicht genau hinschaut, könnte man sie für den einzelnen Reifenabdruck eines Baggers halten. Die Eier werden die folgenden vierzig bis sechzig Tage von der Natur im heißen Sand ausgebrütet. Dabei wird auch ihr Geschlecht bestimmt. Die Weibchen mögen es heiß: Sie entwickeln sich bei Temperaturen über dreißig Grad Celsius. Die Männchen hingegen bei Temperaturen darunter.

Während ich Zeugin dieses rührenden Moments werde, läuft ein Wasserfall aus Glückstränen mein Gesicht herunter, für den ich mich überhaupt nicht schäme. Diese wunderbaren, bedrohten Tiere lassen mich in Ehrfurcht und Demut erstarren. Lange sitzen Manny und ich reglos in sicherer Entfernung da, um die Wasserschildkröte nicht zu stören, und erfreuen uns staunend an diesem seltenen und kostbaren Anblick, bevor wir in unsere Strandhütten zurückkehren und uns endlich schlafen legen.

Als ich am nächsten Morgen nach Sonnenaufgang ganz allein am menschenleeren Strand entlangspaziere – Manny entspannt noch in seiner Hütte – und dabei einen nackten Fuß ganz leicht vor den anderen setze, kann ich mein Glück kaum fassen. Ich spüre den warmen Sand unter meinen Sohlen, rieche und höre das sanfte Plätschern des Meeres. Mein Herz macht ausgelassene Freudensprünge. Und da ... Huch! Was ist denn das? Völlig unerwartet, ganz nah bei mir, krabbelt aus dem Sand urplötzlich eine einsame Meeresschildkröte im Miniformat empor. Ich bleibe abrupt stehen. Die kleine Schildkröte ist höchstens so groß wie meine Handfläche. Obwohl ich einem Impuls folgend das kleine Lebewesen zu gern berühren, anfassen und begreifen würde, halte ich mich zurück. Nur aus der Ferne und allein mit meinen weit geöffneten Augen berühre ich die kleine Meeresschildkröte und werde von ihr ebenso berührt.

Das kleine Wesen scheint ohne Zweifel genau zu wissen, wo es langgeht. Wenn ich das nur auch immer so genau wüsste! Da hat die Schildkröte mir, kaum dass sie das Licht dieser Welt erblickt hat, schon jetzt ganz eindeutig etwas voraus. In ihrer Zielstrebigkeit erinnert sie mich in dieser stillen landschaftlichen Idylle ausgerechnet an eine Schar Menschen, die an einem überfüllten Bahnhof unbeirrt – ohne Blick nach links oder rechts – zum Zug hetzt. Wenn ich nicht wüsste, dass die Meeresschildkröte ihren Urinstinkten folgt, würde ich denken, sie strotzt nur so vor ungehemmter Lebensfreude auf ihrem ungewissen Weg hinaus in die weite Welt – trotz all der lebensbedrohlichen Gefahren, die überall auf sie lauern. Mit riesigen Argusaugen gehe ich vorsichtig in sicherem Abstand neben ihr her. Ich fühle mich wie eine aufgeregte Mama, die am liebsten vor Begeisterung in die Hände klatschen und laut rufen würde: »Lauf, kleine Grüne Meeresschildkröte, lauf!« Stattdessen bin ich mucksmäuschenstill. Nur einmal wedle ich wild mit den Armen, als ein paar hungrige Möwen, die eine Bewegung wahrgenommen haben, sich zum Angriff in die Lüfte schwingen.

Hautnah bin ich dabei, als die kleine Schildkröte zielstrebig zum Meer stürmt und sich voll ungeahnter Energie in die Wogen stürzt, so als hätte sie das schon immer getan und nicht gerade eben zum allerersten Mal. Ich bin von so viel Liebe für dieses kleine Lebewesen erfüllt, dass ich das Gefühl habe, mein Herz könnte vor Glückseligkeit jeden Moment bersten und mit seiner Wärme das gesamte Universum erfüllen. Kaum im Wasser, wird die Meeresschildkröte wie von selbst von den Wogen angehoben, fängt eifrig mit ihren kleinen Flossen an zu paddeln und taucht flugs unter. Sanft wird sie von einer kleinen Welle, dann der nächsten, einer weiteren und noch viel mehr Wellen mitgenommen und hinaus in die unendlichen Weiten des Ozeans getragen, bis sie meinem Blick entschwindet. Zu gern würde ich mit ihr mitkommen und erleben, wie sie sich entwickelt ... Stattdessen schicke ich einen Teil meines Herzens mit ihr mit – mein Körper bleibt da, wo er ist. Leb wohl und lange!, rufe ich ihr in Gedanken zum Abschied hinterher.

Mit verschwommenen Augen schaue ich in den wolkenlosen Himmel und wische mir schon wieder ein paar Tränen der Rührung aus den Augen. Ich bin erleichtert. Die Luft ist rein. Wenigstens von oben droht gerade keine Gefahr. Die Möwen sitzen wieder am Strand und harren der Dinge. Ich warte mit ihnen eine Weile ab. Meine Vermutung, dass das gesamte Gelege zur gleichen Zeit schlüpft und noch mehr kleine Schildkröten folgen, bestätigt sich leider nicht. Auf dem Weg zurück zu meiner Hütte seufze ich tief.

Was gibt es Schöneres auf dieser Welt als die atemberaubenden Wunder der Natur? Wenn ich sie in ihrer Vollkommenheit erfahren darf, erwacht auch meine Begeisterung zu neuem Leben. Diese besonderen Momente werden zu einem Teil von mir. Sie sind es, die mich ausmachen. Wunderbare Augenblicke und Erlebnisse verwandeln sich in bedeutungsvolle Erinnerungen. Sie sind alles, was uns von der vergangenen Zeit bleiben wird. Wie wird es sein, irgendwann in Zukunft von diesen faszinierenden Erinnerungen zu zehren? Ich bin jedenfalls glücklich zu wissen, wie ich meine Zeit, mein Dasein auf dieser Erde möglichst sinnvoll nutzen kann: Reisen ist Liebe für alle Sinne.

Auf der Strecke geblieben

Seit ein paar Tagen bin ich auf Madagaskar, dem zweitgrößten Inselstaat der Welt nach Indonesien. Im Moonlight Hotel in der Hauptstadt Antananarivo, kurz auch Tana genannt, nächtige ich die ersten Tage günstig in einem geräumigen Mehrbettzimmer. Am dritten Tag komme ich abends mit einer schlanken Frau ins Gespräch, die gerade erst angekommen ist und das Zimmer mit mir teilt. Ihre langen braunen Haare hat sie locker mit einem dunkelgrünen Samtband zu einem Pferdeschwanz gebunden. Während sie in ihrem Rucksack kramt und sich ihren Pony mit ihrer zierlichen Hand aus dem Gesicht streift, stellt sie sich mit einem leichten österreichischen Akzent vor: »Hi, ich bin Kathrin! Ich bin ursprünglich aus Deutschland, lebe aber schon ein paar Jahre in Wien.«

»Wie schön! Wien gehört definitiv zu meinem Lieblingshauptstädten«, antworte ich begeistert. »Ich war zwar nur einmal vor vielen Jahren mit einer Schulkameradin dort, und das Wetter war richtig mies, aber trotz Regen hat es mir super gefallen. Ich bin übrigens Nina.«

Durch das schicke Metallgestell auf ihrer Nase schaut meine neue Zimmergenossin mich aus dunkelbraunen Augen aufmerksam an. Obwohl ich mich bei Brillenträgern oft verschätze, gehe ich davon aus, dass sie einige Jahre jünger ist als ich. »Ich fand es anfangs gar nicht so einfach und musste mich erst daran gewöhnen, in Wien zu leben«, entgegnet sie.

»Ja, es ist sicherlich schwierig, sein gewohntes Umfeld zurückzulassen und allein in eine fremde Stadt in einem anderen Land zu ziehen. Das kann ich mir gut vorstellen, obwohl ich es selbst nicht ausprobiert habe! Ich reise nur viel. Morgen geht es für mich auf Madagaskar auch schon weiter. Ich hab genug von der Hauptstadt gesehen und möchte Richtung Süden.« Ich erkläre ihr, welche Route ich ungefähr im Kopf habe. So genau weiß ich das im Voraus zwar nie, und ich entscheide mich spontan auch öfter mal um, aber ein grober Plan ist normalerweise da.

Kathrin überlegt einen Moment und fragt vorsichtig: »Würde es dir etwas ausmachen, wenn ich mich dir anschließe?«

»Natürlich kannst du mitkommen!«, antworte ich enthusiastisch. »Sehr gern sogar! Dann bin ich mal nicht allein unterwegs.«

Kathrin ist mir sympathisch, und ich freue mich darauf, die nächsten Tage mit ihr weiterzureisen. Gemeinsam schmieden wir Pläne und sind uns auf Anhieb völlig unkompliziert einig.

Zwei spannende Reisetage später kommen wir in Fianarantsoa, der zweitgrößten Stadt Madagaskars, in der gleichnamigen Provinz an. Es ist für mich fast unvorstellbar, dass dieses ruhige Städtchen auf etwa 1.200 Metern Höhe 170.000 Einwohner zählen soll. Es wirkt so klein und hat fast dörflichen Charakter – die zweitgrößte Stadt des Landes hätte ich mir auf jeden Fall anders vorgestellt.

Im Hotel Moderne finden wir ein geräumiges Zimmer mit zwei Betten für die Nacht für nur 43.000 Ariary – knapp zwanzig Euro. Von dort geht es bereits am frühen Morgen weiter. Noch vor Sonnenaufgang packen wir unsere Sachen. Immerhin müssen wir schon um sechs Uhr am Bahnhof sein, der praktischerweise gleich um die Ecke liegt. Nur einmal nach links über die kaum befahrene Straße, und schon stehen wir vor dem hellen Bahnhofsgebäude. An einem Schalter ersteht jede von uns eine Fahrkarte erster Klasse. Der Preisunterschied zur zweiten Klasse macht umgerechnet nur ein paar Euro aus. Die erste Klasse wählen wir nicht etwa, weil wir auf extra Komfort aus sind: Obwohl ich gern mit den Einheimischen in der zweiten Klasse zusammensitzen möchte, um mit ihnen in Kontakt zu kommen, will ich ihnen keinen Sitzplatz wegnehmen. Und wie es scheint, werden an Touristen ohnehin nur Fahrscheine erster Klasse verkauft. Ich schäme mich fast ein wenig dafür, dass wir – gezwungenermaßen – die höchste Preiskategorie wählen. Sonst fahre oder fliege ich nie erster Klasse – das kann und will ich mir nicht leisten. Schließlich lebe ich schon eine Weile von meinen Ersparnissen.

Bei der Bahnverbindung von Fianarantsoa an die Ostküste nach Manakara handelt es sich um den einzigen Personenzug der Insel. Mit dem Bau der Strecke wurde bereits 1896 begonnen. Erst Jahrzehnte später hat man sie 1936 eingeweiht. Die Bahn soll uns heute über 67 Brücken und durch 48 Tunnel bringen. Der Zug mit knallroter Lokomotive wartet schon auf uns. Auf dem einzigen Gleis entdecken wir ein weißes Schild mit roter Schrift: »1ère classe«. Hier sind wir richtig. Kathrin und ich steigen ein in einen dunkelgrünen Waggon mit grauem Dach. Nach und nach gesellen sich weitere Touristen zu uns in das Großraumabteil mit braunen Sitzbänken.

Als ich durch die großen, halb geöffneten Fenster nach draußen schaue, entdecke ich drei barfüßige Jungs in kurzen Hosen. Ihre nackten Beinchen sind vom Straßenstaub hell gepudert, die T-Shirts zerschlissen und voller Flecken. Sie sind so klein, dass ich sie noch im Vorschulalter wähne. Die Knirpse hocken eng aneinandergedrängt zusammen und sind mit einem Stöckchen beschäftigt, das einer von ihnen in der Hand hält. Ihre dünnen Beine baumeln von einer verwitterten, vor scheinbar langen Jahren einst grün gestrichenen Holzbank. Als sie bemerken, dass ich sie beobachte, wirft mir der mittlere Dreikäsehoch mit seinem Zeigefinger am Mund ein verschmitztes Grinsen zu, das bis hinauf zu seinen kohlschwarzen Augen reicht. Die anderen beiden schauen eher schüchtern mit gesenkten Blicken in meine Richtung. Lächelnd winke ich ihnen zu, obwohl mir bei ihrem ärmlichen Anblick längst Tränen in die Augen geschossen sind. Dennoch machen sie in ihrer ganz eigenen Welt auf mich einen glücklichen Eindruck. Vielleicht sind sie es sogar. Weit und breit entdecke ich keinen Erwachsenen, der auf die drei aufzupassen scheint. Offensichtlich stört das auch sonst niemanden. Ich bin wohl die Einzige, die sich über die niedlichen Knirpse Gedanken macht.

Tatsächlich zuckelt der Zug pünktlich um sieben Uhr los. Die Geschwindigkeit beträgt zwanzig bis 35 Kilometer in der Stunde. Schon nach ein paar Minuten halten wir ächzend wieder an. Mehrere Menschen steigen in die anderen Waggons ein. Je weiter wir uns von der Stadt entfernen, desto mehr sehe ich von den für die ländliche Region im Süden so typischen doppelstöckigen Häusern. Sie gefallen mir gut und bringen meinen Magen zum Knurren, denn ihre Farbe erinnert mich an Spekulatius. Bei ihrem Anblick habe ich immer wieder den Geschmack dieses würzigen Weihnachtsgebäcks im Mund, das ich so gern esse. Ich muss ganz schön hungrig sein. Wie käme ich sonst auf die Idee, Häuser anknabbern zu wollen? Kein Wunder, wir haben noch nicht gefrühstückt!

Der Zug, in dem es keinen Speisewagen gibt, schlängelt sich auf einer einsamen Spur durch die immer dünner besiedelte, bergige Landschaft, vorbei an Bananen- und Teeplantagen. Hier und dort entdecken wir beeindruckende Wasserfälle. An jeder ländlichen Station wird länger angehalten. Überall ist etwas los – es geht so lebhaft zu wie auf einem Wochenmarkt. Schwere Körbe voller grüner Bananen werden in den Zug verfrachtet. Neben Erwachsenen, die Tische aufgestellt haben, verkaufen auch Kinder verzehrfertige Speisen und tragen somit zum Unterhalt der Familie bei. Wir haben die Wahl zwischen reifen Bananen, gekochten Eiern, roten Bohnen, süßem Klebreis, der in Bananenblätter gehüllt ist, Flusskrebsen, Schnitzelchen und vielen anderen Köstlichkeiten, die ich noch nie gesehen habe. Dazu gibt es leckeres frisches Baguette zu kaufen.

Ich entscheide mich für knusprig frittierte Samosas – zu Dreiecken zusammengelegte, mit Kartoffeln gefüllte Teigtaschen –, die von einem kleinen Mädchen verkauft werden. Über ihrer rechten Schulter balanciert sie eine viel zu große kreisrunde Platte. In ihrem vanillefarbenen Sommerkleidchen, auf das eine rosa Blume gestickt ist, und mit dem Strohhut auf dem Kopf wirkt sie wie eine junge Dame, die zu einem sonntäglichen Kirchgang herausgeputzt ist. Ihr hübsches knielanges Kleid verfehlt seine positive Wirkung nicht – auf ihrer bunten Platte liegen nur noch wenige Samosas. Die kaufe ich ihr jetzt alle ab. Dafür ernte ich ein schüchternes Lächeln. Es zerreißt mir fast das Herz.

Ich bedauere es zutiefst, keine Kinder zu haben. Eine Familie fehlt mir so sehr in meinem Leben. Diese Gefühle und Gedanken scheinen wie Klebstoff an mir zu haften – vor ihnen weglaufen kann ich nicht. Ohne Geschwister habe ich natürlich auch keine Neffen und Nichten. Wenn schon keine eigenen Kinder, hätte ich eines Tages wenigstens liebend gern ein Patenkind gehabt. Leider sieht es in meiner Heimat nicht danach aus, dass wenigstens dieser Wunsch bald in Erfüllung gehen könnte.

Ich kann eben nichts erzwingen. Das wollte ich auch nie. Weder eine eigene Familie noch ein Patenkind werden wohl jemals mein Leben bereichern und ihm einen tieferen Sinn geben. Den muss ich woanders finden – und im Moment kriege ich das ganz gut hin. Reisen – zum Beispiel hier, bei einer wunderschönen Zugfahrt durch eine faszinierende Landschaft – und freundliche Begegnungen mit Menschen überall auf der Welt sind zwar kein Familienersatz, dennoch fühlt sich dadurch mein Leben sinnvoll an. Ich lerne, mich nicht einsam, leer und wertlos zu fühlen, sondern meine Lebenszeit auf andere Art zu lieben.

Nach diesem Motto kommen Kathrin und ich auf dieser abwechslungsreichen Zugfahrt mit den anderen fünf Europäern im Waggon ins Gespräch. Mehr sind wir in der ersten Klasse nicht. Zu ihnen gehört ein französisches Geschwisterpaar: die zierliche dunkelhaarige Sophie und der kräftigere blonde Gérôme. Die beiden sehen sich überhaupt nicht ähnlich. Didier ist ein hoch gewachsener, schlaksiger Franzose mit grauen

Haaren, die mal wieder einen Friseur nötig hätten – genauso wie meine langen Haare. Und dann sind da noch die beiden kleineren Italiener: die dunkelhaarige, schlanke Loretta mit ihrem grauhaarigen, gut genährten Mann Angelo, der bereits in Rente ist. Wir stellen ziemlich schnell fest: Wir steuern in den nächsten Tagen die gleichen Ziele an.

Acht Stunden nach unserer Abfahrt haben wir fast 170 Kilometer mit der Bahn zurückgelegt und erreichen gemäß Fahrplan um 15 Uhr unser Ziel Manakara an der Ostküste. Alle zusammen machen wir uns auf den Weg zum Gasthaus Les Flamboyants, wo wir zwei Nächte bleiben wollen. Kaum eingecheckt, erkunden Kathrin und ich auch schon das verschlafene Dorf, das auf mich mit seinen wenigen befestigten Straßen einen zerrupften Eindruck erweckt. Dafür macht sich wieder dieses angenehme Gefühl in mir breit: Ich bin am Ende der Welt angekommen!

Als wir uns am frühen Abend zum Essen treffen, beschließen die drei Franzosen und wir zwei Deutschen, am nächsten Tag einen Ausflug in die Umgebung zu unternehmen. Die Italiener wollen lieber ausspannen.

Sophie, die gesprächigere von den beiden Geschwistern, beeindruckt mich beim Essen mit ihrer ganz persönlichen Geschichte. »Wir sind auf einem Bauernhof südlich von Paris aufgewachsen«, erzählt sie mit leuchtenden Augen.

»Ach, ich wäre auch gern auf einem Bauernhof groß geworden!«, antworte ich entzückt. »Aber das ging leider nicht. So habe ich eben viel Zeit im Reitstall verbracht …«

Sie lächelt mir zu und fährt fort: »Als Kinder wurden wir von unseren Eltern vor die Wahl gestellt: Fernseher oder Ponys?«

»Und wofür habt ihr euch entschieden?«

»Wir haben noch einen Bruder – und hatten alle zusammen drei Ponys.«

Ich bin ganz begeistert von ihrer Erzählung. Sie erinnert mich an meine eigene Kindheit und meine Liebe zum Reiten. »Mit fast drei Jahren wollte ich mich auf einem Jahrmarkt zum ersten Mal im Leben auf ein Pony setzen«, erzähle ich grinsend. »Meine Mutter erlaubte es, und vor lauter Freude darüber habe ich mir ins Höschen gepinkelt. Daran kann ich mich aber nicht mehr erinnern – meine Mutter hat mir die Geschichte erzählt.«

Viel zu schnell neigt sich der unterhaltsame Abend nach einem ereignisreichen Tag dem Ende zu. Wir lachen uns noch eine Weile schlapp über unsere Erlebnisse aus lang vergangenen Zeiten, dann ist es Zeit, schlafen zu gehen – immerhin haben wir morgen viel vor!

Bei unserem Ausflug am nächsten Tag lasse ich mich auf etwas ein, wogegen ich mich bisher in diesem Land erfolgreich gesträubt habe: Jeder von uns nimmt ein »Pousse-Pousse«. Diese handgezogene Rikscha ist das typische Transportmittel in den kleinen madagassischen Ortschaften. Das zum Schutz vor Sonne und Regen überdachte Gefährt steht nicht mehr wie früher auf zwei übergroßen Holzrädern, sondern hat heutzutage hoffentlich zwei gut aufgepumpte Fahrradreifen. Die Rikscha-Wallahs sorgen mit ihrer harten Arbeit für den Unterhalt ihrer Familien. Bei meiner Reise nach Bangladesch mit einer Fahrradrikscha transportiert zu werden, ging für mich gerade noch so, aber das hier? Einen drahtigen Mann in der knallenden Sonne barfuß dieses bunt bemalte Holzgefährt ziehen zu sehen, hat bisher in mir solche Konflikte ausgelöst, dass ich den Weg lieber zu Fuß zurückgelegt habe. Die Männer, die ihre Rikschas von den Eigentümern mieten, brauchen jedoch Arbeit und nicht meine rücksichtsvolle Sympathie.

Obwohl mein schlechtes Gewissen nicht verschwindet, füge ich mich heute unserer kleinen Gruppe, zumal wir den Weg zum Fluss nicht kennen. Weit mehr als fünf Männer stellen sich mit je einem »Pousse-Pousse« zur Verfügung. Sie streiten sich lautstark darüber, wer uns nun ziehen darf. Einen Moment sieht es fast so aus, als ob sie sich um uns prügeln wollen! Nach einem lautstarken Wortwechsel werden sie sich zum Glück friedlich einig. Mit Sicherheit verdienen sie an uns Touristen mehr als an ihren Landsleuten. Vor unserer Abfahrt wird der Preis verhandelt. Der Betrag, der erst bei Ankunft bezahlt wird, erscheint mir trotzdem lächerlich gering.

Ich steige hinter einem Mann mit schwarzer Kappe und rotem T-Shirt in den Karren. Um acht Uhr früh ist es noch nicht ganz so heiß. Vom Meer weht uns eine leichte Brise entgegen. Trotzdem schwitze ich wegen der hohen Luftfeuchtigkeit, auch ohne mich viel zu bewegen. Noch mehr Schweiß rinnt an mir beim Betrachten des Mannes herab, der die nächsten anderthalb Kilometer so leichtfüßig ohne Schuhe vor mir her trabt. Während mein Blick in die immergrüne Umgebung schweift, denke ich ernsthaft über einen kurzen Rollentausch nach.

In Bangladesch habe ich vor fast zwei Jahren mal versucht, selbst eine Fahrradriksha zu fahren. Ihr Besitzer wollte erst gar nicht glauben, was ich da fragte. Staunend beobachtete er mich aus sicherer Entfernung am Straßenrand mit immer größer werdenden Augen, als ich mein Vorhaben in die Tat umsetzte. Keine paar Meter gefahren – das Gefährt hatte einen Rechtsdrall –, wäre ich fast an einem Pfosten hängen geblieben. Das war doch etwas anderes als ein ganz normales Fahrrad! Die ungewohnte Breite der Rikscha hatte ich völlig unterschätzt. Das Gefährt war auch ohne Inhalt auf unebener Straße schwer vom Fleck zu bewegen. Nach meinem kläglichen Versuch, der beinahe am Pfosten endete, habe ich noch mehr Respekt vor den Menschen, die täglich die Rikschas hinter sich herziehen. Wie können sie nur jeden Tag die vielen Kilometer mit so viel Gewicht hinter sich zurücklegen? Kein Wunder, dass sie kein Gramm Fett zu viel an ihren zähen Körpern haben. Damals stieg ich nach ein paar Metern auf der Rikscha erleichtert wieder ab. Als Dank für seine Geduld gab ich dem Mann einen Obolus, über den er sich sichtlich freute. Bestimmt hatte er genauso wie ich nun auch etwas zu erzählen.

Das »Pousse-Pousse« zu ziehen, traue ich mich heute allerdings nicht, sondern lasse mich zusammen mit meinem schlechten Gewissen bis zum Ziel kutschieren. Auch ohne am eigenen Leib zu spüren, wie sich dieser schweißtreibende Job in der feuchten Hitze anfühlt, haben die Männer meine Achtung vor ihrer kräftezehrenden Arbeit sicher. Ich hoffe, sie bekommen nach ihrem körperlichen Einsatz am Ende des Tages genug zu essen. Was machen sie, wenn sie alt sind und keine Kraft mehr für diese Arbeit haben?

Am Wasser angekommen, steigen wir auf ein anderes Fortbewegungsmittel um. Vor einem Einheimischen nehmen wir Platz in einer Piroge. Auf den eingebauten schmalen Brettern hat der Einbaum genug Sitzplätze für uns. Jeder bekommt ein Holzpaddel in die Hand, und los geht es ins unbekannte Feuchtgebiet.

Der Canal de Pangalanes verläuft parallel zur Küste oft nur ein paar hundert Meter vom Indischen Ozean entfernt. Zur Kolonialzeit wurde der Kanal auf einer Strecke von über sechshundert Kilometern ausgebaut, indem man natürlich entstandene Lagunen miteinander verband. Heute ist er nicht nur eine Attraktion für uns Touristen, sondern dient als wichtiger Schifffahrts- und einziger Versorgungsweg für die Bevölkerung der anliegenden Dörfer. Tiere, Lebensmittel, Baumaterial, Holzkohle und alles Mögliche werden auf ihm transportiert.

Mit unserer Piroge liegen wir ganz schön tief im Wasser. Das schwappt gelegentlich ins Boot hinein und wird mit einem roten Plastikeimer wieder hinausbefördert. Wir bewegen uns nicht allzu weit vom Ufer entfernt und genießen beim Paddeln den Anblick der Landschaft. Diese natürliche Art der Fortbewegung ohne Motoren, die Ruhe und das Gurgeln des Wassers, wenn wir unsere Holzpaddel hineintauchen, das alles ist für mich ein besonderes Erlebnis. Ich bin glücklich, seit einer Woche auf dieser Trauminsel sein zu dürfen.

Wir halten an einem Fischerdorf, das direkt am Strand liegt. Ein paar Fischer kommen gerade in ihren Pirogen vom Meer zurück. In ihrem Netz haben sie einen kleinen Hai und ein paar Fische erwischt. Haie gehören auch hier zu den geschützten Arten. Aber da können wir in Deutschland sagen, was wir wollen – ich halte den Mund und möchte die madagassischen Fischer für ihr Tun nicht verurteilen. Die hungrigen Menschen hier, die keine Supermärkte mit Tausenden Artikeln um die Ecke haben, denken anders über Nahrung als wir. Sie sind glücklich über ihren Fang und stolz, weil sie etwas zu essen mit nach Hause gebracht haben.

Vor der Hütte des Dorfältesten, der freundlich mit uns plaudert, trocknet in der heißen Mittagssonne an einer Holzstange aufgehängt ein abgetrenntes, weit aufgerissenes Haifischmaul. Ich betrachte es aus der Nähe. Scharf gezackte Zähne – sie erinnern mich an ein Sägeblatt – gähnen mir blendend weiß unter dem blauen Himmel entgegen.

Am nächsten Morgen gratuliert Kathrin mir. Fast hätte ich es vergessen: Heute ist mein Geburtstag! Nach dem Frühstück, bestehend aus Obst, Baguette, Margarine, Marmelade, Tee und Kaffee, brechen wir zu siebt zum nächsten Ziel auf. Da an einem Samstagvormittag um neun Uhr kein Transportmittel die 175 Kilometer nach Ranomafana zurücklegt, mieten wir ein Taxi-Brousse – ein Buschtaxi mit Fahrer. Weil wir uns den Preis teilen, ist es sogar noch billiger als der Zug. Normalerweise werden in den Minibus mehr als doppelt so viele Landsleute hineingequetscht, wie wir heute Touristen sind. Im Buschtaxi genug Platz neben mir und für meine Beine zu haben, ist also der reinste Luxus. Drei bis vier Stunden soll die Fahrt dauern, das ist doppelt so schnell wie der Zug.

Nur ein paar Kilometer vor unserem Ziel geht es jedoch nicht mehr weiter. Hoppla, plötzlich stehen wir vor einem Abhang aus roter Erde, der senkrecht direkt zu einem breiten Bach hinabführt. Die asphaltierte Straße mit unzähligen Schlaglöchern ist hier zu Ende – die Brücke über das Gewässer fehlt. Sie wird just in diesem Moment neu gebaut. Auf der anderen Seite des Ufers sehen wir einige Arbeiter herumwuseln, die in der prallen Sonne hämmern und bohren und dafür sorgen, dass es hier – hoffentlich bald – weitergeht. Der Bach ist zu breit, um einfach hindurchzuwaten oder gar mit dem Minibus den steilen Abhang hinab zu durchfahren. Einen anderen Weg gibt es nicht.

Statt mittags am Ziel zu sein, bedeutet das für uns: warten, bis die Brücke fertig ist. Improvisieren? Schön wär's! Ein kleines Boot, mit dem wir den Bach überqueren könnten, gibt es hier nicht. Es ist auch kein Vehikel zu sehen, das uns auf der anderen Seite wieder mitnehmen würde. An dieser Situation können wir im Augenblick nichts ändern. Mitten in Madagaskar auf der Strecke bleiben? So habe ich mir meinen Geburtstag zwar nicht vorgestellt, dennoch amüsiert mich dieser unerwartete Stopp im Nirgendwo. Wenigstens bin ich nicht allein.

Auf der anderen Seite des Bachs hält ein Auto. Sein Fahrer peilt kurz die Lage, wendet und fährt wieder zurück. Sonst lässt sich kein Fahrzeug blicken. Die Leute scheinen über den Brückenbau gut informiert gewesen zu sein. Nur wir waren ahnungslos. Unser Fahrer würde uns am liebsten samt Gepäck stehen lassen und wieder nach Hause fahren. Das lassen wir natürlich nicht zu. Er bekommt sein Geld erst, wenn wir am ausgemachten Ziel angekommen sind.

Nach einer Weile steigen wir aus dem Fahrzeug und vertreten uns die Beine. Wir laufen ein Stück die von Bäumen und Dickicht gesäumte Landstraße entlang. Kein Fahrzeug weit und breit. Auf der rechten Seite stehen ein paar einfache Häuser. Noch ein Stückchen weiter entdecken wir ein Maisfeld, neben dem ein Pfad vorbeiführt. Neugierig gehen wir hintereinander auf dem rostroten Erdboden entlang. Er führt nicht weit. Wir kommen an eine kleine Lichtung. Wie sollte es anders sein? Unsere natürliche Grenze ist wieder derselbe Bach, der hier einen kleinen Bogen beschreibt. Ich erfreue mich an den satten grünen Pflanzen und Bäumen um uns herum. Mein Blick verliert sich im Bach, dessen braunes Wasser langsam an uns vorbeifließt. Ich genieße für einen Moment die Stille, denn keiner sagt etwas. Wir hängen alle unseren Gedanken nach.

Auf einmal bemerke ich, wie Didier, der nur ein paar Meter entfernt steht, in dieser Idylle am Reißverschluss seiner knielangen Hose herumfummelt. Der wird doch jetzt nicht vor uns ... Schwups! Ehe wir uns versehen, landet ein gelber Strahl in hohem Bogen im Bach. Das glaube ich jetzt nicht. So schnell kann ich gar nicht reagieren, wie er ins Wasser gepinkelt hat!

Aufgebracht zetere ich wie eine Amsel: »Geht es dir noch gut? Die armen Leute im nächsten Dorf nehmen womöglich das Wasser zum Trinken und zum Kochen! Und du pisst hier einfach rein?!«

Die anderen stimmen mir kräftig bei. Und er? Ihm scheint es nun doch peinlich zu sein, denn er antwortet kleinlaut: »Entschuldigung, daran habe ich gar nicht gedacht ...«

Damit sind wir zufrieden – aus seinen Fehlern zu lernen, ist auch eine Erfahrung, die zum Reisen dazugehört. Apropos Reisen – wann geht es denn nun endlich weiter? Als es dunkel wird, ist das Buschtaxi immer noch keinen Meter weitergefahren, dafür ist die Brücke ordentlich gewachsen. Es kann sich nur noch um Stunden handeln.

Ein dünnes Mädchen kommt aus einem der nahe gelegenen Häuser auf uns zu und fragt schüchtern: »Haben Sie Hunger? Möchten Sie etwas essen?«

Wir schauen uns erstaunt an, sagen alle gleichzeitig »Ja« und gehen lachend mit. Erst jetzt merke ich, wie hungrig ich bin. Seit dem Frühstück habe ich nur Wasser getrunken und ein paar Bananen und Kekse gegessen – mehr hatten wir nicht zum Essen dabei.

Das Mädchen führt uns durch eine Tür in einen ebenerdigen Raum, der von ein paar Kerzen beleuchtet wird. Strom gibt es hier nicht. Wir setzen uns auf weiße Plastikstühle rund um einen dunklen Holztisch. Ich bin mir nicht sicher, ob es sich bei dem Raum um ein einfaches Restaurant für Einheimische handelt oder die Familie normalerweise hier isst. Es gibt sogar Bier und Cola für uns.

Wir bekommen erst eine Gemüsesuppe und dann Nudeln mit frischer Tomatensoße serviert. So hungrig, wie wir sind, schmeckt es besonders lecker. Habe ich meinen Geburtstag jemals mit einem Dinner bei Kerzenschein gefeiert? Ich kann mich nicht daran erinnern. Deshalb rührt mich diese unverhoffte Situation umso mehr. Einfach zu schön, was passieren kann, wenn man eine Reise eben nicht bis ins letzte Detail plant und der gute Zufall dazwischenfunkt. Wenn das Mädchen wüsste, was sie mir mit einfachen Mitteln für eine Freude bereitet hat. Noch vor einer Woche bin ich davon ausgegangen, meinen 39. Jahrestag allein begehen zu müssen. Jetzt sitze ich glücklich mit netten Menschen bei guten Gesprächen beim Essen im flackernden Kerzenlicht. Was will ich mehr?

Nicht viel – außer natürlich ans Ziel. Dahin kommen wir heute sogar. Die Brücke wird tatsächlich kurz vor Mitternacht fertiggestellt. Problemlos kann der Minibus sie endlich passieren. Danach sind es nur noch wenige Kilometer bis nach Ranomafana, wo wir mitten in der Nacht erleichtert ankommen. Statt vier Stunden hat unsere Fahrt fast satte 15 Stunden gedauert – von wegen schneller als der Zug!

Bonobos im Sonnenschein

Juli 2009

Bereits bei meiner Ankunft am Aéroport international de Ndjili fällt mir das Chaos auf, das mich in Kinshasa in der Demokratischen Republik Kongo erwartet: Durch das Fenster neben meinem Sitz schaue ich auf ausrangierte, rostende Flugzeuge, die verlassen auf dem Flughafengelände herumstehen und vergeblich auf jemanden zu warten scheinen, der sich um sie kümmert. Schwüle, von Abgasen geschwängerte Großstadtluft wabert mir beim Verlassen des Flugzeugs entgegen. Im kargen, düsteren Flughafengebäude werde ich gedrängelt und hin und her geschubst. Ich bin heilfroh, mein Visum bereits sicher im Pass zu haben!

Vor der Passkontrolle sagt mir ein Angestellter: »Wenn Sie zum ersten Mal in die Demokratische Republik Kongo einreisen, müssen Sie eine Extragebühr bezahlen.« Erleichtert, Französisch problemlos verstehen zu können, nicke ich lediglich und denke mir meinen Teil. Von einer Sonderabgabe bei »Ersteinreise« habe ich bisher noch in keinem Land der Welt gehört. Das soll wohl ein Witz sein? Während ich geduldig in der Schlange warte, in der sich ständig jemand vordrängelt, lasse ich meinen Blick über das farbenfrohe Visum in meinem Pass schweifen: Darauf ist der geografische Umriss des Landes in Quietschgelb zu sehen, in der Mitte das bunte Emblem mit Leopardenkopf, je ein Speer und Elefantenstoßzahn links und rechts davon, außerdem die Worte »Gerechtigkeit«, »Frieden« und »Arbeit« auf Französisch darunter. Über meinem Foto prangt die blau-rot-goldene Nationalflagge des Landes, in dem ich – so die Information rechts – einen Monat Aufenthalt gewährt bekomme. Gekostet hat mich dieses Visum schon genug – und jetzt auch noch eine Gebühr für die Ersteinreise?

Endlich am Schalter angekommen, werde ich tatsächlich gefragt: »Waren Sie schon einmal in der Demokratischen Republik Kongo?«

»Ja«, sage ich, ohne zu zögern. Und wahr ist diese Antwort auch! »Im Dezember 2001 bin ich über die Grenze bei Gisenyi in Ruanda am Kiwusee nach Goma eingereist«, füge ich hinzu. Ich kann mich noch so gut daran erinnern, als wäre es gestern gewesen. Aber ob sich mein damaliger Grenzübertritt heute noch feststellen lässt? Daran hege ich gewisse Zweifel. Auf keinen Fall kann ich ihn mit dem Pass in meiner Hand belegen, der erst seit einem Jahr und zwei Monaten gültig ist.

Mein erster Aufenthalt in der Demokratischen Republik Kongo, der sage und schreibe einen ganzen Tag dauerte, war damals meine letzte Reise vor meiner Kündigung im Mai 2002 und meinem Start in ein unbekanntes Abenteuer. Diese wohl schwierigste Entscheidung meines Lebens habe ich bis heute – inzwischen sieben Jahre später – nie bereut. Wohin ich auch gehe, immer finde ich einen Weg in dieser wunderbaren Welt.

So auch heute: Offensichtlich klinge ich glaubwürdig genug, und der Angestellte an der Passkontrolle hakt nicht weiter nach. Er nickt lediglich mit gerunzelter Stirn, als er in meinem Pass nach einer freien Seite für seinen Stempel sucht.

Ich möchte am liebsten vor Erleichterung loslachen, aber kann mich gerade noch so beherrschen. Hurra, da ist er! Ich bekomme einen undeutlichen Einreisestempel in meinen Pass gedrückt – und bin wieder drin, in der Demokratischen Republik Kongo, dem drittgrößten Land Afrikas. Und zwar diesmal für einen längeren Aufenthalt als die eintägige Stippvisite 2001.

Nach einigen aufregenden Tagen in diesem wunderschönen Land will ich heute ein paar ganz besonderen Lebewesen einen Besuch abstatten. Ein unscheinbarer Eintrag zur Umgebung von Kinshasa im englischsprachigen Reiseführer über Afrika weist mir den Weg zu ihnen. Etwa dreißig Minuten dauert die Fahrt im Auto an diesem Sonntagmorgen bei wenig Verkehr vom Stadtzentrum in das Haus, wo ich sie antreffen werde. Mein englischer Gastgeber bringt mich hin – er hat in der Nähe zu tun.

So viele kummervolle Geschichten gibt es über diese Geschöpfe und ihre Familien zu erzählen. Ihre Eltern wurden von Menschen gejagt, getötet und als Buschfleisch zum Verzehr auf dem Markt angeboten. Die Kinder, die nun hier sind, haben es gerade so überlebt. Sie wurden aus dem illegalen Handel mit gefährdeten Arten gerettet. Misshandelt, allein und in kleine Käfige gesperrt, waren die jungen verwaisten Bonobos am Ende ihrer Kräfte und völlig traumatisiert. In dem Waisenhaus, zu dem ich jetzt auf dem Weg bin, werden sie liebevoll mit viel Zeit und Geduld von Menschenmüttern, zu denen sie allmählich wieder Vertrauen fassen, aufgezogen. »Lola ya Bonobo – Paradies für Bonobos«, die weltweit einzige Auffangstation ihrer Art mit angeschlossenem Reservat, wurde 2002 von der Belgierin Claudine André gegründet. Hier dürfen die Zwergschimpansen in Sicherheit vor Wilderern aufwachsen. Mit viel Glück werden sie eines Tages in einer Gruppe wieder in die Wälder des Kongos entlassen, in denen sie geboren wurden, um dort in Frieden zu leben.

Die Geschichten der Bonobos sind so tragisch, dass ich darüber mehr Tränen vergießen könnte, als ich es wegen meiner eigenen Historie je getan habe. Meine Probleme sind nichts gegen den herzzerreißenden Kampf ums Überleben, den diese Primaten durchmachen müssen. Schon lange ist die Existenz unserer nächsten Verwandten, deren Erbgut mit unserem zu über 99 Prozent identisch ist, in den letzten Wäldern des Kongos durch uns gierige Menschen gefährdet. Die vom Aussterben bedrohten Bonobos, die heute noch auf dieser Welt übrig sind und außerhalb von Zoos ausschließlich in den Urwäldern der Demokratischen Republik Kongo vorkommen, entsprechen zahlenmäßig der Bevölkerung einer einzigen Kleinstadt auf dieser Erde. Ob die Art das Ende dieses Jahrhunderts erleben wird, liegt einzig und allein in den fürsorglichen Händen von uns Menschen.

Ich bin endlich da! Als ich um halb zehn in der Nähe des Waisenhauses aussteige, herrschen schon wohlige dreißig Grad, und die Sonne scheint. Bereits ein paar Meter Fußmarsch weiter stehe ich auch schon vor den im Reiseführer angepriesenen »Petites Chutes de la Lukaya« – einer mehrere Meter breiten, höchstens einen Meter hohen natürlichen Wasserrutsche. Staunend laufe ich auf einem schattigen Weg zwischen dicht belaubten Bäumen, deren Blätter in verschiedenen Grüntönen leuchten, an ihr vorbei.

»Bienvenue à LOLA YA BONOBO«, heißt mich ein Schild auf Französisch und Lingala willkommen. Im

Eingangsgebäude bezahle ich einen kleinen Beitrag, der mir den Eintritt zur Auffangstation gewährt. Jährlich kommen etwa dreißigtausend Besucher hierher, von denen mehr als die Hälfte Kinder sind, – die Eintrittsgebühr kommt dem Wohl der Bonobos zugute. Neben der Kasse finde ich jede Menge Information über die besonders friedfertigen Menschenaffen, die erst 1929 vom deutschen Zoologen Ernst Schwarz entdeckt wurden. Laut einer der Tafeln steht das Sozialleben der Bonobos unter dem Motto: »Make love, not war.« Ihr Miteinander wird nicht durch Gewalt beherrscht, sondern bei Spannungen oder Stress durch jede Menge einvernehmlichen Sex in unterschiedlichen Varianten geregelt. Die Tiere leben friedlich und locker in einem Matriarchat zusammen. Die Weibchen sind zwar kleiner als die Männchen, aber sie haben das Sagen in der Gruppe. Auch bleiben die Söhne in der Zeit des Heranwachsens lange bei ihren Müttern.

Gemeine Schimpansen sind im Gegensatz zu den Bonobos in ihrer Statur kompakter, dazu leichter erregbar, bewerfen andere mit Gegenständen und kämpfen gegen Artgenossen anderer Horden, die sie manchmal sogar töten. Finden sie im Urwald Futter, entsteht sofort Streit, weil jeder möglichst viel für sich ergattern will, wobei schwächere Artgenossen mit Drohgebärden verscheucht werden. Bei den Bonobos verläuft die Nahrungsaufnahme völlig anders. Und die schaue ich mir jetzt an!

Rechtzeitig vor der Fütterung – immer wieder schaue ich auf die Uhr an meinem Handgelenk – stehe ich vor dem Elektrozaun, der sich um das weitläufige Reservat spannt. Noch bin ich allein mit einer kleinen Gruppe erwachsener Bonobos, die bis zu 130 Zentimeter groß sind, wenn sie auf beiden Beinen stehen. Die Affen warten wie ich auf die Pfleger. Ungeduldig laufen sie hin und her, stellen sich voller Erwartung auf die Hinterbeine und schauen in die Richtung, aus der tagtäglich das Essen kommt. Dabei geben sie seltsame Laute von sich, die ich zu gern verstehen würde. Obwohl sie natürlich keine Armbanduhren tragen, wissen sie genau, wann Fütterungszeit ist.

Lange müssen wir uns nicht gedulden. Zwei Männer erscheinen auf dem Weg durch das bewaldete Stück Land außerhalb des Maschendrahtzauns. Sie werden von den Bonobos mit überschwänglichen Schreien begrüßt. Die Szene erinnert mich an kreischende Mädchen vor einer Bühne, auf der ihre Lieblings-Boygroup singt. Die beiden Pfleger tragen eine bis zum Rand gefüllte Kiste mit Futter. In hohem Bogen werfen sie Obst und Gemüse über den Maschendrahtzaun. Statt sich zu streiten, beginnen die Bonobos, beim Anblick des Futters eine Orgie – oft sogar mit etwas Essbarem in der Hand. Jeder macht es mit jedem in unterschiedlichen Stellungen. Schnell ein paar Sekunden da und höchstens 15 Sekunden dort, zwischendrin immer wieder mal Geschrei. Danach wird zufrieden und im Einklang miteinander das Futter verspeist.

Ich laufe am Zaun entlang und schaue mir das Spektakel neugierig aus verschiedenen Winkeln an. Als ein Bonobo-Weibchen sich nach der Mahlzeit ganz in meiner Nähe ins Gras fallen lässt, bleibe ich stehen. Elegant versuche ich, es durch den Maschendrahtzaun hindurch zu fotografieren. Leider stelle ich mich nicht geschickt genug an. Es macht »zonk«, und ich bekomme prompt eine gewischt. Natürlich nicht vom Bonobo, sondern – ups – von dem Strom, der durch den Zaun fließt. Dass ich zu nah dran bin, merke ich im Eifer des Gefechts erst, als es schon zu spät ist. Selbst schuld, aber nicht weiter schlimm. Von den Elektrozäunen um Pferdekoppeln habe ich schon öfter mal etwas abgekriegt. So ähnlich ist das hier auch.

Plötzlich merke ich, wie ich von der anderen Seite des Zauns ganz genau beobachtet werde – ein merkwürdiges Gefühl, wie aufmerksam das Bonobo-Weibchen sich mir gegenüber verhält. Es hat den Kopf leicht angehoben und blickt mich direkt an, während es entspannt mit angewinkelten Beinen vor mir liegt. Das helle, fast weiße Hinterteil zeigt genau in meine Richtung. Die rechte Hand des Tiers liegt lässig vor seinem behaarten schwarzbraunen Körper im Gras. Erst jetzt erkenne ich bei genauerem Hinschauen, was ich davor völlig übersehen habe: Mit der linken Hand hält das Bonobo-Weibchen schräg auf ihrem Bauch ein schlafendes Baby.

Es ist noch so klein und wirkt so zerbrechlich, als sei es erst ein paar Wochen alt. Vier bis fünf Jahre stillen Bonobo-Mütter ihre Kinder, die ihrerseits wiederum im Alter von 13 bis 15 Jahren mit der Fortpflanzung beginnen. Ich bin erstaunt, dass das Weibchen so entspannt liegen bleibt und in mir keinen Grund zum Weglaufen sieht – schließlich bin ich fremd hier und sehe auch anders aus als die Menschen, die es betreuen.

Einer der Pfleger steht noch in meiner Nähe. Neugierig frage ich ihn auf Französisch: »Wie heißen Mutter und Kind? Und wie alt ist das Kleine?«

Er freut sich sichtlich über mein Interesse. »Die Mutter heißt Salonga, und ihr Baby Kimya la Lola wurde erst vor vier Wochen am 28. Juni hier geboren.«

Ich bedanke mich und drehe mich hastig wieder um. Vor lauter Rührung sind mir schon wieder die Tränen in die

Augen geschossen. Das ist mir peinlich. Bonobos allein sind in ihrer Art schon eine Seltenheit – dazu noch diesen Winzling zu sehen, ist für mich ein ganz besonderes Geschenk.

Die Artgenossen des Weibchens räkeln sich im dichten grünen Gras auf dem Boden. Jetzt betrachte ich nacheinander auch den Rest der Gruppe ganz genau. Keine halbe Stunde – viel zu kurz – habe ich bei den Bonobos verbracht, als die Idylle jäh zerstört wird ...

Schon von Weitem kann ich ihre lauten Stimmen hören, noch bevor ich sie überhaupt erspähe. Ein paar Warnschreie der Bonobos dringen als Reaktion von der anderen Seite des Zaunes zu mir herüber. Jetzt kann ich sie auch sehen! Zwei große übergewichtige Männer, die sich weiterhin unüberhörbar laut mit einem sie begleitenden Pfleger auf Englisch unterhalten, tauchen auf dem Weg durch die Büsche auf. Sie müssen auf die Bonobos wie zwei weiße Gorillas in Jeans und karierten Hemden wirken.

In der Bonobo-Gruppe wird nun ebenso laut kommuniziert. Die Gelassenheit von gerade eben ist längst abgeebbt. Hektik macht sich breit. Es herrscht Aufbruchstimmung. Ein Bonobo nach dem anderen verschwindet den Hang hinauf in den Wald. Keine Minute später ist die Wiese vor mir leer. Schade, alle Affen sind weg! So als wären sie nie da gewesen. Und auch ich gehe. Die beiden Besucher mit ihren aufdringlichen Stimmen kann ich noch lange hören, obwohl ich ihnen den Rücken gekehrt und mich bereits ein gutes Stück entfernt habe.

Mein nächster Stopp sind die Bonobo-Waisenkinder in der Station, die in einem weitläufigen Gehege mit Bäumen und Geräten zum Turnen untergebracht sind. Hinter dem

Zaun sitzt fast bewegungslos eine Kongolesin in einem blau-grünen Kleid auf einem klappbaren, verwitterten Holzstuhl. Mehrere kleine Bonobos toben ausgelassen kreischend auf ihr herum. Immer wieder setzt sich einer zum Kuscheln auf ihren Schoß und bekommt ein paar Streicheleinheiten, um dann gleich wieder unbekümmert auf ihr und um sie herumzuspringen. Die Affenkinder äugen gelegentlich zu mir herüber, lassen sich durch mich aber nicht beim Spielen stören. Es ist nicht zu übersehen, wie gut es ihnen hier geht. Ich hätte ihnen noch stundenlang zuschauen können, wäre nicht eine kleine Gruppe von Leuten hinzugekommen. Obwohl diese Besucher sich normal unterhalten, ziehen sich die kreischenden Bonobo-Kinder, wie bei den beiden Männern gerade eben, rasch in den hinteren Teil der Anlage zurück. Wie seltsam, dass sie sich von mir allein als Frau nicht haben stören lassen ... Darüber freue ich mich. Ich warte nicht, bis die Kleinen wieder zurückkommen. Es ist Zeit zu gehen.

Bisher hatte ich vor Menschenaffen gehörigen Respekt und wollte sie lieber nicht zu nah bei mir haben. Im Virunga-Nationalpark in Ruanda wahrte ich gegenüber den stattlichen Berggorillas in der freien Natur genug Sicherheitsabstand. Und aus noch weiterer Entfernung konnte ich die gemächlichen Orang-Utans auf den Bäumen in Malaysia sehen. Bei den sozialen Bonobos hätte ich seit heute mit Sicherheit keine Berührungsängste mehr. Ich bin ihnen bei diesem Ausflug zwar nie zu nahegekommen, sie mir hingegen schon – denn sie haben mein Herz im Sturm erobert.

Über Menschen und Menschlichkeit in der Ferne

August 2009

Es ist mitten in der Nacht am Äquator. Draußen wird sie zum Tag gemacht. Und auch hier drin ist an gesunden Schlaf nicht zu denken. Die Musik dröhnt in meinen Ohren. Unruhig werfe ich mich in meinem schmalen Bett unter dem Moskitonetz hin und her. »Bum bum bum«, vibrieren die Bässe durch mich hindurch – von oben nach unten und wieder zurück. Ich habe das Gefühl, der Lautsprecher steht direkt neben meinem Bett statt in einer Bar auf der gegenüberliegenden Straßenseite.

Von noch näher vernehme ich die tiefen Stimmen ein paar lallender Männer, die sich ein Wortgefecht liefern. Auf Französisch streiten sie sich draußen auf der Straße immer lauter: »Ich bringe dich um! Ich bringe dich ... Ich bring ... Ich, ich, ich ...« Bitte nicht! Hört doch endlich auf! Und lasst mich in Ruhe schlafen!, schreie ich stumm in mich hinein, um das Tohuwabohu da draußen innerlich zu übertönen.

Immer tiefer krieche ich in meinen dünnen hellblauen Jugendherbergsschlafsack hinein, der auf einem vom vielen Waschen ergrauten Bettlaken liegt. In diesem Augenblick wünsche ich mir regelrecht, von der fleckigen Matratze darunter verschluckt und – wie im Märchen – auf der anderen Seite an einem wunderschönen, friedlichen Ort wieder ausgespuckt zu werden. Träum weiter! Schön wär's ... Hellwach bin ich!

Eine solche nächtliche Geräuschkulisse hätte ich bei meinem Aufenthalt im Nationalpark Réserve de la Lopé – seit zwei Jahren einziges UNESCO-Weltnaturerbe des Landes – nicht erwartet. Warum habe ich am Nachmittag nicht meinem mulmigen Gefühl vertraut und mir eine bessere Unterkunft gesucht? Mea culpa! Ich wollte doch nur den schweren Rucksack bei der Hitze nicht länger herumschleppen und endlich ankommen!

In meiner Unterkunft, einer blau gestrichenen, nach Farbe riechenden Bretterbude mit ein paar Kammern, die nur mit Betten ausgestattet sind, fühle ich mich wie in einem Backofen. Durch die Bretter kann ich sogar nach draußen gucken – und umgekehrt? Bei dem irrwitzigen Gedanken erspähe ich auf der anderen Seite des Zimmers ein schwarzes Auge, das durch den breitesten Spalt der abgeschlossenen Brettertür lugt. Das finde ich jetzt nicht mehr witzig. Sehe ich etwa schon Gespenster? Hilfe! Puh, wo bin ich hier nur gelandet?

Ich habe den Eindruck, in meinem Bett mitten auf der unbefestigten Straße zu liegen. Neben den lästigen Geräuschen dringt mit jedem vorbeifahrenden Fahrzeug eine Staubwolke durch alle Ritzen und Spalten in das wackelige Gebäude. In meiner Vorstellung könnte die Bude locker jeden Moment von einer kurzsichtigen Kaffernbüffelherde umgerannt werden. Mitten im Dorf gelegen, ist das hier wirklich kein geeigneter Übernachtungsort für eine Frau. Auf der versifften Gemeinschaftstoilette werde ich zu jeder Stunde freudig von gierigen Moskitoschwärmen erwartet. Zu dumm, dass in meinem Reiseführer keine Warnung stand: nicht empfohlen für allein reisende Frauen! Aber welche Frau reist auch schon allein durch Gabun? Natürlich ich!

Plötzlich ist es draußen totenstill. Welche Wohltat! Noch nie habe ich mich über das laute Schnarchen schlafender Männer, das aus den benachbarten Kammern durch die dünnen Bretterwände zu mir dringt, mehr gefreut. Diese friedlichen Töne lassen mich endlich einschlummern.

Ich bleibe natürlich keine Nacht länger. Am Morgen begebe ich mich erneut – erst mal ohne Gepäck – auf die Suche nach einer neuen Unterkunft. Schnell werde ich außerhalb des Dorfes in der Nähe des Eingangs zum Nationalpark fündig. In dem Gebäude aus Beton fühle ich mich viel besser aufgehoben. Es ist richtig idyllisch hier, mit Blick aus dem Fenster auf die goldgelbe Savanne und vor allem: in ruhiger Lage. In der Ferne entdecke ich sogar eine friedlich grasende Herde Afrikanischer Büffel.

Wenig später begehe ich ein klitzekleines Stück des Parks im nördlichen Bereich mit einem einheimischen Führer, der genug Abstand von den gewichtigen Grasfressern hält, die besonders angriffslustig reagieren würden, wenn wir ihnen zu nahekämen.

Als ich einst vor Jahren auf einer Safari am Lake Nakuru in Kenia war, hat ein Büffelbulle den Spieß umgedreht und Jagd auf uns gemacht. Man glaubt gar nicht, wie schnell so ein Koloss rennen kann, wenn er wütend ist. Vom Fahrzeug aus beobachteten wir die gewaltigen Tiere. Plötzlich galoppierte ein schnaubender Bulle aus der friedlich grasenden Herde heraus auf uns zu. Unser Fahrer trat sofort das Gaspedal durch und raste los. Schnell weg! Beinahe wären wir auf die Hörner genommen worden und entkamen dem Büffel nur im letzten Moment um Haaresbreite. Mit diesen Rindviechern ist wirklich nicht zu spaßen.

Um uns herum riecht es nach getrocknetem Gras und wilden Tieren. Querfeldein gehen wir durch die Savanne und treten fast in einen getrockneten Haufen Elefantendung im hohen Gras. Von den grauen Dickhäutern ist weit und breit nichts zu sehen. Kurz vor einem Waldstück stoßen wir auf das ausgebleichte Skelett eines Mandrills. Zwei lange, blendend weiße Reißzähne ragen wie bei einem Raubtier aus dem sauberen, intakten Gebiss heraus. Es tut mir leid um das prächtige Tier, das ich in der freien Natur bisher nicht zu Gesicht bekommen habe. Der lebende Primat ähnelt von seiner Statur her einem Pavian, ist aber größer und besonders für seine blau-rot gefärbten Partien am Gesäß und im Gesicht bekannt, die ihn zum farbenprächtigsten Säugetier machen.

Wenige Minuten später entdecke ich im Wald über uns ein paar kleinere Affen, die fast geräuschlos über die dicht bewachsenen Äste turnen. Den Blick gegen das grelle Sonnenlicht gerichtet, das durch die Bäume hindurchblitzt, kann ich sie kaum erkennen. Ich habe sie nur bemerkt, weil sie direkt vor mir etwas fallen lassen haben. Was? Das will ich gar nicht so genau wissen ...

Zu meinem Bedauern erklärt mein Begleiter nur wenig und kann viele meiner Fragen nicht beantworten. Am Ende der zweieinhalbstündigen Wanderung verlangt er weit mehr als den ursprünglich mit ihm ausgemachten Preis. Er weiß, dass ich allein in der unbewachten Case de Passage logiere. Das Risiko, dass er womöglich später wiederkommen könnte, um es sich zu holen, möchte ich nicht eingehen. Statt mich gegen die plötzliche Preiserhöhung zu wehren, tue ich so, als hätte ich ihn vorher falsch verstanden, und bleibe weiterhin freundlich. Eine andere Reaktion könnte sich auch im Dorf schnell herumsprechen. Die Preissteigerung tut mir zwar nicht weh, aber die Unaufrichtigkeit meines Gegenübers hinterlässt bei mir unangenehme Gefühle. Hauptsache, ich begegne ihm hier nicht mehr.

Die nächsten Tage verbringe ich lieber allein mit einem guten Buch in der Natur. Sonst begegne ich auch niemandem, dem ich mich hätte anschließen können. Gern gehe ich am Ogooué, dem längsten Fluss des Landes, entlang, dessen braunes Wasser flott an mir vorbeiströmt. Dabei muss ich immer gut auf mich aufpassen und darf nicht zu nah ans Ufer gehen – im Fluss leben Krokodile.

Jeden Tag begegne ich außerdem der obligatorischen Steppenbüffelherde. Heute ist bei ihnen richtig was los. Aus sicherer Entfernung beobachte ich, wie der gut genährte Bulle nacheinander unter grunzenden Lauten jeder Kuh in seiner Herde hinterherrennt. Doch keine will ihn ranlassen. Mit seinem Verhalten erinnert mich der liebestolle Koloss, der vergeblich von einer Kuh zur anderen galoppiert, entfernt an einen geschäftig von Blume zu Blume flatternden Schmetterling. Bei so viel Action erwarte ich fast, dass er jeden Augenblick einen Herzinfarkt bekommt und tot umfällt.

Am nächsten Tag heißt es weiterziehen: Rechtzeitig um zwei Uhr bin ich am Bahnhof und warte auf den einzigen Zug an diesem Tag in Richtung der Hauptstadt Libreville. Bis er kommt ... das kann dauern. Pünktlichkeit ist hier die Ausnahme, nicht die Regel. Immerhin kann ich nicht am falschen Gleis stehen – es gibt nur eins. Ich übe mich in Geduld und frage nach einer halben Stunde einen Mann, der mit mir zusammen wartet. Angeblich steht ein dösender

Elefantenbulle im Nationalpark auf den Eisenbahnschienen. Er lässt sich nicht so einfach wegschieben. Ist das nicht ein schöner Grund für eine Zugverspätung? Oder war es die typische geflunkerte Entschuldigung für allerlei Probleme hier und am Ende womöglich doch die Schuld der alten Zugmaschine? Nichtsdestotrotz, die Begründung gefällt mir.

Mit fast drei Stunden Verspätung fahren wir endlich los. Das Einzige, was mich daran ärgert: Es bleibt jetzt nur noch wenig Zeit, die Landschaft zu genießen. Denn schon nach einer Stunde geht die Sonne in einem riesigen roten Feuerball unter. Danach erhellt eine grelle Neonröhre an der Decke des Waggons das Abteil. Ich starre durch das Fenster in die schwarze Nacht Afrikas hinaus und grüble. Wie soll ich an meinem Zwischenziel Ndjolé vom Bahnhof, der mehrere Kilometer außerhalb liegt, in den Ort kommen? Es gibt dort sicherlich keine Taxis, die ausgerechnet heute Nacht auf europäische Touristen warten. Eine weiße Frau sollte hier nachts sowieso in kein Auto steigen, auch nicht in ein Taxi. Im Reiseführer und sogar von den Einheimischen werde ich immer wieder davor gewarnt. Allein in den Ort zu laufen oder gar am Bahnhof zu übernachten, ist genauso wenig zu empfehlen, da es lebensgefährlich sein kann. Was mache ich nur? Nachts an einem Ort in Afrika anzukommen, versuche ich grundsätzlich zu vermeiden. Leider ließ die einzige Verbindung per Eisenbahn mir heute aufgrund der Verspätung ausnahmsweise keine andere Wahl.

In wenigen Minuten wird der Zug halten. Mit einem mulmigen Gefühl gehe ich langsam zur Tür. Im Vorraum stehen ein paar Menschen, die mich aus großen Augen unverhohlen anstarren. Ich falle hier überall als Fremde auf. Daran kann ich nichts ändern.

Ein kleiner, kräftiger Mann mit drei Kindern spricht mich an: »Woher kommen Sie? Was machen Sie hier?« Gern erkläre ich es ihm. Im Nu verwickelt er mich in ein freundliches Gespräch. Er arbeitet im Export von Kakao und Kaffee und ist bereits mehrmals in Europa gewesen. Ich bin so dankbar für diese Begegnung, denn ich vertraue ihm auf Anhieb. Als die Bremsen quietschen, frage ich ihn vorsichtig: »Könnten Sie mich bitte in den Ort mitnehmen? Ich weiß nicht, wie ich sonst hinkommen soll.« Ich halte die Luft an. Er nickt. Und ich atme erleichtert wieder aus. Mir fällt kein Stein, sondern ein Felsbrocken vom Herzen. Nur wenige Leute steigen mit uns aus. Vor dem einsamen Bahnhof spenden zwei Lampen ein wenig Licht in der Dunkelheit. Das ist alles. Taxis gibt es hier, wie ich richtig vermutet habe, nicht.

Wir werden von einem grauhaarigen Fahrer in einem dunklen Land Cruiser abgeholt. Ich nehme hinten neben den Kindern Platz, die zu dieser späten Stunde ganz brav und schläfrig neben mir sitzen. Eine gefühlte Ewigkeit lang fahren wir auf einer dunklen befestigten Straße durch einen schwarzen Wald, der lediglich vom Halbmond, den Sternen und den Lichtern des Fahrzeugs beleuchtet wird. Der hilfsbereite Familienvater und ich unterhalten uns die ganze Fahrt über angeregt, und ich überlege schon wieder: Wie könnte ich mich außer mit Worten bei ihm bedanken? Ich weiß nicht, was angebracht ist. Geld wäre womöglich eine Beleidigung. Ich möchte nichts Falsches tun oder gar respektlos wirken. Vielleicht muss ich lernen, auch mal Hilfe anzunehmen, ohne sie gleich mit einer Gegenleistung zurückzahlen zu wollen.

Meine nächtlichen Retter fahren mich sogar noch zur Auberge Saint-Jean, wo zu meiner großen Erleichterung noch ein Zimmer für mich frei ist. Das will ich mir vorher nicht einmal anschauen. Es ist bestimmt in Ordnung. Ich bin einfach nur heilfroh, sicher angekommen zu sein. Daran, was gewesen wäre, wenn der Mann mir nicht geholfen hätte, denke ich lieber nicht. Dankbar für seine Unterstützung überhäufe ich ihn mit vielen guten Wünschen, die ich so ernst meine, wie ich sie fröhlich daherplappere. Am liebsten hätte ich meinen Helfer zum Abschied überschwänglich umarmt, aber das traue ich mich dann doch nicht. Stattdessen strecke ich ihm zum Abschied meine Hand entgegen. Er nimmt sie überrascht an und legt sie eher vorsichtig in seine. Diese fühlt sich warm, trocken und vor allem erstaunlich weich und leicht an. Um diesem leichten Händedruck noch mehr Nachdruck zu verleihen und meine Dankbarkeit und Wertschätzung ein letztes Mal zum Ausdruck zu bringen, lege ich danach kurz meine Hand aufs Herz.

Das Zimmer ist einfach und sauber. Ich hole nur die nötigsten Sachen für eine Nacht aus dem Rucksack. Für den heutigen Tag schreibe ich einen positiven Vermerk in meinen Taschenkalender. Auch ohne ihn werde ich mich bestimmt an diese kurze Begegnung – für mich von enormer Bedeutung für diese abenteuerliche Reise – erinnern. Sie wertet die vorangegangenen unangenehmen Erfahrungen in Gabun um ein Mehrfaches wieder auf.

Am nächsten Morgen gelange ich nach zwei Stunden im Sammeltaxi mit dröhnenden Kopfschmerzen an mein Ziel: Lambaréné. Hier will ich auf den Spuren des Mannes wandeln, der zu den größten Helfern und bedeutendsten Persönlichkeiten des letzten Jahrhunderts zählt. Dieser beeindruckende Mann würde ganz oben auf der Liste der Menschen stehen, denen ich in meinem Leben zu gern begegnet wäre ... Doch während ich mich erst ein paar Monate in der Entstehung befand, nahm sein erfülltes Leben im hohen Alter von neunzig Jahren ein Ende.

Albert Schweitzer konnte aus seinem Dasein genau das machen, was seinem innersten Wunsch entsprach, wie er selbst so schön sagte. Wer kann das heute von sich behaupten? Wie oft folgen wir wirklich unseren tiefen Wünschen? Er war Ehemann, Vater, vierfacher Doktor, Organist, Orgelexperte, Spitalgründer, autodidaktischer Architekt, Baumeister, Landwirt, Theologe, Prediger, Kulturphilosoph, Autor zahlreicher Bücher, Chirurg, Atomwaffengegner, Frankfurter Ehrenbürger, Friedensnobelpreisträger und noch so vieles mehr ... Für die Menschen des einstigen Äquatorialafrikas, denen er geholfen hat, war er ihr Oganga (Fetischmann), und für mich ein ganz wunderbarer Tausendsassa. Sein ausgeprägtes Mitgefühl und seine grenzenlose Nächstenliebe, die ihn dazu motivierten, die Qualen von Mensch und Tier zu lindern, haben in mir einen nachhaltigen Eindruck hinterlassen.

Für die zwei Nächte, die ich in Lambaréné verbringe, quartiere ich mich in der Mission Sœurs de l'Immaculée Conception ein. Sie liegt auf einer größeren Insel im Fluss und ist von beiden Seiten über eine Brücke zu erreichen. Das im Kolonialstil gebaute Ziegelsteinhaus trägt ein weit überragendes Wellblechdach, unter dem sich auf der ersten Etage ein Balkon um die Außenmauern windet. Die Ziegel haben die gleiche rostrote Farbe wie die Erde. Mein Einzelzimmer ist spartanisch eingerichtet, blitzblank geputzt, und auf dem Bett liegt ein makellos weißer Bezug. Ist das schön hier! Mit einem Juchzer lasse ich mich auf die Matratze fallen. Die hier herrschende Ruhe genieße ich sofort bei einem Nickerchen,

das ich offensichtlich nötig hatte. Danach sind meine Kopfschmerzen auch ohne Medikamente wie weggeblasen.

Am nächsten Morgen ist es endlich so weit. Voller Tatendrang
mache ich mich bei über dreißig Grad tropischer Hitze auf
den Weg zum Albert-Schweitzer-Spital. Zügig überquere ich
die Brücke, die zur Nordseite des Ogooué führt, und gehe ein
Stück entlang der von Bäumen gesäumten Fernstraße N1,
die weiter in Richtung der Hauptstadt Libreville führt. Nur
wenige Menschen kommen mir entgegen. Sie beäugen mich
schräg, weil ich – lächelnd zu Fuß unterwegs – für sie ein eher
ungewöhnliches Bild abgebe. Das bin ich schon gewohnt. Ein
paar hundert Meter nach der Brücke biege ich nach rechts in
eine ruhige Straße ein, die mich im Schatten der Bäume und
vorbei an ein paar Häusern zum Ziel gelangen lässt.

Als Erstes sehe ich ein großes, gelb gestrichenes Gebäude.
Laut dem Schild am Eingang handelt es sich dabei um die seit
1981 betriebene Poliklinik. Ich schaue mich weiter um und entdecke ein Schild mit dem Hinweis: »Historische Zone«. Aha –
ich bin also schon mittendrin. Das Albert-Schweitzer-Spital ist
kein einzelnes großes Krankenhaus, sondern ein kleines Dorf
bestehend aus länglichen weißen Häusern mit rostroten Well-
blechdächern. Stumm liegen die Gebäude vor mir da, doch ihre
Wände könnten ganze Bände voller Geschichten füllen. Kaum
hier angekommen fühle ich mich bereits von der liebevollen
Aura Albert Schweitzers und der Menschen umgeben, die an
diesem Ort zusammen mit ihm so viel Gutes bewirkt haben.

Albert Schweitzer selbst kam mit seiner Frau Helene
im Jahr 1913, also vor fast hundert Jahren, nach einer
vierwöchigen Schiffsreise im Auftrag der Evangelischen

Missionsgesellschaft in Paris hier an. Die Gebäude der Missions-
station befinden sich einige Kilometer vom Ort Lambaréné entfernt auf drei Hügeln am Nordufer des Ogooué. Die Schweitzers
bekamen auf dem Gelände ein auf vierzig eisernen Pfählen
stehendes, mit Palmblättern bedecktes Wohnhaus zur Verfügung gestellt. Allerdings gab es für die Behandlung der zahlreich eingetroffenen Kranken zu Anfang keine Räumlichkeiten.
So diente der fensterlose Hühnerstall als Behandlungs- und
Operationssaal, und der alte Bootsschuppen zur Unterbringung
danach, wo der Kranke weiter versorgt wurde.

Pro Tag kümmerte Albert Schweitzer sich um dreißig bis vierzig Kranke. Dazu war er für die Finanzierung
der Gebäude und ihren Bau verantwortlich. Zuerst ent-
stand eine Wellblechbaracke auf Zementfußboden mit zwei
Zimmern – darin befanden sich ein Operationssaal und ein
Konsultationsraum. Später kamen in den Nebenräumen
unter dem hervorspringenden Dach noch eine Apotheke und
der Sterilisationsraum hinzu. Danach wurden eine Kranken-
baracke und eine Wartehalle nach dem Muster der Hütten
der Einheimischen aus Holz, Bambus und Palmblättern gebaut. In diesem ersten Spital arbeiteten Albert und Helene
Schweitzer viereinhalb Jahre, bis sie 1917 während des Ersten
Weltkriegs nach Europa zurückkehren mussten.

Mit den Einnahmen aus seiner schriftstellerischen Tätig-
keit, seinen Lesungen, Vorträgen und Orgelkonzerten finanzierte
Albert Schweitzer seine zweite Reise. Erst 1924 kehrte er in
sein Spital zurück und fand die Gebäude umgeben von dichter
Vegetation wieder – die kleinen Bäumchen waren zu aus-
gewachsenen Bäumen herangewachsen. Während die Kranken
erneut in großer Zahl herbeiströmten, wurden die Gebäude

allmählich repariert und neue hinzugebaut. Nach einer Ruhr-
epidemie und einer Hungersnot stieg die Zahl der gleichzeitig
versorgten Kranken im Spital auf 120, während ursprünglich
nur Platz für vierzig Patienten vorhanden gewesen war.

Vom Bezirkshauptmann bekam Albert Schweitzer drei
Kilometer flussaufwärts bald siebzig Hektar Busch und Wald
in Hanglage zur Verfügung gestellt. Sie mussten erst gerodet
werden. Um der andauernden Hungersnot entgegenzu-
wirken, ließ der Arzt vor den Häusern noch Bananen, Mais
und Brotfruchtbäume anpflanzen. Während das Spital im
Jahr 1927 Einrichtungen für etwa 250 afrikanische Kranke
mit ihren Begleitern und ein Haus für zwanzig europäische
Patienten umfasste, zeigt ein Lageplan von 1954 bereits rund
fünfzig Gebäude. Was später noch auf diesem Gebiet ent-
stand, liegt nun vor mir:

Die Mehrzahl der schmalen weißen Häuser orientiert
sich von Ost nach West. So zieht die Sonne, wegen der Nähe
zum Äquator, fast senkrecht über ihre Dächer hinweg. In den
Gebäuden ist es somit bedeutend kühler, als es in einem Haus
wäre, das von Norden nach Süden ausgerichtet ist. Hinter den
ersten Bauten auf dem Hügel, die ich nun passiere, entdecke
ich das ehemalige Ärztehaus, das Küchenhaus, den Speise-
saal und das Wohnhaus der Schweitzers. Letzteres betrete
ich neugierig. Es ist angenehm luftig hier drin. Über der Ein-
gangstür unter der Decke des Schlafgemachs befinden sich
auf der gesamten Breite des Zimmers mehrere offen stehende
Fenster. Sie lassen die Luft hervorragend zirkulieren.

Ich schaue mich genauer um. Auf einem Holztisch neben
der Tür stehen zwei weiße Schüsseln mit je einer weißen
Karaffe. Über dem Metallrahmen des Bettes hängt ein weißes

Moskitonetz. Auf dem Schränkchen neben dem Bett liegt ein älterer Bildband, den ich vorsichtig durchblättere. Darin sind die Bilder und Geschichten einiger Kranker abgedruckt, die hier im Spital behandelt wurden. Immer wieder halte ich die Luft an, wenn ich eine Seite umschlage. Beim Anblick der unvorstellbaren Qualen dieser armen Menschen, die Albert Schweitzer behandelt hat, schießen mir die Tränen in die Augen. Ich, die schon beim Gedanken an Blut fast umfällt, will nicht glauben, was unser Körper für unfassbare Schmerzen für uns bereithalten kann. Die Fotos, die Menschen mit offenen Geschwüren und parasitären, bis auf die Knochen reichenden Wunden zeigen, kann ich mir nur anschauen, weil sie schon so alt und schwarz-weiß sind. Sogar ein Mann mit Elefantiasis ist abgebildet, dessen Hoden auf die unfassbare Größe einer Jackfrucht angewachsen sind.

In Gedanken versunken trete ich wieder aus dem Haus hinaus in die bunte Welt und gehe wie ferngesteuert weiter. Plötzlich finde ich mich auf einer kleinen Wiese im Schatten eines Baumes wieder. Auf ihr stehen einige einfache graue Betonkreuze mit schwarzer Beschriftung. Ich stehe vor den Gräbern von Albert Schweitzer, Ehefrau Helene und ihrer gemeinsamen Tochter Rhena, die – genau wie ihr Vater am 14. Januar geboren – erst vor einem halben Jahr im Alter von neunzig Jahren verstorben ist. Umgeben von einigen ihrer Mitarbeiter ruhen die Wohltäter hier. Voll Ehrfurcht vor der Familie Schweitzer und ihren Helfern, die so viel Liebe auf dieser Welt hinterlassen haben, halte ich ergriffen inne und gedenke ihrer für einige Minuten.

Da ertönt ein unüberhörbares Grummeln! Ich erschrecke mich regelrecht vor dem Geräusch, das aus meinem Inneren kommt, so tief bin ich in Gedanken versunken. Mein Magen macht sich deutlich bemerkbar – ich habe heute noch nichts gefrühstückt und dementsprechend großen Hunger. Mein Blick fällt zum ersten Mal seit Stunden auf meine Uhr – was, schon zwei? Gemächlich mache ich mich in der tropischen Hitze von 35 Grad auf den Rückweg und schlendere durch Lambaréné, in dem es für mich sonst nichts Besonderes mehr zu tun gibt.

Von zwei »fliegenden« Händlerinnen, die so lange mit ihrer verderblichen Ware herumlaufen, bis sie alles verkauft haben, erstehe ich ein paar Bananen und gekochte Eier. Tag für Tag bestreiten die zierlichen jungen Frauen in ihren bunten Kleidern so lächelnd ihren kargen Lebensunterhalt. Gern kaufe ich bei ihnen ein, wenn wieder mal mein Magen knurrt.

Bänke und Sitzplätze wie bei uns, damit man sich ein Päuschen gönnen oder mit Leuten plauschen kann, sind in Gabun und vielen anderen afrikanischen Ländern eine Seltenheit. So verschlinge ich meine Mahlzeit im Gehen. Für den Abend nehme ich noch ein paar geröstete ungesalzene Erdnüsse mit, die in Plastiktütchen eingeschweißt sind. Das muss für heute reichen! Dieses feuchtheiße Klima ist für mich ohnehin der ideale Appetitzügler. So komme ich immer körperlich um mehrere Kilos erleichtert, dafür um viele schöne und vor allem schwere Souvenirs im Gepäck bereichert wieder nach Hause. Tatsächlich werde ich in wenigen Tagen – nachdem ich acht Wochen auf eigene Faust in Afrika unterwegs war – von Libreville den Heimflug antreten. Ausgerechnet am Abreisetag gerate ich dort in einen Putsch ... Aber das ist wieder eine andere Geschichte.

Abenteuer
Anreise ... – Teil 1

September 2009

Es ist ein langer, weiter Weg bis ans Ende der Welt. Er braucht seine Zeit, die mir wie eine Ewigkeit vorkommt.

Die erste Etappe führt mich in elf Stunden und durch acht Zeitzonen von Frankfurt nach Los Angeles im sonnigen Kalifornien. Ich lande am Nachmittag und lege erst mal einen Zwischenstopp ein. Mir bleibt gar nichts anderes übrig. Den einzigen möglichen Anschlussflug heute weiter nach Tahiti, wo ich eigentlich hinwill, habe ich schon längst um ein paar Stunden verpasst.

Auch bei einer Durchreise mit Umstieg auf einen Flug einer anderen Fluglinie könnte ich in den Vereinigten Staaten leider nicht, wie auf vielen Flughäfen in anderen Ländern dieser Erde üblich, nur im Transitbereich bleiben, ohne tatsächlich ins Land einzureisen. Hier komme ich an der weltweit strengsten Einreisekontrolle nicht vorbei. Selbst schuld! Ich habe es ja so gewollt.

Menschenmassen strömen an mir vorbei, sie hetzen vor, neben und hinter mir her, ausgespuckt von den anderen soeben gelandeten Flugzeugen. Von nicht übersehbaren Leuchttafeln werden sie wie Rinder in eine Richtung dirigiert. Wehe, einer von ihnen merkt, dass er falsch ist, und will plötzlich in die entgegengesetzte Richtung. Dann ist etwas los im Land der unbegrenzten Möglichkeiten! Irgendwo da hinten in weiter Ferne warten die »Cowboys« und »Cowgirls« – oder auch: Grenzbeamten – auf uns. Wir Zweibeiner mit unserem Handgepäck stehen nun in geregelte Bahnen gelenkt und dicht gedrängt wie in einem Viehtrieb ziemlich dumm da. Es gibt kein Zurück – besser nicht. Und das Warten kann dauern ... Es zieht sich in die Länge wie Kaugummi, den tatsächlich einige Wartende in ihren Mündern hin- und herschieben. Ganz passend wirken sie auf mich wie Wiederkäuer.

Ich stehe brav in der Schlange. In meiner Hand halte ich zwei richtig ausgefüllte – so hoffe ich zumindest – Formulare. Von der Passkontrolle mit dem ganzen »Einwanderungstrara« scheine ich noch meilenweit entfernt zu sein. Bei der Erinnerung daran, was man meinem letzten Reisepass vor anderthalb Jahren hier in den USA in Miami angetan hat, überkommt mich ein mulmiges Gefühl. »Ritsch« machte es, als mein Pass durch das Lesegerät gezogen wurde – und plötzlich aus zwei ungültigen Teilen bestand. Ohne meinen Pass wäre ich nichts – nur ein Häufchen Elend, das nicht reisen darf. Deshalb ist er mir so gut wie heilig. Ich schicke ein Stoßgebet zum Himmel und versuche, auf angenehmere Gedanken zu kommen. Mir fällt auf, dass ausgerechnet dieser Flughafen den aus drei Buchstaben bestehenden Code »LAX« trägt. Sorglos bin ich deswegen nicht. Ich bezweifle, dass auch nur einer der Einreisebeamten sorglos oder ungenau sein wird.

Über eine Stunde ist vergangen, als ich endlich den heiß ersehnten Schalter erreiche. Das hätte schlimmer sein können. Einen äußerst freundlichen Einwanderungsbeamten hispanoamerikanischer Herkunft habe ich auch erwischt. Als er meinen angeheirateten Nachnamen »Sedano« sieht, stellt er mir die notwendigen Fragen gleich auf Spanisch.

»Ich werde nur eine Nacht hier im Hostel bleiben. Morgen Mittag fliege ich nach Tahiti«, antworte ich lächelnd ebenfalls auf Spanisch und lege ihm den Wisch mit den Flugdaten für die morgige Weiterreise vor die Nase, den er nicht weiter beachtet. Ich muss wohl einen vertrauenerweckenden Eindruck machen. Gleich mehrfach darf ich anschließend meine letztmals vor dem Frühstück gewaschenen Hände auf das hochempfindliche Gerät vor mir legen und meine Fingerabdrücke hinterlassen. Der kleine Kasten hat bestimmt schon Abertausenden Menschen einen Teil ihrer Vergangenheit aus der Hand gelesen. Ob er auch mal gereinigt wird? Wahrscheinlich befinden sich darauf mehr Keime als auf einer Klobrille, von denen sich einige heutzutage immerhin einer automatischen Selbstreinigung erfreuen. Bei diesen verrückten Gedanken fällt es mir schwer, die Gesichtskontrolle mit seriöser Miene zu absolvieren und nicht doch mit den Mundwinkeln zu zucken.

Jetzt wird es ernst. Mein Pass ist dran. Ich halte die Luft an, nehme mein pochendes Herz viel zu deutlich wahr und schicke noch ein Stoßgebet hinterher, als ich den Reisepass hinüberreiche. Das maschinenlesbare Plastikteil mit meinen Daten hängt nach unten. Ich halte die Luft an. Es wird oberhalb der Tastatur durch den Schlitz des Lesegeräts gezogen ... und, und, *und* ...? Der Pass kommt zu meiner größten Erleichterung komplett in einem Teil wieder heraus! Erst jetzt atme ich wieder aus. Ich könnte jubeln und möchte den Mann hinter der Glasscheibe am liebsten drücken, denn nur zu gut weiß ich: Was einem schon mal widerfahren ist, kann auch ein zweites Mal passieren. Mit einem kaputten, ungültigen

Pass hätte ich diesmal bestimmt einpacken und die Heimreise antreten können.

Mit meinem Esta, dem Internetvisum, scheint alles in Ordnung zu sein. Mein Reisepass wird gestempelt. Ich habe es geschafft. Ich bin drin!

Nach fast anderthalb Stunden am Flughafen sitze ich nun endlich in einem kostenlosen Sammeltransfer, der mich zu einer öffentlichen Bushaltestelle bringt. In einem Industriegebiet warte ich eine Weile lang in der gleißenden Sonne auf die Buslinie Nummer drei. Endlich kommt er um die Ecke! Den genauen Betrag für das Ticket muss ich in eine Sicherheitskassette neben dem Fahrer werfen. Rückgeld, falls ich zu viel zahle, bekomme ich hier nicht. Der Fahrer hantiert nicht mit Münzen und Scheinen. Ich habe schon einen ahnungslosen Touristen in Las Vegas zwanzig US-Dollar in das Kästchen werfen sehen, weil er dachte, das Geld wird automatisch gewechselt. Hier lautet die Devise: Aufpassen und abgezählt bezahlen, sonst ist man seine Devisen am Ende schnell wieder los.

Der Bus zuckelt von einer Haltestelle zur nächsten und fährt dabei nie mehr als eine halbe Meile am Stück durch den zähen Straßenverkehr. Nach einer knappen halben Stunde steige ich aus und finde in der Nähe das Venice Beach Hostel. Im Internet habe ich mir hier ein Bett in einem Mehrbettzimmer reserviert. Das Haus mit dem ungepflegten Rasen davor macht schon von außen einen etwas verwahrlosten Eindruck – es hätte dringend einen Anstrich nötig. Auch drinnen sieht es ziemlich schmuddelig aus. Die Zimmer riechen muffig, und in den Ecken liegen Staubflocken. In der Küche herrscht ebenfalls Chaos. Dreckiges Geschirr stapelt sich in der Spüle, aus dem Kühlschrank fällt mir Essen entgegen, und die Ablage hat anscheinend schon länger keinen Lappen mehr gesehen. Wenigstens macht das Gemeinschaftsbad mit den Duschen einen sauberen Eindruck. Das geht gerade noch für eine Nacht. Länger als nötig wollte ich hier bestimmt nicht bleiben.

Früh falle ich an diesem Abend ins Bett. Ich bin völlig erschöpft von diesem ausgedehnten und stressigen Tag, an dem ich dennoch nur die erste Etappe meiner Reise hinter mich gebracht habe. Denn wie Urlaub – so fühlt sich das hier mit Sicherheit noch nicht an.

Und so werde ich auch am nächsten Morgen nicht gerade sanft geweckt. Im Gemeinschaftsbad höre ich eine Frau laut stöhnen. Und sie ist nicht die Einzige, die lamentiert. Ihre Freundin, wohl in der Duschkabine neben ihr, jammert in gleicher Lautstärke mit. Es dauert eine Weile, bis ich verstehe, was sie sagen, – doch dann fährt mir ein kalter Schauer über den Rücken ... und es fängt verdächtig an zu jucken.

»Shit! Bedbugs – Bettwanzen«, rufen sie.

Nichts wie weg hier! Auf nach Tahiti!

... mit idyllischem Zwischenstopp auf dem langen Weg ... – Teil 2

September 2009

Nach achteinhalb Stunden Flug landen wir pünktlich um 19 Uhr in Französisch-Polynesien mitten im Südpazifischen Ozean – genauer gesagt auf den Sozietätsinseln, noch genauer auf der Vulkaninsel Tahiti, ganz genau in der Hauptstadt Papeete auf dem rund fünf Kilometer außerhalb liegenden Faa'a International Airport. Das Bettwanzen-Desaster habe ich bissfrei überstanden, und auch das Ankunftsprozedere am Flughafen geht hier schneller vonstatten. Ruckzuck bin ich durch sämtliche Kontrollen und wechsle am Exchange-Schalter so viel Geld, wie ich glaube, nötig zu haben, in die Landeswährung CFP – Franc Pacifique.

An diesem Abend wird mir eine besondere Aufmerksamkeit zuteil, die ich bisher in meinem Leben viel zu selten genossen habe: Ich werde vom Flughafen abgeholt. Der günstige 24-Stunden-Service gehört bei der Pension Te Miti, in der ich ein Zimmer gebucht habe, zum Angebot. Ich werde nur eine Nacht in der Unterkunft bleiben, komme aber in ein paar Tagen zurück. Fred, ein Franzose aus Paris mit dunkelblonden Haaren, der für mich den Chauffeur spielt, wartet schon auf mich. Wir begrüßen uns auf Französisch.

Im Fahrzeug erzählt er mir: »Gestern hatten wir hier eine Tsunamiwarnung.«

»Davon habe ich ja überhaupt nichts mitbekommen!«, antworte ich erschrocken und schaue mich auf der Landstraße um, auf der wir gerade fahren. »Oje, was habt ihr gemacht? Und was ist passiert?«

»Die Menschen sind mit Sack und Pack vom Meer weg«, antwortet er gelassen. »Das Hostel liegt weiter oben im Landesinneren.«

»Das ist ja beruhigend zu wissen! Eine solche Situation habe ich noch nie erlebt. Eine seltsame Vorstellung, vom Meer wegrennen zu müssen ...«

»Es war dann nur eine etwas größere Welle, nicht von Bedeutung«, meint Fred grinsend.

»Wahrscheinlich hätten wir sonst heute gar nicht landen können, und ich hätte länger in Los Angeles bleiben müssen ...«, grübele ich laut vor mich hin. Ich weiß es nun besonders zu schätzen, dass ich hier gut angekommen bin. Zwinkernd erzähle ich Fred von meinem Aufenthalt in L. A.

Nach knapp zwanzig Kilometern biegen wir von der Küstenstraße, die sich mit einer Länge von mehr als hundert Kilometern rund um die Insel Tahiti Nui schlängelt, in einen schmalen Seitenweg ab. Im unbewohnten Zentrum der vulkanischen Insel ragen einige Gipfel – teils über zweitausend Meter – in den Himmel hinein. Meist liegen sie hinter einer Wolkendecke versteckt, die sich an die Vulkanspitzen schmiegt.

Ein paar hundert Meter vom Meer entfernt ist die Fahrt mitten im Grünen zu Ende. Das Hostel in der zwölftausend Einwohner zählenden Gemeinde Paea ist nicht voll. Küche und Wohnzimmer sind ordentlich aufgeräumt. So soll es sein.

Das gefällt mir! Und das Mehrbettzimmer habe ich heute Nacht für mich allein. Ich suche mir ein Bett aus und liege nur eine halbe Stunde später zufrieden darin. So schlafbedürftig, wie ich bin, ist mir die Uhrzeit völlig egal. Ratzfatz bin ich weg und werde erst wieder wach, als es im Zimmer langsam hell wird. Ich döse noch eine Weile vor mich hin und stehe erst um acht Uhr auf. Diese Riesenportion Schlaf hatte ich nötig.

Beim Frühstück komme ich mit dem sympathischen Neuseeländer Rick ins Gespräch. In seinen Adern fließt, wie er selbst sagt, auch polynesisches Blut. Er trägt beigefarbene Shorts und ein weißes T-Shirt, hat lebhafte braune Augen, eine gerade Nase und lange schwarze Haare, die er mit einem blauen Zopfgummi zu einem Pferdeschwanz zusammengebunden hat. Seine muskulösen Arme und eins seiner kräftigen Beine sind kunstvoll mit polynesischen Mustern tätowiert. Erst beäuge ich die komplexen Motive an Ricks starken Armen mit schüchterner Zurückhaltung. Sie üben eine unerwartete Faszination auf mich aus. Möglichst unauffällig lasse ich meinen Blick immer wieder zu den Tattoos schweifen – ich kann nicht anders. Eine Tätowierung an meinem Körper? Ich hätte viel zu viel Angst vor den Schmerzen, die beim Stechen auf mich zukämen.

»Was sind das für Symbole auf deinen Armen und deinem Bein?«, frage ich schließlich ohne große Umschweife. Ich fühle mich wie ein naives Kind, das etwas Neues, bislang Fremdes, lernen möchte. Genau das ist einer der vielen Gründe, weshalb ich mich so gern in die Ferne begebe, – ich erlebe und erfahre so viel, was ich vorher nicht kannte.

Mit einem Lächeln erklärt Rick mir bereitwillig: »Tätowierungen waren hier in früheren Zeiten Statussymbole,

Zeichen der Gesellschafts- und Klan-Zugehörigkeit und gaben die geografische Herkunft an. Jede der Inselgruppen Polynesiens hatte ihren eigenen Stil. Während Kriegern ihre tätowierten Gesichter zur Abschreckung dienten, nutzten Frauen andere tätowierte Körperstellen zur Verführung. Seit einigen Jahren lebt die alte polynesische Tradition der Körperverzierungen wieder auf. Die Tattoos sind heute so verschieden wie die individuellen Geschmäcker derer, die sich mit ihnen schmücken.«

Interessiert lausche ich seinen Worten. »Und was ist mit deinem anderen Bein?«, frage ich neugierig.

»Das wird auch noch tätowiert. Ich habe schon ein paar Ideen, weiß aber noch nicht genau, was ich machen lasse.«

Am Vormittag muss Fred für Besorgungen in die Hauptstadt Papeete. Er nimmt Rick und mich mit. Ich steige schon ein paar Kilometer weiter auf der Küstenstraße in dem Örtchen Puna'auia wieder aus. Allein gehe ich geradeaus auf einer Seitenstraße Richtung Meer und biege kurz davor rechts ab. Erneut muss ich über die Tsunamiwarnung nachdenken: Wie hilflos sind wir Menschen am Ende trotz all unserem Wissen und unserer Technik doch den Naturgewalten ausgesetzt ...

Nach ein paar Minuten zu Fuß, in denen mir keine Menschenseele begegnet, finde ich das Musée de Tahiti et des Îles. Das ethnologische Museum verfügt über eine der umfangreichsten Sammlungen im Pazifik. Die nächsten beiden Stunden schaue ich mir alles genau an. Das reicht mir dann auch an Kunst und Kultur für heute. Anschließend gehe ich durch ein paar einsame Straßen des Örtchens, in dem es außer ein paar Wohnhäusern nicht viel zu sehen gibt. Schließlich finde ich einen kleinen Supermarkt, wo ich Wasser und ein paar Bananen und Erdnüsse zum Knabbern kaufe.

Auf der rege befahrenen Küstenstraße schlendere ich zurück in Richtung Unterkunft. Wo sich der Strand nicht abgezäunt in Privatbesitz befindet, laufe ich durch den Sand am Meer entlang. Ein paar Pferde, die ich auf einer Weide beim Graszupfen beobachte, kommen sogar neugierig zu mir an den Zaun. Sie erhalten ein paar kurze Streicheleinheiten, bevor ich mich weiter auf den Heimweg mache.

Den Nachmittag lasse ich auf der Terrasse der Pension mit einem Krimi und weiteren Gesprächen ausklingen. Rick erzählt mir von seinen Reiseplänen für die Zukunft.

»Außerdem muss ich in Neuseeland dann mein Haus verkaufen ...«, fügt er am Ende hinzu.

»Wieso denn das? Wenn du reisen willst, musst du doch nicht gleich dein Haus verkaufen«, erwidere ich kopfschüttelnd.

»Doch. Wegen der tektonischen Platten liegt Neuseeland in einem Erdbebengebiet«, erklärt er mir. »Wenn das Haus mal Risse hat, bekomme ich kein Geld mehr dafür.«

»Ach, verstehe. Über so was habe ich mir da, wo ich lebe, noch nie Gedanken machen müssen.« Ich nicke Rick bestätigend zu. Bei solchen Gesprächen in der Ferne lerne ich wertzuschätzen, was ich in Deutschland habe. Sie bleiben mir oft jahrelang in Erinnerung.

Auch als ich ein paar Stunden später schon wieder im Flieger sitze, muss ich an lang vergangene Zeiten denken. 4.250 Kilometer. Fünf Stunden Flug. Vier Stunden wird die Zeit vorgestellt. Aller guten Dinge sind drei: Die dritte Etappe über die tiefen Wasser des Südpazifischen Ozeans führt mich endlich zur mystischen Osterinsel, die politisch zu Chile gehört, am Ende der Welt. Kein Eiland liegt ferner von einem Kontinent entfernt. Viel Zeit zum Schlafen bleibt in dieser Nacht nicht mehr, und so schweifen meine Gedanken ganz von selbst in die Vergangenheit zu meiner ersten Reise in das schmale Land in Südamerika vor über 16 Jahren.

Damals war ich mit meinem Ehemann Antonio unterwegs. Beide wollten wir unbedingt auf die Isla de Pascua – die Osterinsel. Es war aussichtslos. Sämtliche Flüge von Santiago de Chile waren schon Monate vorher restlos ausgebucht. Keine Chance, noch zwei Sitzplätze zu ergattern – auch nicht last minute. Deswegen reise ich jetzt von Tahiti aus an, das war einfacher im Reisebüro zu buchen.

Nichtsdestotrotz hatten wir damals eine abenteuerliche Reise in einem landschaftlich atemberaubenden Land voll von Geysiren, Vulkanen, Fjorden und mit der Atacama-Wüste, in der es weltweit den geringsten Niederschlag gibt. Gemeinsam reisten Antonio und ich zuerst bis ans Ende des amerikanischen Kontinents im Süden und dann wieder hoch in den Norden des Landes Chile. Zu zweit mit einem Partner die Welt zu erkunden, ist eine völlig andere Art des Reisens. Man ist anders als bei einer Solo-Reise kaum auf andere Menschen angewiesen und hat viel weniger Berührungspunkte mit ihnen. Ich konzentrierte mich damals mehr auf den Mann an meiner Seite, obwohl wir beide offen für Begegnungen mit anderen Globetrottern und Einheimischen waren. Ich bin wirklich gern mit Antonio gereist. Im ersten Moment denke ich ein wenig wehmütig an diese Zeit zurück, um dann doch in mich hineinzukichern. Mir kommen gleich zwei Erlebnisse in den Sinn, die ich plötzlich so bildhaft vor mir sehe, als wären sie erst gestern geschehen:

Als Antonio in der Hauptstadt Santiago de Chile unsere geschriebenen Ansichtskarten zur Hauptpost, einem über hundert Jahre alten Gebäude im neoklassizistischen Stil am nördlichen Ende der Plaza de Armas bringen wollte, setzte ich mich auf ein Mäuerchen in die Sonne und schaute dem bunten Treiben auf dem Platz zu. Im Weggehen warnte mein Mann mich noch: »Lass dich bloß nicht ansprechen!«

»Du glaubst doch nicht, dass mich in der kurzen Zeit, die du da drin bist, jemand anquatschen wird?«, antwortete ich lachend. »Mach dir mal keine Gedanken!« Grinsend schaute ich ihm und seinem knackigen Hintern in der hellen Stoffhose hinterher, wie sie sich langsam in Richtung Hauptpost bewegten. Wie zur Ablösung setzte sich tatsächlich keine Minute später ein junger Chilene neben mich und verwickelte mich in ein Gespräch.

Auch als Antonio zurückkam, saßen wir immer noch quatschend nebeneinander.

»Ach, da kommt mein Mann. Ich stelle ihn dir gleich vor«, rief ich aus.

»Nein, danke! Nicht nötig! Tschüss!«, antwortete der Fremde und war so schnell weg, wie er sich zu mir gesellt hatte.

Mein Ehemann hatte die Situation bereits aus der Ferne beobachtet. »Was war das denn?«, fragte er leicht eifersüchtig mit großen Augen.

»Genau das, womit ich eben selbst nicht gerechnet habe«, entgegnete ich beschwichtigend und fügte schmunzelnd hinzu: »Er hat sich nur freundlich mit mir unterhalten und mich nicht belästigt ... Außerdem ist das doch ein Kompliment für deine Frau, wenn sie angesprochen wird!«

Er brummelte noch etwas kaum Verständliches auf Spanisch vor sich hin, dann gingen wir weiter, ohne uns groß über diesen Zwischenfall Gedanken zu machen. Erst Jahre später erfuhr ich von einem anderen Reisenden, dass das Ansprechen von allein reisenden Frauen in den Ländern Südamerikas oftmals eine Masche ist, um sie abzulenken und leichter beklauen zu können. Auf diese Idee wäre ich damals nie gekommen! Ein Glück, dass Antonio auftauchte und mich »rettete«.

Und dann war da noch das Souvenir, das eine besonders lebhafte Erinnerung bei mir hinterlassen hat. Wir brachten sie aus San Pedro de Atacama in Chile mit: eine kleine Trommel aus reinen Naturmaterialien, Teile davon Kaktus. An einem Holzstiel konnte man sie in der Hand halten und durch schnelle Handbewegungen mit den zwei Kügelchen, die mit Fäden am Rand des Trommelfells befestigt waren, auf ihr trommeln. Die federleichte Minipauke bekam einen Platz in unserem weißen Bücherregal neben etwas gewichtigeren, bemalten Rasseln aus Mexiko.

Wieder zurück im hektischen Arbeitsalltag in Deutschland fand die Trommel vorerst keine Beachtung mehr durch uns. Auch beim Staubwischen würdigte ich sie keines intensiven Blickes und wollte auch nicht mit ihr spielen. Erst Wochen später bemerkte ich mit einem gellenden Schrei des Entsetzens: »Die Trommel lebt!« Sie hatte plötzlich ganz schön viele Beinchen und Beißerchen bekommen und drohte, vor meinen Augen zu Staub zu zerfallen. Die chilenischen Insekten versuchten beharrlich, sich durch die weiße Farbschicht auf unserem Holzregal zu knabbern, hatten aber Probleme, sich durchzubeißen. Die Trommel bekam zwar keine Standpauke, aber dafür mit mir jetzt die längeren Beine. Vorsichtig beförderte ich sie mit dem königsblauen Handbesen auf die farblich passende Schippe aus Plastik und wanderte damit schnurstracks zur Abfalltonne draußen neben dem Haus. Das an einer kreisrunden Stelle an der Oberfläche angenagte Regal wurde in der Hoffnung desinfiziert, ihm damit in naher Zukunft ein ähnliches Schicksal wie das der Trommel zu ersparen. Es dürfte meinen Büchern und Mitbringseln gern noch mehrere Jahre ein Zuhause bieten und sich bitte nicht so schnell in Sägespäne auflösen.

So schnell kann es gehen, und man hat sich ein paar Insektchen – immerhin nicht direkt am eigenen Körper – aus einem fremden Land mit nach Hause gebracht. In dieser kurzen Nacht im Flugzeug krabbeln zum Glück keine Tiere auf mir herum – auch weiterhin werde ich auf dieser Reise von Bettwanzen und anderem Getier verschont. Sie huschen lediglich in meinem Kopf herum.

… auf die andere Seite des Erdballs zur magischen Osterinsel – Teil 3

Pünktlich zum Frühstück bin ich wieder wach – wie immer, wenn es etwas zu essen gibt. Der Appetit nach der kleinen Mahlzeit ist gezügelt, und meine Sinne sind beflügelt. Ich schaue aus dem Fenster und sehe nichts als blauschwarzes Meer, über das wir die letzten fünf Stunden hinweggeflogen sind.

Und plötzlich ist sie da. Ich bekomme regelrecht eine Gänsehaut, obwohl es warm im Flugzeug ist. Ein grünes Fleckchen Erde in Form eines Dreiecks taucht mitten aus dem schier unendlichen Ozean auf. Bei dem kleinen Stück Land handelt es sich nur um die Spitze eines dreitausend Meter hohen subaquatischen Gebirgszugs, die durch die Meeresoberfläche gedrungen ist. Die Landfläche besteht aus zwei kurzen 16 und 17 Kilometer und einem längeren 24 Kilometer langen Schenkel mit weichen Rundungen an den Enden, die von den Meereswogen geformt wurden. Zwölf Kilometer breit ist das Ende der Welt an seiner dicksten Stelle. 165 Quadratkilometer Raum bietet es. So ungefähr würde ich mir ein bemanntes Flugobjekt im Weltraum vorstellen. Der grüne Flecken Land sieht fast aus wie ein UFO, das ins Meer gefallen ist, wenn da nicht an jeder Ecke erloschene Vulkane emporragen würden. Der höchste ist 511 Meter hoch. Die anderen Vulkane sind etwas niedriger und bilden eine hügelige Landschaft.

Meine Augen suchen den Rand der Insel ab. Wir kommen immer näher. Jetzt kann ich sie sehen! »Da sind sie!«, entfährt mir fast ein Jubelschrei. Mein Herz hüpft vor Freude in die Höhe. Hatte ich tatsächlich geglaubt, sie könnten inzwischen Beine bekommen haben und weggelaufen sein? Nein. Sie sind mit der Zeit stehen geblieben, sind teilweise umgefallen, wieder aufgestellt worden oder liegen immer noch umgekippt da. Die Moai, aus Stein gemeißelte, mystische, ausschließlich männliche Riesenfiguren – vielleicht die Ahnen eines Klans –, üben auf Menschen überall auf der Welt eine solch ungewöhnliche Anziehungskraft aus, dass sie sich in Scharen auf die Odyssee ans Ende der Welt begeben – so wie ich.

Langsam steuern wir auf die Landebahn zu und setzen um halb zehn Uhr morgens sanft auf dem Mataveri International Airport auf Rapa Nui – der Osterinsel – auf. Nicht weit entfernt befindet sich der einzige Ort der Insel Hanga Roa mit seinen knapp viertausend Einwohnern. Wenige Minuten später laufe ich die Zugangstreppe des Flugzeugs hinab und sauge die milde, frische Luft in mich ein. Auf dem Weg zum Flughafengebäude drehe ich mich mehrmals um die eigene Achse. Dabei verschlinge ich die grüne Landschaft mit dem Vulkan Rano Kao im Hintergrund hungrig mit meinen Augen.

Ehe ich mich versehe, bin ich schon wieder um einen Stempel in meinem Reisepass reicher. Eine Unterkunft habe ich nicht reserviert. Das wollte ich bei einer Ankunft am Morgen mit viel Zeit bis zum Einbruch der Dunkelheit lieber dem Zufall überlassen. Und der lässt nicht auf sich warten. Als ich am Gepäckband auf meinen Rucksack warte, spricht mich eine kleine und etwas rundliche Frau mit schwarzer Brille vorsichtig an: »Sprechen Sie Englisch?«

Ich bejahe, rede aber gleich ohne Umschweife auf Spanisch weiter. Ich freue mich, die Sprache nach längerer Zeit mal wieder in den Mund nehmen zu können. Und auch für sie ist es viel angenehmer so – das erkenne ich an ihrem erleichterten Gesichtsausdruck.

Die Frau bietet mir ein Zimmer inklusive Frühstück für einen fairen Preis an. Wir warten noch auf meinen Rucksack, dann passieren wir gemeinsam die Zollkontrolle, und es geht los. Ihr weißes Auto steht vor der Tür. Nur ein paar Minuten dauert es bis ans andere Ende des beschaulichen Ortes.

Mein sauberes, uriges Zimmer mit Bad befindet sich in einer von vier gemütlichen Cabañas, die aufgereiht eine neben der anderen im Garten meiner Gastgeberin platziert sind. Wenn ich zur Tür hinausgehe, befinde ich mich gleich draußen unter dem blauen Himmel. Schräg vor mir steht das weiße Haus von Elvira – so heißt die liebenswerte Frau, der ich diese Unterkunft zu verdanken habe. Neben der äußeren Holzhütte erkenne ich ein kleines Gewächshaus, wo sie ihr Gemüse anbaut. Auf der anderen Seite sehe ich etwas weiter weg das Meer.

»Ist das schön hier«, rufe ich begeistert und fühle mich sofort wohl in meinem neuen Zuhause für die nächsten paar Tage. Die Formalitäten werden ein paar Minuten später erledigt. Ich bezahle und lege meinen Reisepass vor.

»Meine Tochter studiert auf dem Festland«, erzählt Elvira mir. »Ich lebe mit meinen beiden Söhnen hier. Sie gehen noch zur Schule. Mein Ehemann ist vor einiger Zeit gestorben.«

Ich drücke ihr mit verständnisvollen Worten mein Mit-gefühl für den Tod ihres Mannes aus und frage zusätzlich, da sie ohnehin für ihre beiden Söhne kochen muss: »Könnte ich neben dem Frühstück noch einmal am Tag hier essen, wenn es passt? Ich bezahle natürlich dafür!«

Sie freut sich sichtlich über meine Frage und wir einigen uns schnell auf einen Preis. Ich freue mich darüber, dass ich das Geld nicht in einem Restaurant lasse, sondern es ihr zugutekommt.

Zu gern würde ich heute einen ruhigen Tag einlegen und mich gemütlich im Ort und in der näheren Umgebung um-sehen. Nach all den Kilometern und Zeitzonen, die ich in den letzten Tagen zurückgelegt und durchquert habe, hätte ich mir das eigentlich verdient. Aber an Ausruhen brauche ich heute nicht zu denken. Ich bekomme ein Angebot, das ich nicht ablehnen kann. Elvira hat für den frühen Nachmittag mit zwei Argentinierinnen, die ebenfalls hier übernachten, eine Inselrundfahrt zu den Sehenswürdigkeiten geplant. Für mich wäre noch ein Plätzchen vorn im Auto frei. Das ist preislich natürlich günstiger, als wenn ich allein mit ihr oder jemand anderem auf eine solche Tour ginge. Die Gelegenheit lasse ich mir nicht entgehen.

Die Zeit bis zum Nachmittag nutze ich sinnvoll mit Aus-packen. Anschließend gehe ich durch das wild wachsende Gras in Richtung Meer. Sogleich stehe ich den ersten Kolossen auf dem Ahu Tahai und dem Ahu Ko Te Riku gegenüber. Ahus werden die Plattformen genannt, auf denen die Moai platziert sind. Sie bestehen aus großen, losen Steinen, die von Stütz-mauern gehalten werden. An ihrer Oberfläche liegen kleinere Steine, damit die Moai auf ebener Fläche stehen. Einige von ihnen wurden in den letzten Jahrzehnten restauriert. Viele Steine der Plattformen haben die Einwohner demontiert und zum Hausbau verwendet. In manchen Ahus wurden sogar Gräber mit Gebeinen gefunden.

Ein Moai ist stark verwittert. Nur mit viel Fantasie ist zu erahnen, dass er einst ein Gesicht hatte. Dafür steht einige Meter weiter rechts von ihm eine restaurierte Figur. Ihren Rücken hat sie dem Meer zugedreht. Den Kopf des Moais krönt ein rostroter sogenannter Pukao in zylindrischer Form. Archäologen meinen, es könnte sich dabei um einen Dutt handeln, den einst auf der Insel für Männer üblichen Haarstil. Wie wohl die Frauen damals ausgesehen haben? Mich erinnert das steinerne Objekt auf dem Haupt des Moais bei längerer Betrachtung an die breitkrempige Pelz- mütze eines Kosaken. Das vulkanische Material, aus dem es gemeißelt wurde, ist relativ weich, gut zu bearbeiten und kommt ganz sicher aus dem kleinen Krater Puna Pau nicht weit entfernt.

Auf seiner Plattform überragt mich der restaurierte Koloss um einige Meter. Die rostroten Augen – für das Weiße wurden Muschel- und Korallenkalk verwendet – starren geradeaus über mich hinweg ins Landesinnere. Zu gern würde ich mit dem Moai ein Zwiegespräch anfangen und seinen Geschichten lauschen, bis ich vor Müdigkeit umfalle. Ich könnte so viel von ihm lernen – über die Jahrhunderte hinweg hat er bestimmt vieles gesehen. Wenn er doch nur eine Nachricht für uns tief in seinem Inneren versteckt hielte und sie mir irgendwie mitteilen könnte. Stattdessen steht er sprachlos mit geschlossenem Mund auf seinem Ahu, und ich staunend mit offenem Mund vor ihm.

Auf der Inseltour mit Elvira und den zwei Argentinierinnen geht es zuerst wieder am Flughafen vorbei und danach hinauf zum vierhundert Meter hohen Kraterrand des Rano Kao, an dem ich ein Stück entlanglaufen kann. Zu einer Seite fallen die Klippen über dreihundert Meter tief in den tintenblauen Ozean hinab. In die Felsen am Wegesrand sind Petroglyphen eingemeißelt, die dem Vogelmannkult zugeordnet wurden. Auf der anderen Seite führt ein Abhang etwa zweihundert Meter hinunter in den mit Totora-Schilf bedeckten Kratersee im Inneren des Vulkans. Er wirkt wie der überdimensionale Kessel eines Riesenzauberers, und ich warte nur darauf, dass er jeden Moment mit seiner Kelle darin herumrührt.

In dieser fantastischen Landschaft befindet sich die Kult-stätte Orongo. Dabei handelt es sich um eine Ansammlung von mit Gras bewachsenen, unterschiedlich großen Bauten aus übereinandergeschichteten flachen Steinplatten, die teil-weise in den Abhang eingebettet sind. Die Eingänge zu den Steinhäusern sind besonders niedrig. Um diejenigen, die sich bereits in dem Unterschlupf befanden, vor Angriffen von außen zu schützen, war es Besuchern nicht möglich, in auf-rechtem Gang einzutreten.

Die weite, grüne Landschaft um die Steinbauten herum lässt mich glauben, auf einem anderen Planeten zu sein. Ich mag mich gar nicht daran sattsehen und könnte ewig hier oben bleiben, gäbe es da nicht noch mehr auf Rapa Nui zu entdecken.

Bald fahren wir auf einer guten geteerten Straße von Hanga Roa weg in Richtung Meer und bekommen dort zahl-reiche monolithische Statuen zu sehen. Einige Moai stehen wie bestellt und nicht abgeholt in einer Reihe auf einem Ahu nebeneinander. Vielen von ihnen sind die Augen aus dem Kopf gefallen, oder sie hatten erst gar keine. Nur wenige besondere Moai wurden nämlich mit Augen ausgestattet. Andere sind der Nase nach umgekippt und haben im wahrsten Sinne des Wortes ins Gras gebissen.

Besonders faszinierend finde ich den Steinbruch am Vulkan Rano Raraku, die Geburtsstätte fast aller Moai. Ich fühle mich, als wäre ich mit einer Zeitmaschine einige Jahrhunderte in die Vergangenheit gereist. Es wirkt so, als hätten die Schöpfer der Moai gerade eine Mittagspause eingelegt, um nur in wenigen Minuten wieder an den Steinfiguren in unterschiedlichen Stadien ihrer Fertigstellung weiterzuhämmern und -zumeißeln. Von den grasbewachsenen Hängen schauen viele Köpfe der bis zu sieben Meter hohen Statuen auf mich herab. Ein gigantischer, 21 Meter messender Moai liegt noch in seinem ursprünglichen Tuffbett. Wollte er erst gar nicht aufstehen, oder stellt er einen Toten dar?

Über tausend Moai sollen auf Rapa Nui geschaffen worden sein. Wie die tonnenschweren Statuen von hier zu ihren Plätzen gekommen sind? Legenden besagen: Priester haben sie durch ihren schieren Willen zum Gehen bewegt. Oder die Statuen haben einfach so über Nacht Beine bekommen und sind ein Stückchen gelaufen. Oder aber sie wurden von Außerirdischen transportiert. Wahrscheinlicher ist: Sie wurden auf Baumstämme gelegt und gerollt oder auf einem Holzschlitten gezogen. Der Torso war außerdem an seiner Basis zur Verlagerung des Schwerpunkts abgerundet, sodass man ihn vertikal durch drehende Bewegungen vorwärtsbewegen konnte.

Ausgerecht jetzt, an dieser auf unserem Planeten einmaligen Kulturstätte der Extraklasse, versagt bei mir die

Technik. Die Batterie meines Fotoapparates hat tatsächlich den Geist aufgegeben. Ich kann es nicht fassen. Nur Stunden vor der Abreise habe ich sie aufgeladen und den Fotoapparat seitdem kaum eingesetzt. Ist sie etwa schon reisemüde? Natürlich habe ich keinen Ersatz dabei. Ich habe der Batterie viel mehr Saft zugetraut.

Statt mich grün wie ein Marsmännchen zu ärgern, muss ich das Beste aus dieser dämlichen Lage machen. Eine Batterie bekomme ich hier nirgends. So bleibt mir nichts anderes übrig, als alles, was ich hier sehe, in meinem Gedächtnis zu speichern und zu hoffen, dass möglichst viele Bilder in der grauen Wolkenmasse in meinem Kopf hängenbleiben werden.

Ein paar Kilometer weiter halten wir beim Ahu Tongariki, dem größten jemals geschaffenen Monument seiner Art. 1960 fiel es einem Tsunami zum Opfer und wurde – noch gar nicht so lange her – Anfang der Neunzigerjahre wiederaufgebaut. 15 Moai stehen hier nebeneinander Spalier, als ob gleich eine Wachablösung kommen würde. Die Figuren geben ein tolles Fotomotiv ab – optimistisch versuche ich mein Glück mit der Kamera erneut. Doch sie ist so starr wie die Kolosse, die hier vor mir stehen ... Nichts bewegt sich.

Nach ein paar weiteren Stopps kommen wir in Anakena an, der Bucht mit dem einzigen Sandstrand auf der Insel, dessen schneeweiße Farbe sich deutlich von der grasbewachsenen Lavalandschaft darum herum abhebt. Das Wasser ist ziemlich kalt, deswegen tummeln sich hier am Strand keine Menschen. Wie ich bestaunen sie lieber den Ahu Nau Nau, wo sieben gut erhaltene Moai, teilweise mit Pukao auf dem Kopf, nebeneinanderstehen.

Von hier aus geht es durchs Inselinnere zurück in Richtung Hanga Roa. Auf halbem Weg wird Elvira auf der asphaltierten Straße immer langsamer. Ich schaue aus dem Autofenster und kann keine bedeutenden Sehenswürdigkeiten außer viel Gras und einem Wäldchen entdecken. Als die Straße anfängt, leicht abzufallen, tritt Elvira auf die Bremse und bleibt stehen. Was macht sie denn da?, wundere ich mich. Jetzt nimmt sie auch noch den Gang raus ... Irritiert schaue ich zu unserer Fahrerin rüber und mich dann erneut um. Die Argentinierinnen auf dem Rücksitz wundern sich ebenfalls. Und dann – lässt sie die Bremse einfach los. Ich sitze neben ihr und kann alles ganz genau sehen. Elviras Füße stehen direkt vor ihrem Sitz und berühren keins der Pedale. Normalerweise müsste der Wagen jetzt die Straße hinabrollen. Das tut er aber nicht. Er bleibt auch nicht stehen. Stattdessen setzt sich die Metallmasse um mich herum nun langsam, Zentimeter für Zentimeter, mit einem ächzenden Geräusch rückwärts den Hang hinauf in Bewegung. Es ist, als würde uns eine unsichtbare Hand zurückziehen. Was für ein merkwürdiges Gefühl! Auch den Argentinierinnen hat es die Sprache verschlagen. Es ist so unfassbar, aber es passiert tatsächlich.

»Wie ist das möglich?«, frage ich Elvira.

»Das ist hier so eine Stelle, an der die magnetischen Kräfte besonders stark sind ...«, antwortet sie schulterzuckend.

Nachdem wir ein paar Meter bergauf gerollt sind, legt sie den Gang wieder ein und wir fahren weiter, als wäre nichts geschehen. Erst jetzt bemerke ich, dass sich trotz der milden Temperaturen die Haare auf meinen Armen aufgestellt haben.

Mir ist schon bewusst, dass wir alle wegen der Anziehungskraft nicht von der Erde fallen. Trotzdem war das soeben eines der außergewöhnlichsten Erlebnisse in meinem Leben. Mister Spock vom Raumschiff Enterprise würde sagen: »Faszinierend.« Dem kann ich mich nur anschließen – in jeder Hinsicht.

Am nächsten Tag erkunde ich meine nähere Umgebung zu Fuß und schlendere durch die Straßen von Hanga Roa. Die Zeit scheint auch hier stehen geblieben zu sein. Die Menschen bewegen sich wie in Zeitlupe. Keiner ist in Eile und hetzt, wie ich das von zu Hause kenne, durch die Straßen – alle haben Zeit für einen Plausch.

Ich freue mich, bei Elvira essen zu dürfen, schaue mir aber dennoch die Speisekarten der Restaurants an. Des Öfteren lese ich: »Chilenen nicht willkommen! Chilenen müssen draußen bleiben!« Das überrascht mich. Die Insel gehört doch zu Chile! Und trotzdem sollen die Chilenen in vielen Restaurants nicht essen dürfen? Natürlich befrage ich später Elvira dazu.

»Viele Chilenen benehmen sich nicht gut«, klärt sie mich auf. »Sie kritisieren viel, haben zu oft am Wein oder am Essen etwas auszusetzen und wollen den Preis drücken. Deshalb dürfen sie in vielen Restaurants nicht speisen.«

»Aha, verstehe«, nicke ich. Dennoch ist es für mich schwer vorstellbar, dass die Chilenen sich tatsächlich so sehr danebenbenehmen.

Nach einem leckeren Frühstück bekomme ich am dritten Tag auf meinen Wunsch ein Pferd gebracht. Es ist ein schlanker Fuchswallach mit weißer Blesse. Die Pferde sind kleiner und schmächtiger als bei uns in Deutschland, aber dennoch keine

Ponys. Ich habe schon länger nicht mehr auf einem Pferd gesessen und freue mich sehr auf den Ritt. Auf dieser Insel durch die grüne Natur reiten zu können, lässt für mich einen Traum wahr werden. Elviras Sohn Juan begleitet mich. Wir reiten gemütlich in nördlicher Richtung am Meer entlang, das sich im herrlich warmen Sonnenschein kaum zu bewegen scheint.

Hin und wieder kommen wir an Moai vorbei, die völlig unpassend auf ihren Bäuchen liegen, als wollten sie sich den Rücken bräunen. Am liebsten würde ich mit meinem braven Pferd auf die Steinmassen zugaloppieren und – hopp – darüberspringen. So verrückt bin ich dann aber auch wieder nicht. Immerhin will ich meinem Pferd nicht die Beine und mir nicht das Genick brechen. Und auch nicht allein über den Moai fliegen, um danach genauso wie er bäuchlings im Gras zu liegen, weil das schlaue Tier lieber davor stehen geblieben ist. So reiten wir gesittet weiter bis nach Anakena, wo ich zum ersten Mal seit fünf Stunden vom Pferd steige und meine eingerosteten Glieder strecke.

Damit mein Wallach auch etwas zu trinken bekommt, führe ich ihn zu einer natürlichen Süßwasserstelle. Doch er weigert sich standhaft, das Wasser auch nur anzurühren, und verzieht dabei sogar sein Maul. Von Elviras Sohn erfahre ich, dass er nur da trinkt, wo er zu Hause ist, – ein wählerischer Chilene eben.

Der Ritt zurück dauert noch mal fast vier Stunden. Ich kann mich nicht daran erinnern, jemals über acht Stunden an einem Tag auf einem Pferd gesessen zu haben. Als ich absteige, frage ich Juan scherzhaft: »Wer wird morgen wohl mehr Muskelkater haben, das Pferd oder ich?« Ich ahne jetzt schon, dass ich es sein werde.

Am schmerzvollen Abschieds- und Muskelkatertag danach freue ich mich tatsächlich zum ersten Mal über die Verspätung eines Flugzeugs. Drei Stunden mehr auf der magischen – und magnetischen – Osterinsel bekomme ich geschenkt. Hätte ich das nur früher gewusst! Zu gern hätte ich die Umgebung noch mal zu Fuß oder mit dem Fahrrad erkundet. So genieße ich die letzten Momente auf dem Flughafen mit Blick ins Grüne – und verabschiede mich wehmütig vom wunderschönen Ende der Welt.

Kalaalilit Nunaannut tikilluarit! Willkommen in Grönland!

»Takanna – Vaersgo – Enjoy your meal«, steht auf den Papiertüten, die wir im Flugzeug gereicht bekommen. Neben mir sitzt meine Mama und schaut sich die Aufschrift und die auf die Papiertüte gedruckten Tierumrisse genau an. Gemeinsam sind wir auf dem Weg zu unserem Traumziel: Grönland! Zum ersten Mal unternehme ich mit meiner Mutter – die mit ihren 84 Jahren fast genauso eine verrückte Weltenbummlerin ist wie ich – eine organisierte Reise. Eine Nacht haben wir in Kopenhagen verbracht, und nun sind wir wieder auf dem Weg.

In der Tüte entdecke ich ein weiches Körnerbrötchen mit Putenbrust und Salatblatt, einen Müsliriegel, ein Tütchen mit harten, gut gesalzenen Brotstücken, eine süße Schokoladenkugel und einen saftigen rot-gelben Apfel. Wozu das pechschwarze Plastikbesteck, das ebenfalls beigelegt wurde, wohl gut sein soll? Weit und breit sehe ich niemanden, der sich mit Messer und Gabel über das labbrige Brötchen oder den Müsliriegel hermacht. Wir alle nehmen dazu unsere Hände. Was man allein ohne Messer und Gabel bei 278 Sitzplätzen im Flugzeug an Plastik einsparen könnte, wäre sicherlich ein dickes Plus für unsere Umwelt ... Für den Getränkeausschank im Flugzeug nehme ich tatsächlich schon seit vielen Jahren ein weiße Mehrwegplastiktasse mit. So spare ich pro Flugstrecke mindestens einen Wegwerfbecher, getreu nach meinem Motto: Weniger Müll ist mehr für Mensch, Tier und Natur!

Vier Stunden und vierzig Minuten später fliegen wir um kurz vor zwölf Uhr mittags – mit viel gewonnener Zeit für den Tag – in einem schrägen Bogen in das Tal unter uns. Von oben wirken die bunten Häuser wie die Blätter eines Baumes, aus dem wie ein Stamm die 2.810 Meter lange Start- und Landebahn ragt. Kangerlussuaq, dänisch Søndre Strømfjord, liegt geschützt von Bergketten am Ende des 170 Kilometer langen gleichnamigen Fjords. Die meisten der fünfhundert Einwohner hier arbeiten für den Flughafen, das Drehkreuz Grönlands. Er wurde im Zweiten Weltkrieg von den US-Amerikanern als Militärstützpunkt errichtet.

Nachdem wir aus dem Flugzeug ausgestiegen und das Flughafengebäude verlassen haben, führt uns ein Holzweg über feuchtes Gebiet direkt zur Polar Lodge, unserer Unterkunft für die erst Nacht. Sie liegt ganz praktisch nur zwei Minuten vom Flughafengebäude entfernt. Der Frühling hält hier dieses Jahr spät Einzug, denn vor der langen roten Baracke liegt noch Schnee. Er ist teilweise vereist und lädt zum Ausrutschen ein. Wenn ich mich ungewollt hinlege, wird das hoffentlich nicht so schlimm werden – ich mache mir eher Sorgen um meine Mutter. Zum Glück schaffen wir es unfallfrei ins Hotel.

Unser gut geheiztes Zimmer mit zwei Betten, schmalen Kleiderschränken, einem Tisch und Stuhl auf blau meliertem Teppichboden ist gemütlich. Saubere Gemeinschaftsbäder mit Toiletten finden wir auf der anderen Seite des Ganges. Durch das Fenster haben wir freie Sicht auf den grauen Himmel im

Süden und eine meerblau gestrichene Lagerhalle. Davor steht ein leeres Holzgestell, auf dem im Sommer gesalzene Fische getrocknet werden. Die Unterkunft verströmt den typischen Charme eines heimeligen Hostels, in dem ich mich auf Anhieb wohlfühle.

Vor unserem ersten Nachmittagsausflug treffen wir uns im Gemeinschaftsraum. Kaffee, heißes Wasser in Thermoskannen, Teebeutel und Kekse stehen auf den Tischen. Zu unserer gemischten Truppe, die sich altersmäßig zwischen Anfang dreißig und Mitte achtzig bewegt, gehören zusätzlich zu den beiden dänischen Reiseführern: zwei dänische Männer, vier deutsche Frauen, ein slowakischer Vater mit Sohn und Tochter, zwei englische Ehepaare, ein australisches und ein schwedisches Ehepaar, ein Amerikaner, eine Österreicherin und eine Litauerin. Mit Anfang fünfzig gehöre ich hier sogar noch zu den jüngeren Teilnehmern. Ich freue mich, die nächsten paar Tage mit Menschen aus vielen Nationen auf der größten Insel der Welt unterwegs zu sein.

Neben dem Gemeinschaftsraum befindet sich die Küche, in der wir uns unsere Mittagsmahlzeit abholen dürfen. Im Kühlschrank liegen kaum zu übersehen gut verpackt die wuchtigsten, längsten mit Putenbrust und Salat belegten Stangenweißbrote, die ich jemals gesehen habe. Da meint es jemand gut mit uns! Vorsichtig drücke ich das Baguette ein wenig platt und achte darauf, dass an der Seite nichts herausflutscht. Selbst bei gutem Willen schaffe ich nicht alles. Zum Glück muss hier keiner aufessen, damit am nächsten Tag die Sonne scheint.

Es geht los, ab nach draußen! Über ein steiles Treppchen klettern wir in einen Container, der hinter dem Fahrerhäuschen gut auf einer Mercedes-Benz-Karosse mit hohen Rädern befestigt ist. Es gibt mehr als genug Sitzplätze für uns. Durch zehn große Fenster können wir hinaus in die karge Landschaft blicken. Ein paar Minuten fahren wir unter grauem Himmel an knallrot, eidottergelb, sattgrün und himmelblau gestrichenen Gebäuden vorbei durch die Nordseite des Ortes. Den Grönländern gefällt es besser, dass ihre Häuser sich farbenfroh von der grau-braunen Umgebung abheben, statt mit der Landschaft zu verschmelzen – uns auch. Die asphaltierte Straße geht nach einer kurzen Strecke in eine unbefestigte Piste über, die völlig schneefrei und staubig ist. Langsam durchqueren wir ein Bachbett und werden unsanft in unseren Sitzen durchgeschüttelt. Ein Stückchen weiter entdecke ich auf der linken Seite gelb-orangene Fähnchen mit schwarzen Zahlen, die in Sandhäufchen stecken. Bevor ich nachfragen kann, erfahren wir von einem unserer Guides: Das ist der Golfplatz. Ein Golfplatz mitten im Niemandsland? Verrückt! Hinter dem Golfkurs können wir – viel zu weit weg – gerade noch so mit bloßem Auge drei Rentiere zwischen blätterlosen Büschen erkennen.

Ein Stück weiter kommen wir an einem so genannten Wald vorbei. Vereinzelt ragen hier grüne Nadelbäume aus dem braunen Gestrüpp. Sie sind, so erfahren wir, erst einige Jahrzehnte alt und wurden aus Gebieten mit Permafrost in Alaska, Kanada und Sibirien hierher importiert, weil sie Minustemperaturen von dreißig bis vierzig Grad Celsius aushalten. Die Bäumchen, die sich nicht zu vermehren scheinen, wirken in dieser Landschaft auf mich so seltsam wie eine immergrüne Plastikpalme auf einem Balkon in Deutschland.

Nah und fern halten wir nach zotteligen Moschusochsen Ausschau. Farblich gut getarnt lassen sie sich nur, wenn sie sich bewegen, von einem Felsbrocken unterscheiden. Dafür hebt sich ein anderes Tier ganz deutlich vom grau-braunen Untergrund ab. Fast hätte ich ihn für eine kleine Schneeverwehung gehalten und nicht gesehen, wäre er nicht vor uns weggelaufen. Aufgeregt brülle ich meiner Mutter ins Ohr: »Mama, ein Schneehase!«

Sie schreit lachend zurück: »Ja, ich habe ihn noch gesehen!«

Ein Stück weiter halten wir an und steigen aus. Verstreut zwischen Büschelgras liegen vor uns die Wrackteile einer in den Sechzigerjahren abgestürzten Lockheed T-33. Während eines »Whiteout«, bei dem der Übergang zwischen Himmel und Erde nicht mehr erkennbar ist, sind damals zwei weitere Flugzeuge zur selben Zeit in der Nähe abgestürzt. Alle drei Piloten haben dank Schleudersitzen überlebt – lediglich einer soll sich einen Knöchel gebrochen haben.

Grönland weist laut Geologen die ältesten Felsformen auf, in denen Bodenschätze wie Rubine und pinke Saphire zu finden sind. Ganz nah fahren wir an steilen Berghängen mit viel Geröll vorbei.

»Das ist hier wieder so ein Steinschlaggebiet ...«, bemerkt meine Mutter.

Ich entgegne prompt: »Ja, und du sitzt am Fenster!«

Sie schaut mich einen Moment mit großen Augen ernst an. Ich schaue ebenso ernst zurück, bis wir beide gleichzeitig laut loslachen. Woher ich wohl meinen Humor habe?

In der Ferne ragt beeindruckend die sechzig Meter hohe, blau-weiß schimmernde Eiswand des Russell-Gletschers empor. Weiter geht es um ein paar Kurven auf der mit 35 Kilometern längsten Straße Grönlands. Fast an unserem Ziel angekommen halten wir an. Jetzt geht es nur noch zu Fuß weiter. Meine Mutter möchte nicht mitkommen. Sie fühlt sich auf dem rutschigen Untergrund nicht sicher genug. Wir anderen müssen weiter steil bergauf, dann wieder bergab durch Geröll. Bald waten wir durch Eisschneematsch. Wie schade für Mama, sich dieses einmalige Erlebnis entgehen zu lassen. Sie jedoch zu etwas zu überreden, was sie nicht will, halte ich heute für keine gute Idee.

Nach einer kurzen Wanderung erreichen wir das Inlandeis, die zweitgrößte Eisfläche unserer Erde. Es bedeckt Grönlands Oberfläche zu 81 Prozent und reicht an seiner höchsten Stelle 3.200 Meter hinauf. 65 Prozent der Eisfläche liegen mehr als zweitausend Meter über dem Meeresspiegel. Der würde um 7,2 Meter steigen, sollte die 1.726.400 Quadratkilometer große Fläche mit 2,8 Millionen Kubikkilometern Eis jemals schmelzen.

Erst vorsichtig, dann immer sicherer stapfen wir begeistert auf dem ewigen Eis herum, das sich angenehm weich anfühlt, ohne dass wir darin versinken. Gletscherspalten gibt es hier nicht. Trotzdem dürfen wir uns nur so weit entfernen, dass wir noch in Sichtweite sind. Bis zum Horizont und weitere sechshundert Kilometer bis zur Ostküste reicht diese hügelige Eiswüste, in der wir schnell die Orientierung verlieren könnten. Längst scheint die Sonne am wolkenlosen Himmel auf uns und das blendend weiße Eis mit vielen durchsichtig-blau schimmernden Stellen herab. Es ist warm und die Luft trocken. Wenn wir zur gleichen Zeit schweigen, können wir den Wind hören, der sachte um unsere Ohren weht. Von der schieren Endlosigkeit der gewaltigen weißen Weite bin ich tief beeindruckt. Wie es hier vor Jahrmillionen bei wärmeren

Temperaturen ausgesehen haben mag? Und was liegt wohl unter dieser kilometerdicken Eisschicht verborgen?

Am nächsten Morgen stehen wir schon um halb sieben auf. Vor dem Frühstück wird das Gepäck eingecheckt. Mit einem roten Propellerflugzeug Typ Dash 8-200 fliegen wir in einer knappen Stunde über die graue Wolkendecke hinweg nach Nuuk, dänisch Godthåb. Die achtzehntausend Einwohner zählende Hauptstadt des Landes mit Sitz der Regierung liegt an einem Kap umgeben von rauer Natur.

Bei der Busrundfahrt staune ich über ein neues Wohnviertel mit klotzigen Hochhäusern. Sie wollen so gar nicht in mein Bild des von Fjorden und schneebedeckten Bergen umgebenen Städtchens passen, das insgesamt nur hundert Kilometer asphaltierte Straßen hat. Dafür passt zum heutigen internationalen Tag des Museums unser Besuch des grönländischen Nationalmuseums mit den landestypischen Ausstellungsstücken und spektakulären über fünfhundert Jahre alten, besonders gut erhaltenen Mumien. Die farbenfroh gestrichenen Holzkirchen in der Stadt sind leider alle geschlossen. Auf den schneebedeckten Friedhöfen stehen weiße Holzkreuze, auf denen krächzend ein paar Raben sitzen. Die schattige Fußgängerzone ist teilweise noch mit Schnee bedeckt, aus dem sich vereinzelte Rinnsale ihren Weg bahnen. Obwohl die Sonne scheint, ist es hier viel kälter als im Landesinneren.

Nach vier Stunden habe ich das Gefühl, alles Wichtige im Ort gesehen zu haben – sogar unser Schiff im Hafen. Das durften wir am Morgen zwar noch nicht betreten, dafür aber wenigstens unser Gepäck in einem roten Container daneben verstauen.

Bis zur Abreise am Abend haben wir nach der Rundfahrt noch gute acht Stunden zu unserer freien Verfügung. So lange kann meine Mutter nicht herumlaufen. Drei weitere Stunden, in denen wir zweimal einkehren, reichen uns völlig. Was mir auf der Straße besonders auffällt: Ich sehe niemanden, der mit seinem Hund Gassi geht, und dementsprechend auch keine »Tretminen«. Kein einziger Hund ist mir hier bisher begegnet.

Zurück im Hafen ist das Schiff, das am Vormittag noch rot gestrichen war, plötzlich weiß. Es dauert einen Moment, bis uns klar wird, dass wir das natürlich der Flut zu verdanken haben. Der weiße Teil war vorher einfach nicht sichtbar! Vorzeitig dürfen Mama und ich unsere Kabine beziehen und ruhen uns aus. Als wir eine Stunde später zum Fenster hinausschauen, versteckt sich der 1.210 Meter hohe Berg Sermitsiaq hinter grauen Wolken, und dicke Schneeflocken fallen vom Himmel. Wir sind froh, in unserer gemütlichen, kuschlig warmen Vier-Bett-Kabine zu sein und nicht mehr draußen in der Kälte herumlaufen zu müssen, bis wir in ein paar Stunden um 21 Uhr abfahren.

Am nächsten Morgen gibt es ab sieben Uhr ein Frühstücksbüfett. Was und wie viel wir nehmen dürfen, ist auf einer Liste daneben für alle genau festgelegt. Hier wird nur einmal gezielt zugelangt. Ein zweiter Gang ans Büfett ist untersagt – eine neue Erfahrung für mich. Satt genug werde ich trotzdem. Meine Mutter ist nicht so verfressen wie ich und gibt mir, was sie nicht haben will.

Inzwischen sind wir über zehn Stunden auf dem Wasser. Bei herrlichem Sonnenschein laufen wir in den ersten Hafen ein. Etwa 2.500 Seelen wohnen in der Stadt Maniitsoq, die stets an Einwohnern verliert, weil es die Menschen in die

Hauptstadt zieht. Mit dem bärtigen, grauhaarigen Engländer John und unserem blonden, dänischen Reiseführer Bent – beide tragen eine Brille – beobachte ich an der Reling das bunte Treiben im Hafen. Hier sehe ich an der Leine ihrer Besitzer sogar zwei Hunde, die ich in Nuuk so vermisst habe. Langsam wird vor uns mit einem Kran eine unscheinbare längliche Holzkiste von unserem Schiff nach unten gelassen.

Bent entfährt ein erstauntes »Oh«, dann flüstert er uns zu: »Das ist ein Sarg!«

»Was, liegt da etwa schon jemand drin?«, rutschen mir die Worte so plötzlich wie eine Schneelawine aus dem Mund.

Ich ernte einen ernsten Blick. »Ja«, wispert Bent.

Entschuldigend antworte ich ebenso leise: »Das hätte ich bei dieser schlichten Holzkiste nicht gedacht.«

Der Sarg wird vorsichtig auf einen Kleinlaster gehievt, an dessen Seite zwei dunkel gekleidete Männer mit versteinerten Mienen und eine Frau, die sich die Tränen aus den Augen wischt, stehen. Die beiden kräftigen Männer scheinen in ihre eigenen Gedanken vertieft zu sein und beachten die weinende Frau nicht. Ich bin etwas peinlich berührt, als »Relingsgast« zur Zuschauerin dieser intimen Szene einer letzten Reise zu werden. Voller Mitgefühl mit dieser unbekannten Grönländerin, deren Schmerz mir nahegeht, schießt mir ebenfalls das Wasser in die Augen – ich kann gar nichts dagegen tun. Wäre ich nicht so weit weg und der dänischen oder grönländischen Sprache mächtig, hätte ich die fremde Frau spontan umarmt und ihr ein paar tröstende Worte zugeflüstert. So tue ich es nur in Gedanken und grübele: Ist unsere Ahnungslosigkeit darüber, wann die Zeit unseres Daseins auf dieser Erde ablaufen wird, nicht das schönste Geschenk im Leben?

Bisher hatte ich leider noch keine Gelegenheit, mit einem der 57.000 Grönländer länger zu sprechen, außer dem kurzen Moment gestern, als ich unserem Fahrer ein paar Fragen stellte.

Die Insel ist mit über zwei Millionen Quadratkilometern größer als Belgien, Deutschland, Frankreich, Italien, Griechenland, Großbritannien, Spanien und die Schweiz zusammen. 48.000 Einwohner finden sich in 16 Ortschaften, ungefähr 8.500 in sechzig Dörfern, und etwa 17.000 Grönländer leben in Dänemark. Über viertausend Einwohner Grönlands wiederum sind dänischer Abstammung. Die Bevölkerung weist ein erstaunlich hohes Defizit von dreitausend Frauen auf.

Nach einer halben Stunde Aufenthalt im Hafen geht es weiter. Gut eingemummelt in meine warme schwarze Jacke mit Kapuze, unter der ich noch eine blaue Wollmütze trage, bleibe ich an Deck stehen, lasse mir den eiskalten Fahrtwind um die Nase wehen und genieße den Anblick der bizarren bergigen Schneelandschaft, die an mir vorbeizieht. Ich schaue nach oben. An dem orangefarbenen Beiboot über mir hängt ein dicker Eiszapfen, der in der Sonne glitzert und mir langsam vor die Füße tropft.

Als es mir zu kalt wird, mache ich es mir mit einem Buch in der geräumigen Schiffscafeteria bequem. Immer wieder fällt mein Blick auf den tiefblauen Teppichboden, der mit unterschiedlich großen Dreiecken und schrägen Kästchen in Weiß verziert ist. Er sieht aus wie ein spiegelglatt zugefrorener See, auf dem Schlittschuhläufer ihre Spuren hinterlassen haben.

Etwas später an diesem Tag erfahre ich, was sich weit unter diesem hypnotisierenden Teppichboden im

Schiffsrumpf befindet. Ein Großteil unserer Gruppe unternimmt mit einem dänischen Ingenieur eine Begehung des Maschinenraums des 1992 gebauten und im Jahr 2000 um rund 23 Meter verlängerten Küstenschiffs, der nun 73 Meter langen Sarfaq Ittuk. Zuerst bekommen wir je eine Verpackung mit zwei gelben Ohrstöpseln in die Hände gedrückt. Bevor wir eintreten, wird uns gesagt: »Bitte auf keinen Fall irgendwelche Knöpfe drücken und an den Hebeln ziehen!« Wir haben verstanden und nicken bestätigend.

Ich schiebe mir die weichen Stöpsel in die Ohren und betrete eine mir völlig unbekannte Welt der Technik. Der Schiffsbauch mit seinen zwei bis drei Meter dicken Außenwänden ist in Neonlicht getaucht. Ich lausche und zucke für einen Moment erschrocken zusammen. Mit den Ohropax in den Ohren höre ich meine flachen Atemzüge lauter als den dumpf in der Ferne ratternden Zweitausend-PS-Motor.

Es riecht nach Motoröl und Farbe. Überall stehen große und kleine Geräte mit unendlich vielen Knöpfen und Hebeln scheinbar wahllos und dennoch sinnvoll angeordnet herum. Schier endlose Massen an Rohren und Kabeln verlaufen entlang der Decken und Wände. Bequem, mit genug Platz für jede Person, sodass wir nirgendwo anecken oder hängen bleiben, können wir hintereinander die Räume begehen, die durch dicke Metalltüren voneinander getrennt sind. Fast dreißig Schraubenschlüssel hängen säuberlich nach Größe sortiert an einer Wand. So sehr mich alles hier beeindruckt, so ahnungslos bin ich, wie all die Geräte im Einklang miteinander funktionieren. Im Schiffsbauch herrscht für mich das perfekt geordnete Chaos – eine Wissenschaft für sich, der ich auf Gedeih und Verderb ausgeliefert bin. Ich bin froh, dass es Menschen gibt, die wissen, was zu tun ist, wenn hier ein rotes Lämpchen aufleuchtet ...

Am Nachmittag wird unsere Gruppe an Deck gerufen. Kaum sind wir komplett, knallen die Sektkorken und wir begießen alle zusammen die Überquerung des nördlichen Polarkreises. Etwas später gehen wir in Sisimiut, dem mit über 5.500 Einwohnern zweitgrößten Ort der Insel, an Land. Außer uns Touristen ist kein Mensch unter dem königsblauen Himmel zu Fuß unterwegs, sie fahren alle mit dem Auto. Zuerst geht es für uns in das knallrot gestrichene Museum in der kleinen Stadt. Daneben steht die erste Kirche des Landes, die erst 1775 erbaut wurde und gerade einen frischen himmelblauen Anstrich bekommen hat. Sie wurde in Dänemark einst für 60 Fässer Walspeck gekauft, nummeriert, abtransportiert und hier wieder aufgebaut.

Allein stapfe ich weiter durch tiefen Schneematsch in Richtung Torfhaus – einer originalen grönländischen Unterkunft aus alten Zeiten. Durch einen kleinen Vorraum gelange ich in ein kaum zwanzig Quadratmeter großes, niedriges Zimmer mit einem kleinen Fenster, in dem ich das Gefühl habe, dass mir gleich die Decke auf den Kopf fällt. Es riecht angenehm nach feuchter Erde und Holz. An der Wand hängen Küchengeräte und Utensilien des täglichen Gebrauchs. Auf der linken Seite des Zimmers befinden sich breite Erhöhungen aus Holzlatten, die durch Deckenstützbalken voneinander getrennt sind. Darauf haben einst zwei Familien geschlafen? Eine Einzimmerwohnung ist heute der reinste Luxus dagegen ...

Am Pfingstsonntag ist die Schiffsreise nach knapp zwei Tagen in Ilulissat viel zu schnell vorbei. Ich hätte noch wochenlang

auf dem Schiff bleiben und ganz Grönland umrunden können. Stattdessen winke ich wenig später von unserem Hotelzimmer aus wehmütig der Sarfak Ittuk hinterher, die sich als
kleiner rot-weißer Punkt zielstrebig ihren Weg zwischen riesigen Eisbergen hindurch zurück in Richtung Süden bahnt.

Mit über 4.500 Einwohnern ist Ilulissat die drittgrößte
grönländische Stadt. Sie ist berühmt für ihren Eisfjord, der
seit 2004 auf der Liste der UNESCO-Welterbe steht. Über
vierzig Kilometer lang und sieben Kilometer breit ist der
aktivste Gletscher der Nordhalbkugel, Sermeq Kujalleq. Mit
bis zu zwanzig Metern Bewegung pro Tag gilt er als der dauer-
haft am schnellsten fließende Eisstrom der Welt. Es ist anzunehmen, dass der Eisberg, der damals den Untergang der
Titanic verursacht hat, von hier kam.

Bis zum Ende unserer Reise bleiben wir im luxuriösen
Hotel Arctic, in dem es sogar einen Leseraum gibt, wo man
sich Bücher ausleihen kann. Viel lieber mache ich es mir aber
in den hölzernen Schaukelstühlen auf der Hotelterrasse bequem und weide meine Augen an den überwältigenden Eisbergen in der Ferne. Scheinbar bewegungslos liegen sie im
spiegelglatten Meerwasser der Diskobucht und schmelzen
nur langsam unter den Sonnenstrahlen dahin. An diesem einzigartigen Schauspiel der urgewaltigen Natur, das ich bisher
nirgendwo auf dieser wunderschönen Welt so erleben durfte,
kann ich mich gar nicht sattsehen. Die Terrasse wird zum
Sehnsuchtsort, an dem auch die rastlosesten Seelen aus einer
hektischen Region unserer Erde ihre Ruhe finden. Das Bild
atemberaubender Eisbergmassen brennt sich für immer in
mein Gedächtnis ein. Ich weiß schon jetzt: Wann immer ich
mir in Zukunft die Zeit nehmen werde, dieses Eisparadies in

meine Erinnerung zurückzurufen, wird mein Herz vor Freude hopsen.

Am nächsten Tag machen ein paar Gruppenmitglieder mit unseren beiden dänischen Reiseführern eine Wanderung, die nicht auf dem Programm steht. Zuerst geht es oberhalb des Hafens vorbei, in dem kleine Boote noch verstreut im zugefrorenen Teil des Wassers festliegen. Weiter geht es durch den Ort. Ein unwirkliches Fotomotiv ist die kleine dunkelbraune Holzkirche, die im Hintergrund von einem riesigen Eisberg überragt wird. Ein Stückchen weiter entdecken wir das rote Krankenhaus mit der schönsten Aussicht der Welt. Bei Sonnenschein sind hier heute viele Menschen zu Fuß unterwegs. Im Gegensatz zu mir, die ich gut eingepackt bin, weil ein kalter Wind weht, tragen viele der Frauen im Ort nur Leggins und einen Pulli. Einige von ihnen schieben einen Kinderwagen über den holprigen Untergrund neben der geteerten Straße. Ich schmunzle über den Namen des Supermarkts Pisiffik. Die Auswahl an Lebensmitteln, Kleidungsstücken und elektronischen Geräten darin ist übersichtlich. Fast alles ist teuer importiert und hat – so wie wir – einen langen Weg hierher zurückgelegt.

Am Ortsrand geht die befestigte Straße in einen Wanderweg über. Er ist für diese Jahreszeit ungewöhnlich hoch mit Schnee bedeckt, in den immer wieder einer bis übers Knie einsinkt. Vorsichtig tappe ich in die Fußabdrücke meines Vorläufers. Dennoch rutsche ich gelegentlich tiefer hinein und komme nur schwer wieder aus den Schneemassen heraus.

Zu Fuß gelangen wir zur ehemaligen Siedlung Sermermiut, die den Menschen über Tausende von Jahren bis ins Jahr 1850 als Zuhause diente. Von der Hochebene fällt

unser Blick nach unten auf einen idyllischen grauen Sandstrand. Er lädt zum Verweilen ein, jedoch werden wir von
unserem dänischen Reiseführer gewarnt: »Haltet euch besser
nicht dort unten auf! Das hat bereits viele Menschen das Leben
gekostet. Die Eisberge kippen gelegentlich um, wodurch sie
einen Tsunami auslösen. Wenn das Wasser urplötzlich verschwindet, ist das ein klares Anzeichen. Früher sind hier im
Winter alte Witwen zum Sterben ins Wasser gegangen, um
die Jüngeren vor dem Hungertod zu bewahren, weil somit ein
Maul weniger zu stopfen war.« Ich nicke nachdenklich.

In Ilulissat sehe ich auch zum ersten Mal Grönlandhunde,
auch Polarspitze genannt. Es ist eine sehr alte und seltene
Hunderasse, die sich viele Wolfseigenschaften wie zum Beispiel
den ausgeprägten Jagdinstinkt bewahrt hat und deshalb nicht
als Haushund geeignet ist. Hier in Westgrönland befindet sich
nördlich des Polarkreises auch der sogenannte Hundeäquator.
In dieser Region sind keine weiteren Hunderassen außer den
Schlittenhunden zugelassen. Wo bei uns Kühe, Pferde und
Schafe auf Wiesen weiden, entdecke ich hier immer wieder an
lange Ketten gebundene Schlittenhunde. Welpen dürfen nur
in den ersten sechs Monaten ihres Lebens frei herumlaufen.
Jeder Hund hat seine eigene Hundehütte. Die meisten Tiere
nutzen die Kiste mit einem großen Loch als Eingang, um sich
genüsslich ausgestreckt auf ihrem Dach die Sonne aufs dicke
Fell scheinen zu lassen, anstatt sich in ihrem Innern zu ver-
kriechen. Wir Touristen dürfen die Schlittenhunde auf keinen
Fall füttern oder gar anfassen, auch die tapsigen Welpen nicht.
Sollte sich jemand einem Hund dennoch nähern und gebissen
werden, würde dieser am noch selben Tag erschossen und
danach sein Fleisch und Fell verwertet werden.

Am frühen Abend gibt es ein grönländisches Büfett, das nicht im Programm steht und extra reserviert werden musste. Es ist nicht für Vegetarier geeignet. Den Inuit verlangt das raue Klima viel ab. Sie haben schon immer durch das Jagen von Wild, Meeressäugetieren, Fischen und Vögeln überlebt. Durch selbst auferlegte Quoten waren diese Arten zum Glück nie vom Aussterben bedroht. Die Menschen hätten sich dadurch ihrer eigenen Nahrungsgrundlage beraubt und ihre Existenz gefährdet. Viele der typischen Speisen, die optisch anregend auf dem Büfett präsentiert werden, habe ich nirgendwo zuvor auf der Welt gesehen. Von dem freundlichen dänischen Koch lasse ich mir auf Englisch genau erklären, was es Leckeres gibt. Schlittenhund ist zum Glück nicht dabei. Dafür gibt es als Vorspeise rohen und geräucherten Heilbutt, einen schmackhaften Garnelensalat, zartes Narwal-Carpaccio, Rote-Bete-Salat und getrocknetes Fleisch vom Rentier, Moschusochsen und Maktaaq. Letzteres ist in Würfel geschnittene Walhaut mit einer rosa- und elfenbeinfarbenen Speckschicht, die viel Vitamin C enthält. Dieses Nahrungsmittel hat die Menschen in früheren Zeiten vor der Krankheit Skorbut bewahrt. Als Hauptgang stehen gekochter Heilbutt und Seewolf, Eismeerkrabben, Rentier- und Walgulasch sowie Moschusochsen- und Lammsteak bereit. Zum Nachtisch gibt es leckeren Kuchen. Wer möchte, kann sich einen grönländischen Kaffee kredenzen lassen, der vor unseren Augen auf besondere Weise zubereitet und inklusive brennender Flamme serviert wird.

Doch damit nicht genug für den heutigen Abend! Mit gut gefüllten Mägen gehen wir auf eine Mitternachtssonnen-Bootstour zum Eisfjord. Meine Mutter, die ich schon nicht vom Büfett überzeugen konnte, weil sie nicht so viel essen wollte, möchte zur fortgeschrittenen Stunde lieber im Hotel bleiben. Das geht gar nicht! Wenig schmeichelhaft wende ich meine Überredungskünste an: »Mama, das kannst du nicht machen! Alle erwarten von dir, dass du mitkommst. Und ich erst recht! Das Boot hat einen Innenraum, da ist es schön warm. Es gibt sogar Kaffee und Tee!«

»In Ordnung, ist ja schon gut. Du hast mich überzeugt, ich komme mit«, antwortete sie überraschenderweise.

Das kleine Schiff mit unserer Reisegruppe und einigen weiteren Passagieren wird geschickt zwischen gewaltigen knirschenden Eisbergen hindurch über das Wasser gesteuert. Rempeln wir kleinere Eisschollen an und schieben sie zur Seite, meldet sich der Schiffsrumpf mit seltsamen dumpfen Schlägen zu Wort, so als würde er gleich etwas ausspucken. Gierig sauge ich die ganzen Eindrücke in mich auf wie in einen Schwamm.

In der nicht mehr untergehenden Sonne leuchten die einmaligen Eisformationen vor uns bei herrlichem Wetter in warmen goldgelben Tönen. Ein strahlender Eisberg sieht aus wie die Kathedrale von Notre-Dame de Paris, ein anderer gleicht einem Gebirgsmassiv mit eisiger Steilwand. Möwen haben sich ganz oben die besten Plätze ergattert. Was für eine überwältigende Aussicht sie haben. Mit ihnen nur einen Moment tauschen? Ja, sofort!

Umgeben von den gewaltigen Eismassen komme ich mir so klein vor wie eine Ameise, dafür werden meine Gefühle immer größer – schier grenzenlos. Und meine Sorgen? Die haben sich in irgendeine Schlittenhundehütte verkrochen. Ich bin wieder einmal glücklich darüber und dankbar dafür, erleben zu dürfen, wie vielseitig und schön unser Planet ist. Während mein Herz immer höher schlägt und mein Wunsch, die Wunder der Natur zu beschützen, stetig wächst, möchte ich am liebsten die ganze Welt umarmen ...

Stattdessen umarme ich meine Mutter und flüstere ihr ins Ohr: »Ich bin froh, dass du doch mitgekommen bist! Du hättest wirklich etwas Wunderbares verpasst.«

»Ich bin auch froh, dass du mich überredet hast und ich das hier erleben darf«, sagt sie gerührt. »Der blaue Himmel! Das spiegelglatte Wasser! Die bizarren Eisberge! Das goldgelbe Licht der Sonne, die nicht untergeht! Es ist unglaublich.«

Ich bin froh, dass ich diese wunderbaren Momente mit jemandem teilen kann. Zu oft habe ich die faszinierendsten Erlebnisse auf diesem Planeten ganz allein genossen. Nicht so dieses Mal. Die gemeinsame Reise mit meiner Mutter wird für immer zu den schönsten gemeinsamen Erinnerungen unseres Lebens gehören.

Nachdenkliche Worte
zum Abschied

Ich kann kaum glauben, dass bald acht Jahre vergangen sind, seit ich 2011 aus Turkmenistan zurückgekommen bin – dem letzten Land aller 193 Mitgliedsstaaten der Vereinten Nationen, die ich damit komplett bereist hatte. In jenem Jahr erhöhte sich auch ihre Zahl zum letzten Mal um einen weiteren Staat: den Südsudan. Wann wird wohl der nächste hinzukommen? Übrigens gehören die Vatikanstadt, Palästina, Nordzypern, Kosovo und Taiwan, in die ich ebenfalls gereist bin, neben der Westsahara und einigen Pazifikinseln nicht zu den Mitgliedsstaaten.

Als ich Anfang 1972 im Alter von fünf Jahren meine Füßchen in mein erstes fremdes Land – Österreich – setzte, wusste ich nicht, dass dies der erste Staat der damals nur 132 Mitgliedsstaaten der Vereinten Nationen sein würde, die ich in den folgenden Jahrzehnten allesamt bereisen sollte. 1945 wurden die Vereinten Nationen mit damals nur 51 Staaten gegründet. Erst am 18. September 1973 kam die Bundesrepublik Deutschland als 134. Mitgliedsstaat nach der Deutschen Demokratischen Republik und vor den Bahamas hinzu.

In meiner Jugend bis ins junge Erwachsenenalter waren Reisen in die DDR für meine Mutter und mich nur unter schwierigen Auflagen möglich, wenn wir ihre Freunde besuchten, während wir Polen, die Tschechoslowakei und weitere Länder hinter dem Eisernen Vorhang erst gar nicht kennenlernen durften.

Fernreisen zum Vergnügen konnten wir uns über Jahrzehnte hinweg nicht leisten – Überseeflüge waren damals eher rar und teuer. Erst nach meiner Ausbildung, als ich endlich selbst Geld verdiente, konnte ich den ersten Besuch bei Verwandten und Freunden auf der anderen Seite des großen Teichs in den USA aus eigener Tasche bezahlen.

Manchmal kommt es mir so vor, als sei seit meinen Reiseanfängen die Welt geschrumpft, denn die Ferne rückt durch Direktflüge schnell näher. Auf fünf von sechs Kontinenten führen immer mehr Straßen zu den letzten unberührten Winkeln dieser Erde. Noch gar nicht so lange in der Geschichte der Menschheit können wir innerhalb von nur 24 Stunden an einen Ort gelangen, den wir das Ende der Welt nennen.

Manche Länder und Routen, die ich vor Jahren bereist habe, sind aufgrund von Kriegen und Anschlägen mittlerweile längst zu gefährlich geworden, um sie ohne Weiteres zu bereisen. Meine ganz persönlichen Erlebnisse unterwegs mit Mensch und Tier sind stets Momentaufnahmen, die eng mit der politischen Lage eines Landes und der gesamten Welt verknüpft sind. Politik, Kultur, Land und Leute sind einem ständigen Wandel unterworfen – allein deshalb schon ist jede Reise einmalig.

In den Nachrichten werden wir heute mit Informationen zur Weltlage regelrecht überschwemmt, sodass ich beim Reisen bewusst versuche, meine Erfahrungen – sofern ich nicht unbeabsichtigt in eine politisch angespannte Lage gerate – vom Thema Politik zu trennen. Wenn ich unterwegs bin, ist es für mich zu schön, eben mal nicht zu wissen, was sich überall sonst auf der Erde ereignet. Beim Eintauchen in die Natur und fremde Kulturen möchte ich mich lieber auf das Wesentliche konzentrieren und der Situation meine ungeteilte Aufmerksamkeit schenken, achtsam sein, statt mich ständig von einem technischen Gerät (ver-)leiten zu lassen. Nur so finde ich meine Balance und Zufriedenheit mit mir selbst, wenn ich allein auf Achse um den Planeten bin.

Auch aus diesem Grund verzichte ich auf die Mitnahme von technischen Geräten, so gut ich kann – nur der Fotoapparat darf mit. Schon beim Gedanken an diese Abhängigkeit – überall erreichbar sein zu müssen – verkrampft sich mein Bauch, weil er sich dabei nicht wohlfühlt. Die größte Freiheit für mich ist: abschalten können, wann ich es will.

Wenn ich unterwegs einen Weg, eine Adresse oder etwas anderes suche, frage ich eben die Menschen um mich herum danach – und genau daraus können sich besondere Situationen ergeben. Im Hostel unterhalte ich mich viel lieber mit den anwesenden Reisenden, als auf ein Handy zu schauen. Was habe ich in diesen kostbaren Momenten davon, einem Gerät den Vorzug zu geben, um mit Menschen zu kommunizieren, die gar nicht bei mir sind? Auch diese Art von Wertschätzung hat sich in der Welt der Traveller in den letzten Jahren sehr verändert, wo viele heutzutage nur noch auf ihren Computer oder ihr Mobiltelefon fixiert sind. Einfach mal eine Weile abschalten von technischen Geräten und schlechten Nachrichten auf der Welt tut not. Und wo könnte man das besser als beim Abenteuer Reisen?

Dankende Gedanken schwarz auf weißem Papier

Als Allererstes gilt mein unendlicher Dank meinen wundervollen Leserinnen und Lesern, die von meinen Büchern inspiriert werden: von den Worten, die sie Schwarz auf Weiß vor sich liegen haben, aber auch von all dem, was sie zwischen den Zeilen und in sich selbst finden. Dieses Buch möchte zum Reisen animieren und Mut machen, unzählige Schritte hinaus in diese einzigartige Welt zu gehen.

Ein riesiges Dankeschön an alle Buchhändlerinnen und Buchhändler, die meine Bücher schätzen und in ihnen einen besonderen Schatz finden.

Tausendundein Dank gilt meiner Verlagsleiterin Jennifer Kroll. Sie hat ihre Nase vor vielen Jahren in einen besonderen Zeitungsartikel über mich gesteckt, mich im Internet aufgespürt und von Anfang an an mich geglaubt. Du hattest den besten Riecher – jetzt siehst du, was du davon hast!

Tausend Dank den engagierten Mitarbeiterinnen von Eden Books, allen voran Nina Schumacher, Marion Nielsen, Svenja Monert, Hannah Kaiser und Kathrin Riechers, für ihren unermüdlichen Einsatz.

Meiner kreativen Lektorin Tanja Bertele allerbesten Dank für die erquickende, produktive Zusammenarbeit beim Rundmachen der Kapitel in diesem recht eckigen Buch.

Ganz herzlich bedanke ich mich bei meiner Agentin Almut Susanne Wilmes für ihre Zuversicht und Geduld, die sie mit mir nötig hat.

Wie kann ich meiner Mama Isolde für alles in meinem Leben danken? Besonders für die Unterstützung mit meiner Wohnung in demselben Stadtteil, in dem sie mich damals an einem Faschingssamstag mit viel Helau und noch mehr Radau auf diese Welt gebracht hat. Erst wollte ich mich nicht mit der Immobilie belasten – nun ist sie seit dreißig Jahren mein Zuhause, meine geliebte »Heimbasis«.

Ein besonders herzlicher Dank gilt auch meinen treuen Freundinnen und Freunden, für die es sich jedes Mal wieder lohnt, aus der Welt heimzukehren und zu einem Besuch in die Heimat zu reisen.

Ein großes, fettes Danke gilt all denjenigen auf der Welt, die mit ihrer außergewöhnlichen Gastfreundschaft, Hilfsbereitschaft und vielen gemeinsamen Erlebnissen mein Herz und meine Sinne so sehr bereichert haben. Ihr lebt schon lange in meiner Erinnerung und nun auch in meinen Büchern fort.

Dank euch allen gibt es dieses dritte Buch. Fühlt euch umarmt und bleibt gesund!

Nina Sedano
DIE LÄNDERSAMMLERIN
Wie ich in der Ferne
mein Zuhause fand.
Die meistgereiste Frau
Deutschlands erzählt.

320 Seiten | Taschenbuch |
12,5 × 19 cm
9,95 € (D) / 10,30 € (A)
ISBN: 978-3-95910-065-6
Auch als E-Book erhältlich

Mit 13 Jahren packt Nina Sedano bei einer Sprachreise
nach England das Reisefieber. Das Reisen wird von da an
ihre große Leidenschaft und eröffnet ihr die Möglichkeit,
ihre Abenteuerlust zu stillen und immer wieder Neues zu
entdecken. Als sie schließlich ihren Job kündigt, schmiedet
sie den Plan, alle 193 Staaten der UN zu bereisen, und
macht sich auf in die Ferne. Unterwegs macht sie allerhand
aufregende, berührende und einschneidende Erfahrungen
und findet ihre persönliche Erfüllung. Das Buch rekapituliert
Nina Sedanos ungewöhnlichen Lebensweg und erzählt von
ihren Abenteuern auf der ganzen Welt.

UNTERWEGS ALS
LÄNDERSAMLERIN
Mein Reisenotizbuch

128 Seiten | Taschenbuch mit
Verschlussklappe | 10 × 14 cm
9,95 € (D) / 10,30 € (A)
ISBN: 978-3-959100-41-0

Nina Sedano, die meistgereiste Frau Deutschlands,
hat es vorgemacht – Reisen kann Frau auch gut allein.
Dieses Büchlein im Handtaschenformat spricht die
Ländersammlerin in jeder von uns an und macht Mut,
aufzubrechen und die Welt zu entdecken.

Mit viel Platz für Gedanken, Fotos und Tickets ist dieses
Notizbuch eine wahre Schatztruhe für Ihre eigenen
Erinnerungen.

WEITERE TITEL VON NINA SEDANO

Nina Sedano
HAPPY END
Die stillen Örtchen dieser
Welt. Neues von der
Ländersammlerin.

368 Seiten | Klappenbroschur
13,5 × 21 cm
14,95 € (D) / 15,40 € (A)
ISBN: 978-3-944296-94-4
Auch als E-Book erhältlich

Seit vierzig Jahren erkundet Nina Sedano mit viel
Abenteuerlust und Neugier den Globus. Auf ihren Reisen hat
»die Ländersammlerin« nicht nur jede Menge Länder und
Kulturen kennengelernt, sondern auch immer wieder Jagd
auf Toiletten gemacht – denn jeder muss schließlich mal.

Mit »Happy End« liefert die sympathische Vielreisende
eine spannende und kurzweilige Kulturgeschichte des
stillen Örtchens und erzählt mit viel Humor von ihren
eigenen Erfahrungen mit den Toiletten dieser Welt. Von
der Erfindung der Klospülung über die Toilettenkultur im
alten Rom bis hin zu den obskursten Todesfällen auf dem
WC – »Happy End« wartet mit einem bunten Mix aus
wissenswerten Fakten und lustigen Anekdoten auf und ist
die perfekte Lektüre für zwischendurch.

2 Bier
3 Wasser + 6 Wasser = 9
2 x Sekt

Impressum

Nina Sedano
Fernweh im Herzen
Die Ländersammlerin unterwegs zu neuen Abenteuern
ISBN: 978-3-95910-204-9

Eden Books
Ein Verlag der Edel Germany GmbH
Copyright © 2019 Edel Germany GmbH, Neumühlen 17, 22763 Hamburg
www.edenbooks.de | www.edel.com
1. Auflage 2019

Einige der Personen im Text sind aus Gründen des Persönlichkeitsschutzes
anonymisiert.

Projektkoordination: Nina Schumacher
Lektorat: Tanja Bertele
Umschlaggestaltung: Rosanna Motz
Coverfoto: © Lev Kropotov
Layout und Satz: Datagrafix GmbH, Berlin| www.datagrafix.com
Druck und Bindung: optimal media GmbH, Glienholzweg 7, 17207 Röbel/
Müritz

Das FSC®-zertifizierte Papier Holmen Book Cream für dieses Buch lieferte
Holmen Paper, Hallstavik, Schweden.

Dieses Buch ist auch als E-Book erhältlich.

Um die kulturelle Vielfalt zu erhalten, gibt es in Deutschland und in Österreich die gesetzliche Buchpreisbindung. Für Sie, liebe Leserin und lieber
Leser, bedeutet das, dass Ihr verlagsneues Buch jeweils überall dasselbe
kostet, egal, ob Sie Ihre Bücher gern im Internet, in einer großen Buchhand-
lung oder beim kleinen Buchhändler um die Ecke kaufen.

EDEL
FAMILY MEMBER